21세기 여성과 사회

2판

이여봉 지음

신정

개정판에 부쳐서

초고를 펴낸 지 십 수 년이 흘렀다. 그 사이 우리 사회의 여성과 남성의 삶 그리고 그들 간의 상호관계에도 많은 변화가 일어났다. 여성과 남성의 삶의 질이 십여 년 전보다 훨씬 나아지고 여성과 남성이 더욱 화목하게 공존하는 것이 우리 모두의 희망이건만, 현실은 그다지 녹록치 않다. 최근 들어 젠더 갈등은 더욱 첨예화되어, 양성이 서로를 혐오하고 공격하며 반목하는 모습을 보이고 있다. 페미니즘이 태동하던 초기 근대로부터 20세기 중반에 이르기까지 대부분의 세계에서 참정권과 재산권 및 교육권과 직업권 등이 남성뿐 아니라 점차 여성에게도 열려온 것과 같은 방식의 일방향적 진전이 앞으로도 이어질 것이라는 기대는, 암초에 부딪친 것 같다.

미투(Me too) 운동은 성폭력 가해자에 대한 피해 여성들의 저항과 응징 시도이지만, 그 과정에서 의도치 않게 남성 전반이 잠재적 가해자로 뭉뚱그려짐으로써 남성 대 여성이라는 이분법적 구도를 심화시켰다. 그래서 남성들 사이에 자기보호를 위해서 이성과의 상호작용 자체를 거부하겠다는 펜스룰(Pence rule) 등과 같은 움직임이 퍼지면서, 여러 방면에서 여성이 배제되는 결과를 초래하고 있다. 이처럼 서로 분리되고 서로를 회피하는 경향이 쌓이면서, 여성과 남성은 서로 협력자로서 함께 할 기회를 잃어버리게 된다. 그럼에도 불구하고 남성과 여성이 각각의 별을 찾아 떠나가거나 영원히 헤어져 살아갈 것 같지는 않고, 사적인 차원에서 남성과 여성은 여전히 서로 사랑하고 손을 맞잡고 걸어가고픈 대상이다. 이 같은 괴리와 모순적 상황을 어떻게 타개할 것인가?

물론 여성과 남성은 많은 면에서 다르기 때문에, 세상을 보는 눈이 서로 완벽히 일치할 수는 없다. 그러나 그 다름으로 인하여 오히려 서로를 보완하며 함께 걸어갈 수 있지 않을까? 여성들 안의 다양성과 남성들 안의 다양성을 외면하고 단지 남성과 여성이라는 두 종류의 존재들로 나누어 "네 편"과 "내 편"으로 반목하며 살아가는 세상은 너무 삭막하다. 더구나 그 단순한 이분법이 상호 몰이해에 기반을 두고 있다면, 양자는 사이좋게 어깨동무하며 걷는 대신 서로에 대한 답답함과 억울함으로 인해 적대감과 혐오를 키우게 될 것이다. 그런데 적대감과 혐오의 화살은 쏘아대는 편과 맞는 편뿐 아니라 그들과 함께 살아가는 주변 모두를 괴롭힐 수밖에 없다. 근본적인 해결책도 없이 되풀이되고 있는 인종갈등이나 계층갈등처럼, 양성관계 역시 갈등의 소용돌이 속에 머무를 수밖에 없는 것인가?

초판에서 미처 다루지 못했던 이야기들 특히 최근에 대두된 문제들을 끼워 넣어 독자들과 함께 새로이 고민하고자 하였다. 본서의 무게중심을 여성에 두고 있음을 고려하여, 개정판의 제목을 '21세기 여성과 사회'로 삼았다. 기꺼이 개정증보를 허락하고 꾸며주신 도서출판 신정의 여러분께 감사를 드린다.

2024년 새 학기를 시작하며

저자 씀

펴내면서

첫 강의를 하던 시절, 나는 여자이기 때문에 당했다고 느꼈던 몇몇 개인적 경험들로 인하여 한편으로는 분기탱천하고 또 다른 한편으로는 스스로 어쩔 수 없었다는 무력감 때문에 의기소침해 있었다. 그래서 더 열을 내며 여성의 처지에 관한 강의를 했는데, 그건 내가 겪은 개인적 경험들이 나 개인의 문제에 국한되는 것이 아니라 여성들이 공통적으로 겪는 여성문제라는 생각 때문이었다. 당연히 많은 여학생들이 공감을 했다. 때는 이미 여성학이 대학가의 인기 강좌로 자리를 잡은 상황이었으므로…. 그런데 학기 말의 어느 날, 한 남학생이 아주 진지한 자세로 "여성학은 불평불만을 주로 하는 학문인 것 같다."는 이야기를 했다. 순간 나는 뭔가로 머리를 얻어맞은 듯 멍해졌었다. 어떤 지위와 어떤 입장에서 바라보느냐에 따라 동일한 상황도 다르게 받아들여질 수 있는 것인데, 나는 여성의 입장만 대변하고 있었던 것일까? 여성학 강좌이므로 당연한 걸까? 여성학이라는 화두를 가지고 학생들 각각의 다양한 입장과 인식으로부터 출발해서 어떻게 해야 그들과 두루 공감할 수 있을 것인가에 관한 고민이 시작된 순간이었다.

그로부터 오늘에 이르는 짧지 않은 세월 동안, 우리 사회는 수많은 변화를 겪었고 여성들의 지위에도 많은 진전이 있었다. 수차례에 걸쳐서 여성정책기본계획이 수립되었고, 그에 따라 양성평등을 지향하는 법과 정책들이 속속 시행되고 있다. 남성 일각의 격렬한 반발을 겪어내면서 호주제가 폐지되고, 가정폭력과 성폭력 그리고 성매매 관련 특별법이 제정되었다. 법과 제도 면에서 여성들의 권리는 괄목할 만큼 신장되고 있다. 그런데 바로 그 시기 동안 우리 사회는 두 차례나 경제위기를 겪었고, 그때마다 "여성은 취업의 후순위이고 해고의 우선순위"라는 공식이 그대로 적용되었다. 그리고 한편에선 젊은 엄마의 육아부담을 또 다른 여성인 할머니가 대신 떠맡거나, 혹은 마미 트랙(mommy track)에 갇히지 않으려는 여성들이 아이 낳기를 주저하고 있다. 여성의 삶과 관련하여 무엇이 진보이고, 무엇이 퇴보일까?

여전히 여성들은 삶의 다양한 차원에서 불이익을 경험하면서 살아간다. 때로는 억울하다고 생각하면서 분통을 터뜨리거나 어쩔 수 없이 꾹꾹 참아내고 때로는 부당한 걸 깨닫지도 못하면서 그렇게 여성으로 살아간다. 하이힐이 보도블록 틈에 끼어서 굽이 부러지기도 하고 혹은 지하철의 손잡이와 선반이 너무 높아서 남성들보다 키가 작은 여성들은 불편하다. 그러면 여성들에게 하이힐을 신지 말고 지하철의 손잡이는 잡지 말라고 할 것인가, 아니면 하이힐이 끼지 않게끔 보도를 정비하고 여성도 남성도 각자의 키에 맞추어 힘들이지 않고 잡을 수 있게끔 지하철 손잡이와 선반을 조정할 것인가? 이러한 이슈들은 사회가 누구를 중심으로 구성되어 있는지에 관한 깨달음의 문제이고, 사회의 동등한 구성원으로서 당연히 누려야 할 권리의 문제이기도 하다. 그래서 "사소하거나 중요한" 삶의 문제들에 대해 기존 질서에서 주변화되어 온 여성들의 위치에서 여성들의 눈으로 보고 여성들의 목소리로 말하기를 소개하려는 것이다.

그런데 일각에서는 청년실업 시대에 취직을 하지 못한 남성들이 가정을 이끌어 갈 자신이 없어서 결혼을 미루는데, 또 다른 한편에서는 20대 초반의 어린 여성들이 일찌감치 취집 - 취업과 시집의 합성어로 취업이 힘든 여성들이 취직 대신 결혼(시집)을 택한다는 뜻의 신조어 - 을 가려고 하는 새로운 풍속도가 생기고 있다. 실직으로 인해 가장으로서의 역할을 다하지 못했다고 여겨지고 스스로도 열등감과 자책감에 시달려서 소외된 남성들이 길거리로 내몰리며, 성공했다고 알려진 엘리트 남성들의 자살 또한 드물지 않은 사회를 살고 있다. 왜 가족의 생계를 책임져야 할 책무는 피난처도 마련해 주지 않고 남성들을 짓누르는지, 성공하지 못한 남성은 남자 구실을 제대로 하지 못한다는 열등감 때문에 위축되고, 이미 성공한 남성들은 그 성공을 지켜야 한다는 압박감과 실패에 대한 불안을 털어놓지 못하고 차라리 자살을 택하는지? 사회를 구성하는 주류이자 인류의 보편적 기준으로 여겨져 온 남성들 역시 삶의 균열을 첨예하게 느끼고 사회로부터의 소외로 인해 힘들어하고 있다. 분열하고 방황하는 것은 여성만이 아니고, 돌봄과 배려가 필요한 것은 남성도 마찬가지이다.

21세기는 여성의 시대라고 한다. 여성이 주류가 되고 남성이 주변화되어 모든 것이 역전된다는 의미는 아니리라. 이제 여성이 억압되고 남성이 가해자였던 반목의 시대, 그리고 여성들에게 주어진 파이가 너무 작았으므로 그 조그만 파이를 서로 갖겠다고 여성들끼리 아옹다옹하던 불화의 시대를 마감하고 있다고 믿는다. 여성과 남성 그리고 다양한 위치의 여성들이 서로 다름과 다양성을 인정하면서 서로에게 다가가 감싸 안고 도와가며, 더 큰 파이를 구워서 크게 나눌 수 있는 희망을 21세기의 여성적 에너지에 바란다.

본서에서는 여성문제에 초점을 두되, 싸워서 딛고 일어서야 할 적이 아니라 서로의 아픔을 감싸고 북돋우며 함께 걸어갈 동반자로서 남성을 바라보는 시각을 담고 싶었다. 그래서 본서의 제목을 '21세기 여성과 남성'으로 삼았다. 서로간의 차이에도 불구하고 서로에게 다가가는 수렴과 '함께함'에서 비롯되는 시너지의 확산을 보고 싶기 때문이다.

1장은 여성학과 남성학 그리고 여성문제와 관련된 개념들을 다루는 도입부로 삼았다. 2장과 3장은 역사 속에서 여성과 남성이 어떻게 관계를 맺어왔고 그 안에서 여성의 지위와 역할이 어떤 변천을 겪어왔는지를 훑어 내린다. 온고지신(溫故知新)이라고 했다. 과거로부터의 흐름에서 현재를 읽어냄으로써 오늘 우리가 안고 있는 문제에 대한 통찰력을 얻을 수 있으면 좋겠다. 4장과 5장은 성차에 관한 다양한 시각과 페미니즘 이론을 다루었다. 구체적인 성차별에 관해서는 6장부터 13장까지로 구성하되, 6장에서 8장까지는 성문화와 이성애 그리고 육체와 관련된 차별의 문제에 주목하였다. 9장과 10장은 가족 안에서 부부 사이의 역할분담 및 폭력과 관련된 성차별을 다루었다. 그리고 11장부터 13장까지는 공적인 영역, 즉 일터와 정치 그리고 교육현장에서의 여성과 남성에 주목하였다. 마지막으로 14장은 여성적 특성을 살린 리더십 그리고 리더로서의 여성에 관한 논의이다.

쉽게 읽히는 책을 쓰고 싶은 욕심으로 시작하는데 매번 아쉬움이 남는다. 이번에도 예외가 아니다. 그래도 오래전 어느 날 "여성학은 불평불만을 주로 하는 학문인 것 같다."는 평을 듣고 시작했던 고민의 흔적 그리고 그때 미처 하지 못했던 답변을 남기는 것에서, 발간의 의미를 찾으려고 한다. 여성학은 여성들의 불평불만을 말하기 위함이 아니라 여성과 남성이 서로의 입장을 들려주고 이해하며 화해하기 위해 서로에게 내미는 손이라고 말이다. 너무나 익숙하다는 이유로 당연시했던 기존 가치들이 지닌 문제점을 보는 눈과 내게는 익숙하지 않더라도 상대방의 눈으로 바라본 세상을 함께 품어낼 용기를 얻으면, 지금 상상할 수 있는 것보다 훨씬 더 나은 세상이 여성에게도 남성에게도 펼쳐질 수 있다는 희망을 말해 주려 한다고….

늘 품속의 아기로 남아 있을 것 같던 딸 문정과 아들 정모가 훌쩍 커서 자신들만의 세계로 나아가려 한다. 혹여 내 안에 남아 있던 성고정관념으로 인해 그들을 키우면서 차별을 가했다 여겨지더라도 이제 너그러이 용서하길 바란다. 어느 틈엔가 그들 안에 성고정관념이나 피해의식이 끼어들었거든 젊음의 용기로 훌훌 털어내길 바란다. 그리고 서로의 다름으로 인해 서로에게서 멀어지려 하는 시간에 오히려 서로를 감싸 안고 북돋우며 함께 걸어가길 바란다. 그래서 내 딸과 아들 그리고 세상의 딸들과 아들들 앞에 펼쳐지는 21세기는 여성과 여성이 그리고 여성과 남성이 서로 억압하고 억압받는 불화의 시대가 아니기를, 서로에게 다가가는 수렴의 에너지를 확산시킬 수 있는 새로운 출발선에 지금 그들이 서 있기를 바란다. 이 책을 나의 보물들, 문정과 정모에게 주고 싶다. 마지막으로 졸고를 예쁜 책으로 엮어주신 도서출판 신정의 여러분께 감사를 드린다.

2010년 새 봄에

저자 씀

차례

Chapter 01

여성문제와 여성학, 그리고 …

Chapter 01

여성문제와 여성학, 그리고…

인간들이 서로를 우리와 너희로 그리고 높은 자와 낮은 자로 구별지어 반목한 것은 언제부터였을까? 욕심을 부릴 만한 것도 없고 많이 가져봤자 썩지 않게 보관할 수도 없던 먼 옛날, 세상에는 평화와 공존이 자리했을 것이다. 그런데 점점 더 많은 것들을 만들어내고 저장기술을 터득하면서 인간의 욕심도 함께 자라나기 시작했다. 힘을 얻은 자가 힘이 없는 자를 발밑에 두고 부려서 더 큰 힘을 갖고자 했기에, 힘이 없는 자의 불만과 힘을 얻기 위한 아우성이 지구상에 뿌리를 내리기 시작했다. 먹을 것과 입을 것 그리고 살아갈 땅 등의 자원을 더 가진 자와 못 가진 자로 나뉘고 욕심나는 자원의 종류는 점점 더 다양화되면서, 더 많이 갖기 위해 빼앗으려는 자와 빼앗기지 않으려는 자가 싸우는 세월이 이어져 오고 있다.

수(number)뿐 아니라 힘(power)과 가치(value) 역시 다수(majority)와 소수(minority)를 가르는 중요한 기준이 된다. 다수의 견해가 해당 사회를 대표하고 다수의 권익이 공동선으로 여겨지는 사회에서, 다수에 속한 자는 단지 그 이유만으로도 많은 것을 당연한 듯 누리며 살아간다. 그러한 사회에서 소수의 목소리와 권익은 무시되거나 억압되기 쉽다. 그래서 우리 대부분은 다수에 속하고자 발버둥질 치며 노력한다.

이러한 상호작용을 둘러싸고, 대표적으로는 계층(class)과 인종(race)과 성(sex)이라는 세 개의 축이 자리한다. 지위와 재산을 더 가진 자와 못 가진 자, 백인과 유색인종, 그리고 남성과 여성으로 나누는 이 축들은, 서로 겹칠 듯 절묘하게 맞물리면서 각각의 차원에서 다수와 소수를 가르는 기준이 되어 왔다. 그런데 세 개의 축이 각각 가리키는 한쪽은 우월하고 나머지 한쪽은 열등하다고 평가하고 그에 근거하여 차등적으로 대접하는 것은 정당할까? 만약 타고난 자질이나 개인적 노력의 차이에 따른 차별적 대접이라면, 그 상이한 처분은 수용됨이 마땅하다. 하지만 사회구조적으로 짜여 있는 틀이나 법적 · 제도적으로 주어지는 차별이라면, 문제가 다르다. 인종이나 생물학적 성과 같은 귀속지위(ascribed status)[1)]들 간의 자질이나 노력의 차이에 관한 일관적 증거가 존재하지 않는 상황에서, 백인과 유색인종 사이에 차등적인 대접이 주어지는 것을 인종문제 그리고 남성에 비해 여성에게 불리한 위계가 정해지는 것을 여성문제라고 명명한다. 또한 사회경제적으로 어느 계층에 속하느냐에 따라서 다양한 불평등이 주어지는 것을 계층문제라고 한다. 이들은

---

1) 성이나 인종처럼 태어날 때부터 정해져서 일생 동안 고정되는 지위를 귀속지위(ascribed status)라고 하고, 교육 및 직업, 계층 등과 같이 스스로 획득하고 성취함에 따라 달라질 수 있는 유동적 지위를 획득지위(achieved status)라고 한다.

모두 해결되고 해소되어야 할 사회문제이다.

1. 차이와 차별, 그리고 여성문제

남자와 여자는 성기관의 생김새와 기능뿐 아니라 성염색체 및 성호르몬의 구성 면에서 차이가 있다. 이처럼 남성과 여성은 신체적으로 다르게 태어나고 그로 인해 심리적으로도 다르게 발달하므로, 상이한 역할을 수행하는 것이 정당하다는 주장이 있다. 그런데 이와 반대로, 태어난 이후에 다르게 대접받고 다른 역할이 주어짐으로 인해 남녀 간의 성향이 달라진다는 주장도 존재한다. 이는 개인들 간의 차이를 설명함에 있어서 타고난 천성의 영향이 더 큰지 아니면 후천적인 양육의 영향이 더 큰지에 관한 논쟁과 통한다. 인간의 사고와 행동 형성에 있어서 천성이 미치는 영향과 후천적 양육이 미치는 영향 둘 다 무시될 수 없고 이 두 가지가 상호작용한다고 보는 것이, 오늘날 일반적으로 수용되는 견해이다. 남성과 여성 간 차이에 관한 설명 역시 마찬가지이다.

그런데 문제는 남자와 여자가 살아가는 '다른 삶'의 경험이 색종이의 색깔 차이와 같은 횡적인 차이(difference)가 아니라 가치와 권력 면의 위계를 지닌 종적인 차별(inequality)이라는 데 있다. 차이는 수직적 위계를 간주하지 않는 데 반해, 차별은 상대적으로 가치가 더하거나 덜함 그리고 우월과 열등 같은 수직적 위계를 설정하는 개념이다. 그래서, "남성은 여성보다 우월하고 여성은 남성보다 열등한가?" 그리고 "남성을 여성보다 우대하는 것은 정당한가?"에 관한 논쟁이 제기되는 것이다.

지나온 세월 동안 인류의 역사는 남성들에 의해 좌지우지되어 왔다. 전쟁과 정복 및 피정복의 역사가 되풀이되는 과정에서 수많은 남자 영웅들이 탄생한 것으로 기록되어 있다. 그런데 여성들의 이야기는 공식적인 역사 기록인 정사(正史)에서는 조명되지 않고 파묻혀 있어서 야사(野史)를 통해서나 엿보게 된다. 긴 세월 동안 남성들이 공적인 영역의 주역이었으므로, 정사는 남자들의 경험과 시각에서 바라보고 기록되었기 때문이다. 경제학은 국민 총생산(GNP)을 지표로 하여 국가 경제활동을 평가하므로, 여성들이 가정에서 행하는 무임의 가사노동과 시장경제 외부에 존재하는 비가시적 노동의 가치를 간과해 왔다(Tavris, 1992). 또한 철학의 '보편적' 사고와 언어 역시 남성을 대상으로 삼아서 인간 본성을 추론해 왔으므로(Tavris, 1992), 여성의 사고와 언어는 주변화되었다. 그리고 해부학이 발달되기 이전의 의학 또한 남성의 몸을 기준으로 삼아서 발달되어 왔으므로, 남성과 다른 여성적 몸의 특징은 간과될 수밖에 없었다. 그런데 인류의 절반을 구성하며 살아온 여자들을 배제한 역사와 여성의 노동 가치를 간과한 경제학 그리고 여성을 배제한 채 인간의 본성을 추론하는 철학과 남성의 몸을 기준으로 하는 의학은, 여성적 삶의 궤적을 제대로 전달하지 못하고 여성의 본성과 여성의 몸을 제대로 관찰하지도 진단하지도 못할 수밖에 없다. 오랜 세월 동안 여성은 교육을 받을 권리, 정치에 참여할 권리, 직업을 가질 권리, 재산을 소유하고 관리할 권리 등을 누리지 못한 채 살아왔다. 그러다가 근대 시민혁명 이래로 전 세계 여성들의 지난한 투쟁에 힘을 입어서, 19세기 말에서 20세기 초에 이르러 비로소 여성들에게도 상당한 범위에서 법적 · 제도적 권리가 주어졌다. 한국에서도 수많은 권리로부터 여성들을 소외시키던 호주제[2)]가 격렬한 사회적 논란 끝에 폐지되어 역사의 뒤안길로 사라진 지 상당한 시간이 흘렀다. 이처럼 법과 제도는 변화를 거듭하면서 양성평등을 향한 진전을 거듭해 왔다. 그런데 법과 제도가 양성평등을 보장하는 경우에도, 사회구조 속에는 여전히 남성우월주의 및 남성선호가 내재되어있다. 고용상의 성차별을 금지하는 '남녀고용평등법'에도 불구하고 채용과 승진에 있어서 남성이 우선시되는 분위기는 여전하다. 법과 제도 면의 성차별은 일단 수정되고 나면 바로 적용이 가능하지만, 비가시적인 채로 사회문화 속에 내재되어 있는 성차별이 단기간에 바뀌기는 어렵기 때문이다.

역사, 법, 제도, 사회문화, 그리고 대인관계 등 삶의 어느 차원에서든지, 남성이 아닌 여성이기 때문에 당하는 부당한 대우와 억압을 가리켜 '여성문제'라고 정의한다(임정빈 · 정혜정, 1997). 여성문제가 존재해 왔고 여전히 존재하고 있다는데 동의

2) 호주제는 2005년에 헌법 불합치 결정이 나고 민법이 개정됨에 따라, 2008년 1월 1일부로 폐지되었다.

한다면, 다음 수순으로 해야 할 일은 어떤 것들이 여성문제인지 그리고 그 원인은 어디에 있는지를 파악하고 해결책을 모색하는 것이다.

한편 지난 세월 동안 남성들은 상대적으로 유리한 위치를 점유해 왔고 오늘도 남성들에게 유리한 사회이므로, 남성문제는 존재하지 않는 것일까? 여성이 경험해 온 만큼은 아니더라도 남성이기 때문에 당하는 부당한 대우와 억압이 존재한다면, 그것을 '남성문제'로 정의할 수 있다. 예를 들어, 집안에서 아내로부터 폭력을 당하면서도 '강한 존재'로 간주되는 남자이기 때문에 사회적 공감과 도움의 손길로부터 소외되는 것은, 남성문제이다. 실제로 모든 남성이 신체적으로 심리적으로 혹은 사회경제적으로 강한 것은 아닌데, 강하지 않은 남자들을 남성답지 않은 존재 즉 남성들 중 소수에 불과하다고 간주하고 이들이 겪는 부당한 경험을 무시하고 넘어가도 되는 것인가? 개인들은 각자가 지닌 다양한 성향으로 인하여 구별되는 존재이므로 각자의 본성은 존중되어야 한다고 보면, 단순히 생물학적 성에 따라 남자와 여자로 이분하여 획일적인 성향을 기대하는 것은 옳지 않다.

성별에 따라 이분화된 틀에 부합하지 않으므로 괴로움을 경험하는 사람들이 존재하는 세상은, 궁극적으로 해결되어야 할 여성문제 그리고 남성문제를 지닌다. 여성문제와 남성문제를 포괄하여, 사회구성원들이 법적 · 제도적 · 사회문화적 그리고 대인관계에서 드러나는 현상들 중 범사회적 노력을 통해서 해결되어야 한다고 여기는 것을 사회문제라고 정의한다.

2. 여성학과 남성학

여성학이 '여성으로 살기'에 있어서 어려움을 초래하는 원인을 분석하고 해결책을 모색하는 것을 기본으로 하는 반면, 남성학은 '남성으로 살기'에 있어서 어려움을 초래하는 원인을 분석하고 해결책을 모색하는 것을 기본으로 한다. 양 주장의 주체와 입장은 다르지만, 누구의 눈으로 바라보고 누구의 몸으로 사느냐에 따라 세상이 다르게 경험될 수 있음을 드러내는 점에서는 공통적이다. 한편이 이기려면 다른 한편이 져야만 하는 제로섬(Zero-sum) 게임[3)]으로서 양성 간의 관계를 바라보면, 남성과 여성은 서로 반목할 수밖에 없다. 그러나 남성과 여성이 서로를 인정하고 배려하면서 서로에게 유익이 될 수 있는 방향을 찾는다면, 그 통합된 공존의 에너지가 성별 구분을 넘어 인종과 계층 그리고 연령에 상관없이 폭넓게 확산될 수 있을 것이다.

1) 남성학

남성학(Men's study)은 크게 상반된 두 시각으로 나뉜다. 그

3) 제로섬 게임이란 양측이 얻는 이익과 손실의 합이 제로(Ø)가 되는 경우로서 이미 정해진 양을 어떻게 나눌 것인지의 문제이다. 경쟁을 통한 게임에서 한 사람이 하나를 얻으면 다른 한 사람은 필연적으로 하나를 잃게 된다. 반면에 논제로섬(Non Zero-sum) 게임은 이익과 손실의 합이 제로가 되지 않는 상황으로 협상을 통해 양측이 얻는 결과가 모두 더 커질 수도 더 작아질 수도 있는 경우이다. 이럴 때 양측은 좀 더 유연하게 협상에 임할 수 있다.

하나가 반페미니즘(Anti-Feminism)적 남성학이고, 다른 하나가 친페미니즘(Pro-Feminism)적 남성학이다.

(1) 반페미니즘적 남성학

호르몬 비율이나 신체구조에 있어서의 남성적 특징에 기초하여 남성의 생계부양자 역할 및 보호자 역할을 자연의 순리라고 보는 입장이, 반페미니즘적 남성학이다. 반페미니즘적 남성학에서는, 과거와 달리 현대 사회의 여성들이 경제활동에 참여함으로 인해 경쟁이 심해져서 남성들이 고용불안에 시달리고 설 자리를 잃는다는 점에 주목한다. 또한 가정에서는 부드럽고 온화한 아버지로서 가사와 양육에도 참여하면서 사회에서는 성공한 남성이어야 한다는 양립되기 힘들고 모순된 기대로 인해, 오늘의 남성들이 과도한 부담에 시달리고 있다고 주장한다.

따라서 반페미니즘적 남성학에서는, 남성은 가족의 생계부양자이자 사회활동의 주역으로서 일을 하고 여성은 가정 안에서 가사와 양육에 전념하던 사회로 회귀해야 한다고 역설한다. 또한 여성들은 남성들이 지닌 공격성이 일탈적으로 발현되지 않도록 보살피고 양보해서 남성들이 가정 안팎에서의 권위를 회복할 수 있도록 노력해야 한다고 설득한다. IMF 경제위기를 기점으로 우리 사회에 부상했던 '부권회복운동' 및 '아버지 기 살리기 운동' 등은 그 예이다.[4)]

---

4) 이문열 작가의 소설 《선택》은 조선 후기의 가부장적 문화에 순응하면서 살아간 것으로 묘사되는 장씨 부인을 미화하고 등장인물의 목소리를 빌어서

이러한 논리는 "남성과 여성의 생물학적 특성 차이로 인하여 남성은 가정 밖에서의 도구적 역할에 적합하고 여성은 가정 안에서의 표현적 역할에 적합하다."는 성역할 고정관념에 터한다. 그리고 과거의 성별 역할분리 및 가부장적 위계구도를 준거틀(reference frame)로 삼아, 현재의 남성적 삶에서 잃어버린 것으로 보이는 권위에 주목하는 입장이다.

그런데 오늘의 남성들은 과거의 남성들에 비해 잃어버린 것만 있을까? 과거의 남성들이 여성을 원천적으로 배제함으로써 누릴 수 있었던 일자리의 폭이 상대적으로 넓었던 대신, 과거의 남성들이 가족에 대한 경제적 부양을 홀로 짊어졌어야 했던 부담을 오늘의 남성들은 덜 느낀다. 즉 오늘의 남성들은 공적 영역에서 여성들과 경쟁해야 하지만, 사적 영역에서 가족에 대한 경제적 부양의 짐을 아내와 함께 맞들고 갈 수 있다. 또한 과거의 남성들이 누렸던 가장으로서의 독점적 결정권이, 오늘날 부부가 함께 의논하고 합의하여 결정하는 것에 비해, 남성들에게 유리했었는지에 관해서도 재고해 볼 만 하다. 독점적 의사결정이란 결과에 대한 책임 역시 홀로 지는 것을 의미하기 때문에(이여봉, 2017), 과거의 가부장적 남성이 가족결정권을 행사하는 것을 당연하다고 느끼긴 했겠으나 동시에 고통스러운 책무이자 부담으로 여겼을 가능성 역시 배제할 수 없다.

작가 자신의 반페미니즘적 남성주의를 드러낸 것으로 평가된다. 출간 당시 여성계의 격렬한 반발을 불러왔다.

반페미니즘적 남성학은 과거의 남성적 삶에 비해 오늘의 남성적 삶이 잃어버린 것들에 주목할 뿐, 과거의 남성들이 누리지 못했으나 오늘의 남성들이 누릴 수 있는 것들을 간과하고 있다. 가족 내 아버지이자 남편으로서의 가부장적 지위와 권력 그리고 가정 밖에서의 사회경제적 지위가 남성의 삶에 있어서 전부는 아니지 않을까에 관해서도 생각해 볼 필요가 있다. 동등하게 대화하고 역할을 공유하는 부부관계와 다정한 아버지로서 자녀와의 친근한 관계 맺음 그리고 가족 밖의 사회에서 남성과 여성이 대등하게 협조하고 교류하는 삶 속에서 느끼는 행복은, 과거의 남성들에게는 허락되지 않았으나 오늘의 남성들에게 열려 있는 길이다.

(2) 친페미니즘적 남성학

친페미니즘적 남성학은 기존의 남성 중심적 학문이 남성을 '인류의 보편적 모범'으로 설정할 뿐 정작 실질적인 남성 자체에 대한 설명이라고 할 수는 없다는 점에 주목한다. 강해야 하고 성공해야 한다는 전통적 남성다움에 대한 고정관념으로 인해, 남성들은 자기 자신의 본질을 그대로 드러내 보이지 못한다는 것이다. 물론 남자들은 지위와 권력을 가질 기회가 여성들에 비해 상대적으로 많은 것이 사실이지만, 이는 소수의 특별한 남성들에게만 기득권일 뿐 다수의 일반 남성들에게는 오히려 억압이 된다고 본다.[5] 즉, 지위와 권력을 획득하지 못한 남자들은

5) 007 시리즈에 등장하는 007 즉 제임스 본드는 강력한 남성성, 다시 말하면

여성들과 달리 가부장적 사회 탓으로 돌릴 수도 없고 오롯이 자신의 '무능' 탓으로 끌어안게 되며 주변으로부터 "가족의 생계를 책임지지 못하는 무능한 가장"이라는 꼬리표를 얻게 된다는 것이다. 이처럼 가족부양의 의무는 여전히 남성들에게 편중적으로 주어지는 반면, 노동현장에서의 경쟁은 점점 치열해지고 기업문화는 비합리적이어서 남성들은 자신이 하는 일에서 의미를 찾거나 보람을 얻지 못하고 있음에 주목한다. 이러한 상황에서 남성들은 가족 생계부양을 위한 돈벌이 기계로 전락하면서, 자신이 수행하고 있는 노동으로부터 그리고 자신이 부양하고 있는 가족으로부터도 소외되어 간다는 것이다.

친페미니즘적 남성학은 남성이 여성을 억압하여 특권을 누려왔고 가부장제는 수많은 불이익을 초래했으며 그 과정에서 사회 전체가 성불평등으로 인한 고통을 받아왔음에 대한 자각이다. 즉, 친페미니즘적 남성학은 가부장적 문화가 여성뿐 아니라 남성에게도 도움이 되지 않는다는데 동의한다. 따라서 남성만이 가족 생계를 부양해야 하고 가사와 육아를 여성이 전담해야 한다는 성역할 고정관념을 버리고 성별과 관계없이 개인적 능력과 소질에 따라 역할을 선택하고 또한 공유함으로써 새로운 남녀관계를 구축해야 한다는 것이, 친페미니즘적 남성학의 핵

지성과 용기와 강한 성적 매력 그리고 여성을 보호할 수 있는 힘과 의지까지 모두 갖추고 이에 근거하여 지위와 권력을 가지는 존재이다. 사람들은 그에게서 대리 만족을 얻을 수는 있겠으나, 그를 남성들의 대표로 설정함으로써 그러한 자질을 갖추지 못한 대부분의 일반 남성들은 열등한 존재로 전락하게 된다.

심 주장이다. 일례로, 집안에서의 가사나 육아보다는 직업세계에서의 경쟁에 능한 아내와 거친 집밖의 경쟁사회보다는 가사와 자녀를 사랑으로 보살피는 일이 적성에 맞는다고 느끼는 남편의 결합은, 아내를 생계부양자로 하는 1인 생계부양 가족을 낳을 수 있다. 이 부부는 각자의 성향과 장점에 기초하여 가족역할을 분담한 것인데, 이들을 불편하게 하는 것은 주변의 가부장적 시선 즉 성역할 고정관념이라는 것이다.

2) 여성학

여성학(Women's study)은 전통 학문이 남성 지향적이고 남성 중심적 편견을 반영하고 있다는 시각에서 출발한다. 세상에는 단 하나의 진실만 존재하는 것이 아니고, 어떤 위치와 입장에서 대상을 바라보며 관계를 맺느냐에 따라 상황에 대한 인식 역시 달라질 수 있다는 것이다. 그런데 남성을 인류의 대표라고 여기고 남성의 경험과 시각에 기초하여 연구되어 온 기존의 지식에는, 여성의 경험과 시각이 조직적으로 제외되어 있다고 본다.

따라서 인류의 절반을 이루는 여성들의 경험과 시각을 반영한 새로운 지식체계가 필요하다고 주장한다. 또한 지나온 긴 세월 동안 주변화되고 억압받는 입장에 있어 온 경험으로 인해, 여성이 세상을 더 공정하게 이해할 능력이 있다고 본다. 그러므로 여성들을 체계적으로 참여시킴으로써 기존 지식에 존재하는 왜곡을 수정하고 여성의 시각과 경험을 반영한 새로운 지식구조를 마련해야 한다는 논리가, 여성학의 학문적 근거이다

(Franklin, 1991). 그리고 여성의 가치를 평가절하해 온 기존의 생각들에 도전하여, 여성문제가 존재함에 동의하고 여성문제를 해결하려는 데 초점을 두어 논의하는 여러 관점들이 여성주의 즉 페미니즘이다(Chafetz, 1988).[6)]

3. 성에 관한 정체감과 고정관념

1) 생물학적 성과 성정체감

생물학적 성(sex)이란 유전적 · 해부학적 차이에 기초한 것으로서 주로 선천적으로 결정된다. 인간은 인생 초기인 2세 경에 자신의 생식기를 통해 발현되는 생물학적 특징에 기초하여 성별을 지각하기 시작하는데, 이처럼 자신의 생물학적 성에 대해 인식하고 수용하는 것을 성정체감(sex identity)이라고 한다. 그런데 성정체감은 대개의 경우 2차 성징이 나타나는 사춘기를 지나면서 안정되는 것으로 알려져 있다.

2) 사회문화적 성과 성역할 정체감

사회문화적 성(gender)은 교육과 학습을 통해 문화적으로 습

6) 페미니즘에 관해서는 5장에서 자세히 다룬다.

득된 결과물로서 구성된다. 즉, 해당 사회에서 남성다움 혹은 여성다움으로 규정된 역할 유형을 학습하고 사회 규범에 따르는 성장과정을 거치면서 후천적으로 만들어진 기대와 행동을 젠더라고 명명한다. 한편 성고정관념(sex stereotype)이란 남자와 여자는 신체적 · 심리적 · 행동적인 면에서 다르다고 해당 사회에서 믿어져 온 관념을 의미한다. 그리고 성역할 고정관념(gender-role stereotype)이란 남자에게 적합한 지위 및 역할과 여자에게 적합한 지위 및 역할이 다르다고 믿는 관념으로서, 전통적 성별분업 및 남성지배적 사회체계를 당연시하게끔 하는 근간이 되어 왔다. 성역할 고정관념을 개인적으로 내면화시킨 정도를 성역할 정체감(gender-role identity)이라고 한다. 그런데 고정관념이란 해당 사회의 구성원들이 당연한 것으로 여겨서 순응하고 동조하는 믿음이지만, 과학적으로 진위를 검증할 만한 근거는 없다. 따라서 해당 고정관념을 믿게끔 하는 사회적 압력이 약해지면 고정관념 또한 약화되면서 변화한다. 성 고정관념 및 성역할 고정관념도 마찬가지여서, 사회변화와 더불어 서서히 약화되고 있다.

파슨스와 베일즈(Parsons & Bales, 1955)는 표현적 성향을 여성성(femininity)으로 도구적 성향을 남성성(masculinity)으로 이분하였다(임정빈 · 정혜정, 1997에서 재인용). 표현적 성향이란 타인의 욕구에 민감하고 감정을 적극적으로 표현하며, 대인 간 의사소통 및 타인과의 관계에 있어서 애정적이며 친화적인 특성을 의미한다. 반면에 도구적 성향이란 독립적이고 공격적 ·

투쟁적이며 지배적이고 성취 지향적 · 목표 지향적이면서 이성적이고 감정표현을 억제하는 성향으로 묘사된다. 남성은 외적 활동과 성취에 의해 규정되므로 외적인 환경에 적응할 필요가 있어서 타자 중심적(allocentric) 특성 및 도구적 성향을 확립하고, 여성은 고정적 상황 속에서 가까운 관계에 있는 사람들로 구성된 환경에 적응하기 위해 친밀한 타자와의 공감적 상호작용에 치중하는 자기중심적(autocentric) 특성 및 표현적 성향을 확립한다는 믿음이다(Guttman; 임정빈 · 정혜정, 1997에서 재인용).

전술한 시각들은 여성성과 남성성이 단일 차원의 양극에 위치한다는 가정에 기초한다. 이러한 접근에 의하면, 여성성이 높다는 것은 남성성이 낮음과 직결되고 남성성이 높다는 것은 여성성이 낮음과 연결되므로, 여성성과 남성성은 상호 배타적인 관계로 위치 지어진다. '남성적 남자'와 '여성적 여자'란 모두 이러한 성역할 고정관념에 부합되는 사람들이다. 반면에 샌님(sissy)이라 불리는 '여성적 남자'와 선머슴(tomboy)이라 불리는 '남성적 여자'란 성역할 고정관념의 기대에 부합되지 않는 사람을 일컫는다. 이처럼 성역할 고정관념에 부합되지 않는 사고와 행위를 보이는 사람들은 주변으로부터 부정적 시선을 받아왔다. 그러나 여성적 남자보다는 남성적 여자에 대한 시선이 상대적으로 덜 부정적이다. 이는 남성적 가치가 여성적 가치보다 높게 평가되어 왔으므로, 성역할 기대에 부합되지 않는 경우조차도 남성적 특성이 상대적으로 높게 자리매김되기 때문이다.

실질적으로 펼쳐지는 상황에 따라서, 적응을 위해 유리한 능력은 다를 수밖에 없다. 즉 표현적 능력이 요구되는 상황에서는 여성성이 강한 경우에 효율적이고, 도구적 능력이 요구되는 상황에는 남성성이 강한 사람이 잘 적응한다. 그렇게 보면 남성성이나 여성성은 어느 것이 더 우월하다고 할 것 없이 그저 상이한 성향일 뿐이다. 다만 개인주의 및 성취주의를 특징으로 하는 오늘의 사회에서, 독립성과 독자적 선택 및 책임 그리고 적극적 자아개발과 경쟁적 능력 등 전통적으로 남성성이라고 일컬어져 왔던 특성들이 더욱 중시되고 있다. 그래서 남성성이 여성성에 비해 유용하다는 사고와 더불어 많은 여성들이 남성성을 계발하고 활용하려고 노력하고 있는 것이 현실이다.

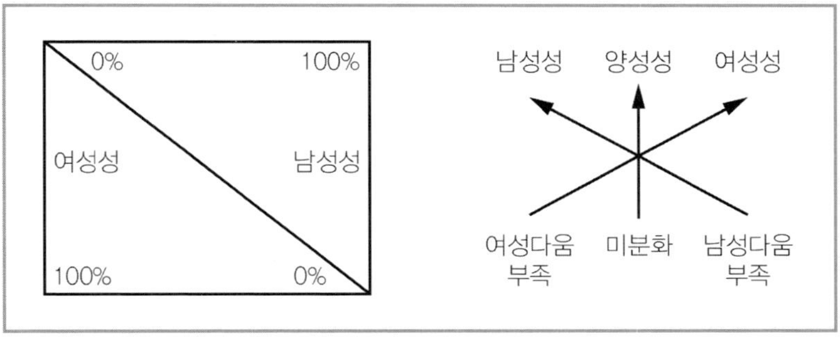

〈그림 1-1〉 여성성과 남성성, 양성성에 관한 도식화

출처: Francoeur, R. T. (1984). p.73; 임정빈 · 정혜정(1992)에서 재인용.

[그림 1-1]에서 왼쪽은 여성성과 남성성이 양극으로 발달하는 것으로 이해한 파슨스와 베일즈(1995)의 주장을 도식화한 것이다. 그리고 오른쪽 그림은 여성성과 남성성이 서로 독립적이므로 둘 중 어느 한쪽의 발달이 다른 한쪽의 발달을 방해하는

것은 아니라고 설명한 융과 벰 등의 주장이다.

융(Jung)은 남성적 성격을 지닌 것으로 보이는 사람들의 무의식 속에도 여성적 요소(아니마, Anima)가 남아 있고, 여성적 성격을 지닌 것으로 보이는 사람들의 무의식 속에도 남성적 요소(아니무스, Animus)가 남아 있다고 주장하였다(임정빈 · 정혜정, 1997). 따라서 남녀 모두 자신의 성에 맞는 능력과 성격뿐 아니라 상대편 성의 능력과 성격도 함께 표현하는 것이 심리적 건강을 위해 필요하다는 것이다. 또한 벰(Bem, 1974)과 스펜스 등(Spence et al., 1975)에 의하면, 성역할 정체감은 양극적 개념이 아니라 각기 독립된 두 차원의 척도(여성성 척도와 남성성 척도)로 측정되어야 한다. 이는 남성성과 여성성이 근본적으로 상호 배타적이지 않다는 주장이다. 이처럼 여성성과 남성성을 별개의 차원으로 간주할 경우, 여성성과 남성성 중 어느 하나의 방향으로만 발달할 수도 있지만 여성성과 남성성이 고루 높게 발달할 수도 있고 여성성과 남성성을 모두 낮게 가질 수도 있다는 설명이 가능해진다. 이것이 양성성(Androgyny) 개념이다(Bem, 1975). 우리가 살아가면서 경험하는 다양한 삶에서는 표현적 능력이 요구되는 상황도 존재하고 도구적 능력이 요구되는 상황도 존재한다. 따라서 양성성을 발달시킬 수 있다면 삶에서 맞닥뜨리는 다양한 상황에 두루 잘 적응하고 효율적으로 행동할 수 있을 것이다.

3) 성역할 고정관념은 어떤 문제를 초래하는가

인간은 사회 속에서 상호작용하는 존재로서 끊임없이 주변과 영향을 주고받으며 살아가므로, 해당 사회의 성역할 고정관념으로부터 자유로울 수 없다. 따라서 해당 사회의 구성원들은 일반적으로 성역할 고정관념에 준하는 사고와 행위를 당연시하고 수용하기 쉽다.

(1) 성역할 고정관념과 여성

여성은 여성성을 내면화하면서 성장할수록 점차 소극적이 되고 스스로의 가능성을 제한하는 경향이 있다. 의존적이고 수동적이며 수용과 인내 및 부드러움과 보살핌 등으로 특징지어지는 여성성이란, 진취성이나 결단력 및 추진력 그리고 용기나 성취감 등과는 구분되기 때문이다. 그래서 여성들은 일반적으로 자신도 의식하지 못한 채 학업과 직업적 성취에 있어서의 욕구를 억제하고 인생의 목표를 제한해 온 것이 사실이다.

인생의 목표치가 낮으면 그 목표를 향해 가는 여정이 상대적으로 쉽지만 도달하는 지점이 낮을 수밖에 없는데, 여성성을 강하게 내면화할수록 낮은 목표치 및 낮은 도달점을 자신의 몫으로 당연시하는 경향이 강하다. 또한 독립적인 자아정체감을 확립하기보다는 누구의 아내이자 어머니 역할에 자신을 한정하면서 스스로 의존적인 존재로서 규정하고 남편과 자녀들의 성취를 통해 대리만족을 구하고자 한다. 그런데 이는 여성들이 성역할 고정관념을 내면화하고 그 틀 안에 스스로를 구속하면서 빚어진 결과물이다.

(2) 성역할 고정관념과 남성

남성은 독립적이고 주도적이며 지배적이어야 한다는 사회적 기대로 인하여, 일반적으로 사회적 성취 목표를 높게 잡는 것을 당연시해 왔다. 그런데 남성이라는 이유만으로 여성에 비해 높이 도달해야 하고 강해야 한다는 사회적 압력은, 남성들에게 부담이 될 수밖에 없다. 남성들은 인간적인 두려움이나 불안 혹은 슬픔 등의 정서를 표현하지 않고 억누르며 지내게 되는데, 이는 타인과 깊은 친밀감을 나누는 것을 막고 과도히 방어적이게끔 한다. 자신의 약함을 외부에 드러내지 않고 강해야 한다는 남성성에 대한 강박관념이 스트레스 요인으로 작용하기 때문에, 남성들의 평균수명이 여성들보다 훨씬 짧다는 연구도 있다(정은희, 1999). 그리고 다른 한편에서는 비남성적 성향을 지닌 남성들을 열등한 일탈자로 여기는 사회 분위기에서, 사회적으로 바람직하다고 인정되는 방식으로 남성성을 발휘하지 못하는 남성들이 성폭력이나 물리적 폭력과 같은 공격성을 통해 남성성을 드러내 보이려는 경향도 있다(정은희, 1999).

(3) 성역할 고정관념에 대한 반박

성역할 고정관념은 과학적으로 검증된 것이 아니라 그저 해당 사회의 구성원들에 의해서 당연시되고 수용되어 온 관념일 뿐이다. 그럼에도 불구하고 성역할 고정관념은 해당 사회 구성원들의 심리와 행위에 영향을 미치는 사회적 압력으로 작용해 왔다.

심리적 특성이나 역할 적합성에 있어서의 성차란 평균적 차이를 의미할 뿐이어서, 개개인의 심리적 특성이나 역할 적합성 등이 각 성의 평균치에서 상당한 정도로 벗어나는 경우가 흔하다. 인지 능력 역시 양성 간 평균적 차이보다는 오히려 여성들 내부의 개인적 차이 및 남성들 내부의 개인적 차이가 훨씬 크다. 그러므로 성차보다는 개인별 차이에 더 큰 의미를 부여하는 것이 타당하다.

설령 남녀 간의 평균적 차이에 의미를 부여한다고 할지라도, 그 차이가 후천적인 교육과 훈련에 의한 것이 아니라 선천적 · 생물학적 차이에 근거한다고 보기는 힘들다. 따라서 생물학적 차이뿐 아니라 지식, 권력, 언어 등과 같은 사회문화적 요소를 함께 고려해야 한다. 성장하면서 드러나는 성차를 오롯이 생물학적 차이에서 비롯된다고 볼 수 없고 성장과정에서 성에 따라 다르게 양육되는데 따른 차이를 무시할 수 없기 때문이다. 따라서 사회문화적 요소를 변화시킴으로써 현재의 가시적 성별 차이는 좁혀질 수도 사라질 수도 있을 것이라는 기대가 가능하다. 실제로 오늘날 남녀 간 행동이나 사회적 성취에 있어서의 차이는 과거에 비해 많이 좁혀졌고 앞으로 더욱 좁혀질 것이다. 이는 양육과 교육 및 기대에 있어서 양성 간 차별적 대우가 줄어들고 있기 때문이다.

Chapter 02

선사 이래 여성과 남성의 삶

Chapter 02
선사 이래 여성과 남성의 삶

인류가 지구상에 자리한 이래 지금에 이르기까지 여자와 남자의 관계구도와 상호작용이 늘 한결같은 모습이었던 것은 아니다. 오늘을 살아가는 여성들에게 흔히 삶의 준거틀로 여겨지는 '옛날'이란, 이삼십 년 전일 수도 있지만 몇백 년 전일 수도 있고 혹은 수천 년 전일 수도 있는 모호한 개념이다. 그래서 역사적 흐름을 따라 매 시대 사람들의 삶의 모습과 특징을 이해하고 그 안에서 여성들의 위치와 경험을 파악하는 것은, 오늘날 여성의 삶을 이해하고 그 변화의 방향을 파악하기 위해 중요하다.

1. 원시 공동체의 여성과 남성

수렵과 채집으로 대표되는 구석기 시대 여성들의 삶에 관해 문자화된 기록은 존재하지 않는다. 다만 몇몇 고고학 자료나 벽화 및 유물을 통한 추론에 의지하여 몇 갈래의 설명이 가능하다. 초기 인류는 여성과 남성의 생물학적 조건에 따라 남성은 수렵을 하고 여성은 채집을 통해 식량을 마련하면서 상호 의존했던 것으로 전해진다. 물론 남성이 공급하던 육류는 중요한 단백질 공급원이긴 했으나 공급이 불규칙했던 반면에 여성들의 역할이던 채집은 규칙적으로 식량을 마련할 수 있는 방안이었으므로, 식량 마련에 있어서 여성의 기여도는 남성에 뒤지지 않았다고 할 수 있다. 게다가 생산력이 낮고 저장기술 역시 발달되지 않았던 시절이었으므로, 있는 대로 먹고 남으면 버리고 부족하면 굶는 식으로 공동 생산하여 공동 분배하는 평등한 사회였을 것이다. 그래서 남성과 여성의 역할은 단지 달랐을 뿐 그에 따른 사회적 차별은 존재하지 않았을 것으로 여겨진다(김선주, 1999). 또한 집단혼 혹은 난혼(亂婚) 사회여서 모계의 혈통만을 확인할 수 있었으므로, 모계제 사회였을 것으로 추정된다(김선주, 1999; Engels, 1884). 모계제 사회가 곧 여성이 통치하는 모권사회였다고 볼 수는 없지만, 최소한 여성이 사회적 지위나 생산력 면에서 소외되거나 불리한 사회는 아니었을 것이다.

토기와 직조 및 초기 농경으로 대표되는 신석기 문화는 정착하여 식량을 생산하는 단계로의 변화와 더불어 시작되었다. 그런데 초기 농경시대까지 농경과 음식 조리, 토기 제작 및 직조 등을 담당한 존재가 여성이었던 것으로 알려져 있다. 그리고 농사가 잘되기를 기원하는 제사장의 역할을 여성이 맡았다는 추정은, 신석기 사회도 모계 사회였을 것이라는 주장을 뒷받침한다.

2. 계층과 성불평등의 발생

1) 금속도구의 발달과 생산력 혁신, 그리고 전쟁

수렵도구의 지속적인 개발은 금속도구의 출현을 불러왔고 정착농경 및 목축시대를 열었다. 그런데 금속을 두드리고 부어 만드는 생산에서 여성보다는 물리적 힘이 강한 남성이 유리했으므로, 여성은 점차 금속도구의 생산과 소유로부터 소외되어 갔다. 게다가 무거운 청동 농기구의 보급으로 농경에서도 물리적 힘이 중요해지면서, 남성의 참여 비중이 높아졌고 여성은 점차 농사의 중심에서도 밀려나게 되었다. 그 뿐 아니라 배를 어로(漁撈) 수단으로 이용하게 되면서, 여타 생산 활동에서도 남성들의 비중이 커지고 여성들의 비중은 축소되어 갔다.

금속도구의 발달로 인해 공동노동의 필요성이 줄어들게 되자, 공동체적 생산관계가 무너지고 개별 노동화되면서 생산 수단도 사유화되었다. 게다가 도구를 활용하면서 생산량이 늘고 저장 기술이 발달되자, 잉여생산물을 독점하는 권력층이 생겨나고 씨족집단 간에도 경제적 불평등이 생기게 되었다. 그리고 금속 무기를 활용할 수 있는 집단이 그렇지 못한 집단을 정복하고 피정복민을 노예로 부리기 시작했다. 전쟁을 통해 인적 노동력을 확보하고 그 노동력을 통해 생산량을 증대시키게 되면서, 무력이 지닌 가치는 더욱 부각되었다. 반면 무기와 전쟁 그리고 경제활동으로부터 소외된 여성들은 결국 사회경제적 독립성을 상실하게 되었다(김선주, 1999). 이제 사회는 경제력과 군사력 면에서 우위에 있는 집단과 그렇지 못한 집단 간 그리고 남성과 여성 간 권력의 불평등 시대에 돌입하기 시작했다.

2) 고대국가 시대의 여성과 남성 그리고 노예제 사회

한반도에서는 청동기 시대에 출현한 고조선을 고대국가로 보는 설이 있고, 혹은 철기와 더불어 부흥한 삼국시대를 고대국가의 시작으로 보기도 한다. 한편 서구에서는 철제도구를 사용했던 아테네와 스파르타 등의 도시국가들이 노예제와 성차별적인 가부장제 사회를 일구고 있었다. 이들은 모두 생산 수단과 부를 소유한 남성에 의해 세워지고 통치되던 고대국가들이다.

(1) 일부일처제의 출현

남성들이 생산의 중심에 서서 잉여생산물의 축적과 더불어 경제력을 장악하고 사유재산이 발생하면서, 생물학적으로 출산에서 소외된 남성들이 친자를 확인하기 위해 여성을 소유하고자 하였다. 이러한 방법으로 배신하지 않을 노동력과 군사력 그리고 지식과 재산을 상속할 자손을 얻고자 한 것이, 부계혈통의 가부장적 공동체이자 남성이 중심이 되는 일부일처제 가족의 기원이라고 전해진다. 그런데 이것이 또한 여성으로 하여금 정

조를 지키도록 요구하고 여성을 도구화하는 계기가 되었다.[1)]

일부일처제의 초기 형태였던 대우혼은 구속력이 약해서, 결혼과 이혼 모두 어느 한쪽의 의사에 따라 자유롭게 성립되고 이혼을 한 이후에는 쌍방 모두 자유롭게 재혼할 수 있었다(한국여성연구회, 1996). 그러나 점차 여성은 결혼과 이혼의 자유를 상실하고 경제적 · 정서적으로 남성에게 예속되면서, 부계를 통해서만 자식과 재산이 상속되고 계승되는 부권제적 부계 사회가 자리를 잡게 되었다.

(2) 고대 노예제와 강력한 가부장제

노예제 사회는 가부장제 즉 남성 가장이 아내와 자식 그리고 노예와 생산 수단을 사적으로 소유하는 제도에 기초한다. 이러한 가부장적 일부일처제하에서 여성은 결혼과 이혼의 자유가 없었고 재산을 상속할 권리도 없었으며 자녀에 대한 친권도 없었고, 다만 주인인 남편을 위해 정조를 지켜야 하는 존재로서 대우받았다. 재산을 소유하고 정치적 참여와 경제적 결정을 할 권리를 가졌던 존재는, 귀족 남성과 시민계급의 남성뿐이었다. 여성은 계층에 상관없이 이러한 권리로부터 제외되었다. 이렇듯 강력한 가부장권은 로마시대에 완성된 것으로 알려져 있다.

---

1) 갈등론자들은 재력을 소유한 남성들이 생산을 위한 노동력이자 정복을 위한 군사력 그리고 사후 상속을 위한 친자를 얻기 위하여 여성을 소유하기 시작한 것이 '이성애 가족'의 기원이라고 설명한다(이여봉, 2017).

그런데 당시에도 계층과 성은 씨실과 날실처럼 엮여 있어서, 여성이 종속되는 모습도 계층에 따라 달랐다. 귀족 여성들은 남편의 성적 대상으로서 자손을 낳는 역할을 했으나, 그 외의 노동으로부터는 배제되었다. 귀족계급에서 가내 노동은 노예에게 전적으로 위임되었고 사회적 활동은 여성의 몫이 아니었으므로, 귀족 여성에게는 남편으로부터 사랑받기 위해 치장하는 일만 주어졌다. 반면에 자유시민층의 여성은 사회적 지위 면에서는 귀족 여성보다 낮았으나 비교적 자유롭게 경제활동에 종사할 수 있었고 가사를 책임지는 존재로 여겨졌다. 그러나 자유시민층의 여성 역시 생산노동의 결과물에 대한 권리를 지닐 수 있었던 것은 아니고 다만 노동력을 제공할 수 있었을 뿐이다. 한편 노예계급의 경우에는 남녀를 불문하고 생산물의 소유나 유통 및 분배로부터 소외된 채, 주인에 의해 소유된 노동도구와 마찬가지로 교환과 판매의 대상이었다. 특히 노예계급의 여성은 주인의 성적 대상이 되는 경우도 많았던 것으로 전해진다(한국여성연구회, 1996).

3. 중세 봉건 사회의 여성과 남성

서구의 중세는 장원 안에서 영주와 기사, 그리고 농노로 이어지는 신분체계와 영주의 막강한 가부장권으로 대표되던 시대이다. 봉건 영주의 토지에 대한 사적 소유와 농노에 대한 부분적 소유가 생산관계의 기초를 이루었다(한국여성연구회, 1996). 고대의 노예와 달리, 중세의 농노는 영주의 토지에 부속된 존재이지만 자신들의 생산도구와 경작권을 소유하고 있어서 형식적으로는 독립된 가족을 이룰 수 있었다. 하지만 봉건 사회에서 영주의 가부장권은 자신의 식솔뿐 아니라 농노의 가족까지 통솔할 수 있는 막강한 영향력을 의미했다. 즉, 영주는 아내와 자녀의 재산과 결혼에 관한 결정권뿐 아니라 농노의 아내와 딸들의 노동과 성에 대한 지배권까지 장악하고 있었다.

지배 신분에 속한 여성은 사회 · 정치 · 경제적으로 아버지와 남편에게 예속되어 정략에 의한 결혼과 이혼을 경험했으며, 고대의 귀족여성과 마찬가지로 남편의 가문과 재산을 유지할 자녀를 낳는 일을 주 역할로서 행했다. 농노가정 역시 남자 가장을 중심으로 한 가부장적 가족구조로 이루어졌으나, 여성 농노의 노동과 성은 영주에게 예속되어 있었다. 다만 수공업자와 상인층 여성은 직물과 양조업 및 상업 등에 종사하면서 동업 조합인 길드에 참여하고, 자신의 사회적 생산 활동의 몫에 대한 권리도 행사하는 등, 독자적인 사회 · 경제적 지위를 누릴 수 있었다(한국여성연구회, 1996).

중세는 기독교적 창조 신화를 중심으로 하여 남성지배적 기독교가 지배했던 사회이다. 혼전 순결을 중시하고, 쾌락적 성을 신의 은총에 대한 장애물로 여겼으므로 금욕을 강조했다. 그래서 당시를 대표하는 아름다운 사랑이란, 고귀하고 순결한 영주부인과 그녀를 보호하고 지키는 용맹한 기사의 헌신적이고 정신적인 관계였다. 그러나 실제로 영주 부인과 기사 간의 사랑이 정신적인 것에만 한정된 것은 아니었다고 전해진다.

사회적으로 성매매 역시 성행했던 것으로 알려져 있다. 중세 사회는 여성을 두 부류, 즉 순결하며 보호되어야 할 여성과 수시로 남성의 성을 충족시켜 주는 대상으로서 보호될 필요가 없는 타락한 여성으로 나누던 시절이었다. 그런데 이처럼 여성을 두 부류로 나누었던 시각은 오늘에 이르기까지도 여전히 지속되면서, 가부장제를 지탱하는 또 하나의 논리로서 작동하고 있다.[2)]

4. 근대 이래의 여성과 남성

1) 출산도구로서의 여성

인본주의로 대표되는 르네상스 시대와 바로크 시대에 이르기까지도, 인간이란 남성을 의미하는 것이었을 뿐 여성을 남성과 대등한 존재로 보지 않았다. 여성은 그저 자궁을 지니고 출산을 하는 도구로 여겨졌던 것이다. 바로크 시대(17C)에 이르러 여성 일각에서 더 이상 '태아를 키워내는 용기' 취급을 받지 않겠다

2) 본서의 6장 이중적 성문화에 관한 부분을 참조할 것.

는 움직임이 일기 시작했다. 그러나 당시의 사회는 여성의 경제력이나 지식 소유 및 성욕 표현을 용납하지 않았으므로, 이들을 마녀로 몰아 박해하고 마녀재판이라는 이름으로 처형했다. 계몽주의 시대(18C)에 이성을 설파하던 칸트나 몽테스키외 그리고 루소 등의 철학자들 역시, 여성을 이성적 존재로 여기지 않았고 신체적으로나 정신적으로 남성보다 열등한 존재로 취급하였다.

18세기 후반부터 유럽을 중심으로 자유주의 페미니즘이 불붙으면서 여성의 교육권과 직업권 및 재산권 그리고 참정권 등을 격렬히 요구하기 시작했지만, 남성 기득권층의 저항은 만만치 않았고 여성들 앞에 놓인 길은 험난했다. 그래서 빅토리아 시대(19C)에도 여전히 여성은 나약하고 보호받아야 할 열등한 존재로만 여겨졌다. 빅토리아 시기는 몸을 코르셋으로 조이고 겹겹의 페티코트로 감싸인 채 햇빛과 육체활동을 피해서 창백한 얼굴을 지닌 그리고 수시로 졸도하는 허약한 여성을 미인으로 여겼던 시기이다. 또한 '백치미(白痴美)'를 여성이 지녀야 할 아름다움의 기준으로 여기기도 했다. 백치미의 사전적 의미는 "지능이 낮고 단순하게 보이는 아름다움"으로서, 지성미(智性美)와는 반대되는 개념이다. 이는 당시의 여성에 대한 기대가 남성과 경쟁할 수 없으리만치 단순 · 무식하여 남편에게 무조건 순종하는 데 있었음을 시사한다. 이 시기에도 여전히 생식기관의 건강 정도로만 여성의 가치를 측정하고자 하였으며, 아들을 많이 낳아 키우는 것이 사회에 기여하는 것이라는 관념이 지배적이었다.

이처럼 여성은 약하고 무지한 존재이므로 남자와 동등한 직업을 갖거나 경쟁하는 것이 부당하고 남성의 보호를 받아야 한다는 논리하에 중산층 이상 여성에게는 교육과 직업의 문이 닫혀 있던 시기였지만, 미숙련 단순 직종은 저임의 여성노동력을 끊임없이 활용했고 가내에서 행해지는 하숙이나 부업 등과 같이 공적인 직업으로 간주되지 않는 경제활동 역시 하층계급 여성들에 의해 지속적으로 행해졌다.

2) 20세기 이후의 여성과 남성

여성의 지위는 20세기에 들어서면서 획기적인 변화를 맞이하였다. 100여 년에 걸친 자유주의 페미니스트들의 요구가 결실을 맺으면서, 여성들은 교육을 받고 경제활동을 하며 여러 영역에서의 권리를 확보하기 시작했다. 그리고 일단 확보한 기본적 권리를 토대로 사회에 진출하면서, 여성들의 삶은 질적 · 양적 변화를 거듭해 왔다. 또한 두 차례에 걸친 세계대전 기간 동안 여성들은 노동시장에서 남성 노동력을 대체하는 능력을 여실히 보여주었다.

여전히 윤리성 논란에서 벗어나지 못하고 있기는 하지만, 피임과 낙태 기술의 발달이 여성들에게 삶에 대한 선택권 및 통제권을 넓혀준 것도 무시할 수 없다. 20세기 말의 정보혁명으로 인한 산업구조의 변화와 의사소통 채널의 확산 등으로 인해, 앞으로 남성과 여성 간의 차이는 감소될 가능성이 크다. 다만 남성과 여성의 지위는 사회 전반의 구조적 특성 및 필요와 밀접히 연관되어 움직이기 때문에, 남성과 여성의 상대적 지위 변화가 단선적으로 진행될 것이라고 예측하기는 쉽지 않다.

Chapter 03

한반도의 여성과 남성

Chapter 03
한반도의 여성과 남성

현대의 삶을 상징하는 아파트촌에서 멀지 않은 곳에서도 구석기 및 신석기 시대의 유적들이 출토되곤 해서 아련한 먼 시절을 회상하게 한다. 그런가 하면 화려한 장신구로 가득 찬 왕족의 무덤에서, 금속문화가 발달했던 시대를 떠올리게도 된다. 오늘 우리가 살아가고 있는 이 땅은 원시로부터 수천 년에 이르는 동안 여성들과 남성들이 상호작용하면서 일구어 온 형형색색의 삶들이 켜켜이 쌓인 곳이다.

본 장에서는 한반도에서의 고대국가 이후 여성과 남성의 삶에 초점을 두기로 한다. 왜냐하면 비교적 평등했던 것으로 추론되는 석기시대와 달리, 금속문화와 더불어 시작되는 고대국가 시기부터 본격적으로 양성 간의 불평등체제가 구축되었기 때문이다.

1. 고대국가의 여성과 남성

청동기문화와 더불어 고조선 등의 고대국가가 출현했고, 이후 삼국시대라고 불리는 고대국가의 중심에는 철기문화가 자리했다. 철기문화와 토기문화가 발달하는 과정에서 소유 격차가 심화되었고, 이를 중심으로 계층 분화가 정교화되면서 성별에 따른 관념 역시 고정되기 시작했다(김선주, 1999). 그리고 여성의 역할은 점차 가사와 육아로 대표되면서 가정의 테두리 안에 한정되었다. 그럼에도 불구하고 고대국가가 형성되고 발전하는 과정에서, 여성은 상당히 중요한 비중을 차지하고 있었던 것으로 보인다.

한반도 최초의 고대국가라고 할 수 있는 고조선은 본래 그 땅에 살고 있던 토착민인 곰이 쑥과 마늘을 먹어서 인간이 된 후 하늘에서 내려온 천신의 아들 환웅과 결합하여 낳은 아들인 단군왕검이 세운 것으로 전해진다. 고구려는 천제의 아들이라 칭했던 해모수의 아들 주몽이 부여를 떠나 남하한 지역인 졸본에서 그 지역 태수의 딸인 소서노를 만나서 정착하여 세운 나라이다. 한편 소서노의 아들인 비류와 온조가 고구려를 떠나 남하하여 백제를 세웠고, 하늘에서 내려온 알에서 나온 혁거세가 우물가 계룡의 몸에서 태어난 알영과 혼인하여 신라의 시조가 되었다고 전해진다. 이러한 한반도 고대국가의 건국 신화들 속에서 남성은 하늘에서든 여타 지역에서든 이주해서 새로운 땅을 정복하고 왕이 되어 지배한 존재로 그려지고 있다. 반면에 여성은 원래 그 지역에 살고 있던 토착민을 상징한다. 이는 청동기와 철기시대를 거치면서 금속무기를 장악해 온 남성들의 이웃 정복과 지배의 역사를 반영한다. 또한 토착민인 여성이 이주자인 남성과 맞서 싸우지 않고 오히려 이들과 연합하였던 것으로 그려지는 것은, 전쟁이 일상적이던 시대에 남성과 여성의 위계구도가 설정되기 시작했음을 암시한다.

하지만 고대 여성들이 정치적으로 완전히 소외되었던 것은 아니다. 그 예로서, 왕이 어린 나이에 즉위한 경우 모후가 섭정을 했던 시기도 있었고 신라에서는 여성을 화랑의 우두머리로 삼기도 했으며 여왕이 국가를 다스리기도 했었다. 물론 아들이 없는 경우에 한정되기는 했으나, 딸에게 왕좌를 물려주었던 것은 신라시대 여성의 정치적 지위가 이후의 왕조들과는 달랐음을 시사한다.

한편 주몽의 어머니인 유화부인은 아들을 위해 천마를 골라주어 남쪽으로 떠나보내며 아들의 앞길을 인도한 존재이자, 그 아들이 세운 나라의 기틀을 잡는데 도움이 되도록 비둘기를 통해 보리 종자를 전해준 인물이다. 그리고 소서노는 자신의 아들인 비류와 온조가 고구려의 왕위를 이어갈 수 없게 되자, 그들을 이끌고 남하하여 새로운 국가를 개척하도록 한 인물로 그려진다. 또한 신라의 알영은 왕의 곁에 그저 머물기만 한 것이 아니라 적극적으로 농업과 양잠 및 길쌈을 행하며 백성들을 독려했던 것으로 전해진다. 즉 한반도의 고대국가 여성들은 스스로 권력의 표면에 드러나는 존재는 아니지만, 자녀의 앞길을 지혜롭게 인도하는 어머니이자 농업과 관련하여 풍요를 관장하는 지모신 등의 적극적인 이미지로 그려지고 있다. 또한 해당 시기까지는 여성이 농업과 양잠 및 길쌈 등 경제적 생산으로부터 주변화되지는 않았음을 시사한다. 여성들의 양잠 및 길쌈은 가내 소비뿐 아니라 세수 납부용으로도 쓰일 정도로 요긴한 물건을 생산하는 경제활동이었기 때문이다.

전통 신앙에서 제의를 주관하는 사제의 역할을 한 존재도 여성이었다. 삼국의 국가체제가 확립되고 불교와 유교 등이 전래되면서 제의를 주관해 오던 여성의 역할과 지위 역시 위축된 것은 사실이다(김남윤, 1999a). 하지만 토착신앙과 조화를 이룰 수 있었던 불교의 전래 과정에서도 여성의 역할은 적지 않아서, 당시 경제력을 갖춘 여성들 혹은 왕가의 여성들이 불교의 후원자 역할을 했던 것으로 알려져 있다.

삼국시대에 이르러 정치와 경제 및 종교뿐 아니라 사적인 영역에서도 가부장권이 강화되기 시작했다. 지배층 남성들을 중심으로 하여 여러 명의 부인을 두면서, 여자의 투기를 규제하고 정절을 강조했다. 이처럼 한국의 가부장제는 삼국시대부터 형성되기 시작하였다(이광규, 1977; 이광자, 1999에서 재인용). 그러나 그 이후와 비교하면, 삼국시대는 남녀관계가 상대적으로 평등했고 자유연애가 가능했으며 자유결혼이 허용되던 시기였다.

통일신라의 정치는 유교를 중심으로 재편되기 시작했다. 무려 세 명의 여왕을 배출했던 신라시대와 달리, 통일신라시대에 여왕이 부재했던 것은 여성의 위상이 낮아졌음을 보여준다. 이는 유교가 남녀의 역할을 구분하면서 여성의 부덕과 도리를 강조하고 여성의 정치 및 사회활동에 대해서는 부정적으로 인식했기 때문이다.

점차 아들 선호사상이 강조되고 효도가 가족과 국가의 윤리 기반으로 확립되었다. 그러나 평민들의 효도의식은 여전히 불교에서 강조하던 방식대로였다. 그래서 효도를 행하는 주체로서 아들이 등장하고, 여성은 주로 자녀로부터 효도를 받는 대상으로 등장하는 이야기들이 전해진다. 이는 조선시대의 유교가 며느리를 효도의 직접적인 주체로 내세운 것과는 다르다.

통일신라시대 여성들의 경제활동이 실질적으로 심각한 제약을 받은 것은 아니어서 부모로부터 상속을 받거나 남편 사후에 재산을 물려받기도 하고 혹은 이를 기반으로 경제활동을 해서 재산을 축적하기도 처분하기도 했었다(김남윤, 1999b). 이는 여성들이 가계상속권 및 재산 상속권을 지니고 있었기에 가능한 일이었다.

2. 고려시대의 여성과 남성

고려에서는 처가에서 혼례를 올리고 머문 뒤 양가의 경제적 조건이나 상황 그리고 부부의 의사를 고려하여 살 곳을 정하는 '서류부가혼[1]'이 일반적이었다(권순형, 1999a). 그래서 여성은 결혼 이후에도 친정에 살면서 친정부모를 봉양할 수 있었다. 이는 비부계적 친족구조 특히 성별에 상관없는 균분상속제[2]와도 밀접히 연관되어 있다. 특히 여성이 상속받은 재산은 혼인 후에도 남편의 재산으로 흡수되지 않고 자기 몫으로 남았으며, 봉제사 역시 형제자매들이 윤회봉사[3]하는 것이 보편적이었다.

또한 국가의 상벌에 연루됨에 있어서도 양쪽 가문이 동일하게 적용을 받았다. 즉 죄를 지으면 친가와 처가 모두 처벌을 받았고, 공을 세우면 양가 모두 혜택을 입을 수 있었다. 이러한 특성들은 당시의 여성들로 하여금 가부장적인 억압으로부터 비교적 자유로운 삶을 살 수 있게끔 허용했을 가능성이 높다. 그러나 공적인 지위가 주로 남성에 의해 점유되던 시대였으므로, 양가가 모두 상벌에 연루되게끔 되어 있던 제도는 악용될 소지가 많았다. 즉 처가가 죄에 연루될 것 같을 때 아내를 버리고 새로운 세력으로 부상하는 집안에 다시 장가를 드는 것이 가능했다.

1) '남귀여가혼(男歸女家婚)'이라고도 한다.

2) 출생순위나 성별에 상관없이 동일한 비율로 상속받도록 한 제도.

3) 형제자매들이 공평하게 돌아가면서 제사를 모시는 것.

이혼과 재혼은 남자와 여자 모두 가능했지만 남편이 아내를 버린 경우는 허다했던 반면에 아내가 남편을 버린 기록은 많지 않아서, 해당 제도는 실질적으로 여성에게 불리하게 작용했다고 볼 수 있다(권순형, 1999a).

왕실의 경우에는 호족들을 아우르기 위해 혼인동맹을 활용하는 등의 전략적 이유로 일부다처(一夫多妻)를 취하는 경우가 다반사였지만, 평민들에게는 일부일처(一夫一妻)가 일반적이었다. 그러나 고려 후반에 이르러서는 일반인의 경우에도 다처(多妻)가 묵인되었다. 일부다처제 하에서 여러 명의 아내들은 신분이나 대우 면에서 모두 동등하게 대우받는 존재들이었다. 그러다가 고려 말에 이르러 성리학적 혼인관에서 비롯된 처첩제(妻妾制)가 도입되었다. 처첩제는 실질적인 삶에서 완벽한 일부일처제라고 보기는 애매하지만, 남성 측에 의한 일방적 이혼이 규제되고 여성은 조강지처(糟糠之妻)로서 유일한 아내로서의 혼인지위를 안정적으로 보장받는 제도이다(권순형, 1999b). 왜냐하면, 처(妻)와 첩(妾) 간에는 신분과 대우 면의 차이가 현격해서, 첩은 부인으로서의 대우를 받지 못하고 첩이 낳은 자녀 역시 서얼로서 본처가 낳은 자식과는 다른 대접을 받을 수밖에 없기 때문이다.

고려의 정치 이념이었던 불교는, 여성의 사회활동을 권장하지 않고 가족관계 속에서의 윤리를 강조하였다. 이렇게 볼 때, 불교와 유교는 기본적인 맥락에서 공통적이다. 그렇지만 고려시대 지배층의 여성들은 상업과 무역활동을 하고 서민 여성들도 농업 및 직조 그리고 상업 활동에 종사하면서 경제활동을 하였다(권순형, 1999a). 즉 정치이념과 별개로, 고려는 여성의 활동이 가내에만 한정되지 않았으며 경제적 독립도 가능한 사회였다.

3. 조선시대의 여성과 남성

1) 성리학적 이념하의 여성과 남성

조선은 이전의 어느 시기보다도 강력하게 수직적인 부계가족 질서를 중심으로 가족과 정치를 세우고자 한 왕조이다. 여자들로 하여금 외출 시에 얼굴을 가리게 하고 남녀 간의 자유스러운 접촉을 금했던 것은, 정절을 중시하는 성리학적 사회윤리에 기인한다. 그런데 성리학적 사회윤리가 광범위하게 보급된 것은 조선 중기 이후에 이르러서부터이므로, 조선시대의 전 시기를 통해 여성들이 비주체적인 생활을 했었다고 볼 수는 없다(이순구, 1999a). 순종적 여성상은 조선 후기인 17~18세기에 와서야 정착된 것으로서, 이를 '한반도에서의 전통적 여성상'인 것처럼 여기는 통념은 오류이다.

조선 중기까지는, 고려시대와 마찬가지로, 재산 상속에 있어서 여성의 권리가 상당히 크고 제사 역시 아들만 지낼 수 있는 것은 아니어서 윤회봉사 및 분할봉사[4)]가 가능했다. 또한 처가

4) 한 사람이 모든 제사를 모시지 않고, 형제자매들이 제사를 나누어서 모시는 것.

와 사위 및 외손과의 관계 역시 밀접했다. 그러나 친영례[5] 및 시집살이가 자리 잡은 16~17세기경부터는 혼인한 여성이 친정 부모를 부양하거나 제사를 지내는 것이 쉽지 않아졌고 외손봉사[6] 및 윤회봉사가 쇠퇴하였다. 그리고 조선 후기로 갈수록 장남과 맏며느리가 부모 부양과 가계 계승 및 봉제사의 의무를 떠맡게 되면서, 이에 대한 반대급부로서 재산의 장자상속 관행이 자리를 잡았다. 17세기에 이르러 장자상속이 자리를 잡은 이면에는, 당시 양반들의 경제력이 정체된 상황에서 집안의 경제적 몰락을 막고 기득권을 보호하기 위해 재산을 분산하지 않으려 했던 실질적 이유도 존재한다. 그런데 제사와 재산 상속제도가 이렇게 변화되면서, 친족구조에서 여성의 지위가 하락하고 외가 및 처가와의 거리가 멀어지는 현상이 나타나게 되었다.[7]

조선 중기인 16세기 중반부터 결혼한 여자들의 시집살이가 당연한 것으로 자리를 잡으면서, 친정의 족보에는 결혼한 딸의 이름을 기록하지 않고 대신 사위의 이름만 기록하였다(이광자, 1999). 이는 결혼을 한 딸은 친정과는 결별한 출가외인(出嫁外人)이되 독립된 개체가 아니라 남편에게 종속된 존재임을 의미하는 것이다(이광자, 1999). 그런데 일부다처 및 기처(棄妻)가 성행했던 고려시대와 달리 조선시대의 처첩제하에서 조강지처

5) 신랑이 신부집에 가서 신부를 데리고 자신의 본가에 온 다음에 혼례를 올리는 방식.

6) 외손이 제사를 모시는 것.

7) 17~18세기에 이르러 족보에 형제자매의 배열을 남자는 나이순으로 배열하고 여자는 남자들 모두를 배열하고 난 뒤에 수록하기 시작한다.

의 자리는 종신토록 유지될 수 있는 것이었으므로, 여자들은 친정으로부터 출가외인이 되는 대신 남편 가문의 일원이 되는 것을 별 거부감 없이 받아들인 듯하다. 즉 남편 가문에 들어가 시집살이를 하고 효도를 다하며 정절을 지키면 늙어서 어머니로서 섬김을 받고 죽은 후에는 그 가문의 조상이 되어 제례를 받을 수 있다는 확신을 줌으로써, 여성들로 하여금 적극적이고 자발적으로 가부장적 이데올로기를 수용하도록 한 것이다.

조선 중 · 후기 여성들의 행동반경은 집안에 제한되어서, 상층 여성들의 주 역할은 봉제사와 접빈객이었다. 고려와 조선 초기에 불교식 제의로서 절에서 행해지던 제사가 점차 집안으로 들어와 여성에 의해 실질적으로 주관되는 큰 행사로 자리를 잡았다. 제사는 친족 공동체 의식을 확인하고 '우리'라는 유대감과 위계질서를 강화하는 의식이다. 그래서 제사 준비의 중심이 되는 종부(宗婦)의 역할은 친족관계망을 유지하기 위해 매우 중요했다. 또한 접빈객은 단순한 집안일의 연장이라고 할 수만은 없는 의미를 지닌다. '사랑채'에서 공적인 논의가 이루어지던 당시에, 접빈객이란 공적 활동을 뒷받침하는 비가시적 사회활동으로 해석될 수 있기 때문이다(이순구, 1999a). 노비를 부릴 수 있었던 상층 여성들의 역할이 봉제사와 접빈객에 집중된 반면, 평민이나 노비층 여성들은 집안일뿐 아니라 경제적 생산노동으로서 김매기 등의 농사일과 누에치기 및 길쌈 등을 병행해야 했다.

2) 조선 중기 이후 실학과 천주교

조선 중기 이후에 대두된 실학은 여성의 사회참여를 독려하고 사회적 지위 향상의 중요성을 강조하였으며 남녀평등 사상을 제기하였다. 한편 “모든 인간은 신 앞에 평등하다.”는 기치를 앞세워 도입된 천주교는, 여성이 남성에 종속되는 것을 당연시해 온 18세기 조선의 성리학적 지배질서와 부계 중심적 가족질서를 위협했다(정해은, 1999). 남녀칠세부동석(男女七歲不同席)과 여필종부(女必從夫) 및 삼종지도(三從之道)의 규범이 보편화되어 있던 당시의 사회에서, 여성들은 새로운 종교와 더불어 기존의 질서에 저항하기 시작했다. 한반도에서 여성들의 지위가 가장 열악했던 18세기에 이를 거부하는 움직임이 적극적으로 싹트기 시작했던 것이다.

19세기 중 · 후반에 창도된 동학 역시 기존의 봉건적 신분질서에 도전하면서 여성의 인권에 주목하고 새로운 여성관을 제시하였다(정경숙, 1999). 뿐만 아니라 19세기 말에는 여성에 의한 최초의 여권운동이 일어났다. 서울 북촌의 부인들이 주동이 되어 1898년 〈독립신문〉과 〈황성신문〉에 정치와 직업 및 교육 영역에서 여성에게도 남성과 동등한 권리를 보장할 것을 주장하는 ‘여권통문’을 게재하고, 여학교 설립을 추진하며 독립협회 운동을 지지하는 정치 행보를 보였다(정경숙, 1999). 이는 18세기 말부터 19세기에 걸쳐서 서구에서 일어난 초기 자유주의 여권운동의 요구와 유사한 것으로서, 여성을 억압해 온 관습과 제도의 불합리성에 대한 고발이었다.

4. 일제 식민지 시대의 여성과 남성

1) 일본식 호주제

실학과 천주교 및 동학 그리고 갑오개혁 등을 거치면서 눈을 뜨기 시작했던 성평등 의식은 일제침략으로 인해 주춤하였고, 일제 강점기는 여성의 법적 지위가 다시금 낮아진 시기이다. 2008년에 와서야 비로소 폐지된 호주제는, 한국 고유의 것이 아니라 일제가 이식한 제도였다.

한반도에서의 호적은 원래 호구를 파악하고 봉건적 신분을 확인하는 목적에 머물렀던 제도였는데, 갑오개혁으로 봉건적 신분제도가 폐지되면서 호적의 목적을 근대적인 국세조사에 두고 실제 생활단위로 호적을 작성한다는 '호구조사규칙'이 마련되었다(유해정, 1999).

그런데 한일합방 후 일제는 호구조사규칙을 폐지하고, 새로이 '민적법'과 '조선호적령'을 공표하였다. 호주의 신분관계와 가(家)의 연속관계를 명확하게 하는 일본식 호주제도를 이식한 것이다. 일본식 호주제도하에서 호주는 가족의 혼인, 입양, 입적, 제적 등 중요한 신분 행위에 대한 동의 및 허가권 등을 갖게 되어 강력한 가부장권을 행사할 수 있게 되었다(유해정, 1999). 또한 결혼한 여성은 자신 명의의 재산을 처분하고자 할 때조차 남편의 동의를 얻어야 했다.

이는 일제가 식민지였던 한국의 통제와 감시를 효율적으로 하려는 목적에서 이식한 제도이지만, 실질적으로 부계질서를 강화하고 여성의 지위를 약화시키며 남성에 대한 여성의 종속을 심화시키는 결과를 초래했다.

2) 공창제도와 위안부

봉건제가 붕괴되는 과도기에도 여전히 봉건 윤리를 내면화하고 있던 당시의 여성들은, 가족을 위해 자신을 희생하는 것을 미덕이라고 여겼다. 그리고 성매매는 직업을 갖기 위한 교육과 훈련이 되어 있지 못했던 당시의 빈곤층 여성들이 자신의 몸을 활용하여 돈벌이를 하는 수단이었다. 이러한 상황에서 일제는 1916년부터 자국 거류민과 일본 군인들의 성욕 해결을 위하여, 포주가 여성의 성을 팔고 남성이 성을 사는 것을 국가가 합법화하고 법으로 관리 감독하는 공창제도를 실시하였다.[8)]

그리고 한국의 여성들을 징용이나 납치 또는 매매 등 다양한 방법으로 징발하여 끌고 가서, 일본군의 성적 노예로 삼았다. 한국의 위안부 피해여성들이 일본 정부의 사과와 진상 규명 및 적절한 배상과 책임자 처벌 등을 요구해 오고 있으나, 생존한 피해자가 얼마 남지 않은 오늘에 이르기까지 미해결된 상태이다.

---

8) 공창제는 해방 후 공창제 폐지령에 의해 폐지되었지만, 실질적으로는 사창으로 변하여 성매매가 계속되었다. 이후 미군 주둔지를 중심으로 기지촌을 형성하여 미군들의 성욕 처리 공간으로 '양공주'라는 이름의 성매매 여성들을 양산하였다.

3) 여성노동과 여성 삶의 다양화

일본의 독점자본이 들어오면서 노동집약적 경공업 분야에 한국의 미숙련 여성 노동자가 대거 투입되어 혹사당했다. 즉 그러나 한국인 남성 노동자의 임금은 일본인 남성 노동자의 반 내지 삼분의 일 정도였는데, 한국인 여성 노동자는 한국인 남성 노동자의 반 정도에 불과한 저임금과 열악한 노동조건에서 착취되면서 식민지 가부장 체제의 유지에 이용되었다(신영숙, 1999).

한편 고학력 여성들이 늘어나면서 기자나 의사 및 교사 등의 전문직을 가진 신여성이 증가하였지만, 제도권 교육은 여전히 자녀양육을 책임지는 현모양처 양성을 목표로 하고 있었다. 즉 여성교육은 자수와 재봉 등에 주력하였고 가정 내의 의식주를 여성이 가내에서 담당해야 한다는 의식을 주입하였으며, 제2차 세계대전 중에는 '신민 양성'이라는 이름으로 다산정책이 추진되어서 여성은 군인을 출산하고 키워내기 위한 출산도구이자 모성도구로 여겨졌다(신영숙, 1999). 이러한 와중에 유학파 신여성들이 자유연애와 이혼 등의 급진적 의식을 구가하는 등, 여성의 삶이 다양한 모습으로 분기하는 과도기적 혼란상이 연출되었다.

5. 현대 한국에서 여성운동의 활성화

1960~1970년대 경제성장정책에서 '수출산업의 역군'으로 추켜세워진 것은, 저임의 단순노동자들이었다. 그런데 여성 노동자들에게 적용되었던 저임금과 지나치게 긴 노동시간, 과도한 노동 강도, 생리휴가 및 산전산후 휴가의 제재, 결혼 퇴직제, 여성 조기정년제 등은 여성 노동자들의 노동권과 생존권을 위협하였다(이송희, 1999). 이러한 과정에서 1970년대 중반 결혼퇴직제와 임신퇴직제의 부당성에 대한 노동조합의 지적을 기점으로 하여, 여성 노동자 생존권 투쟁이 격렬하게 일어났다. 그 결실로서 결혼 퇴직제를 철폐하고 출산휴가를 쟁취하는 등 일련의 성과가 있었으며, 이를 계기로 하여 노동현장에서의 성차별 문제가 주목되고 거론되기 시작했다.

중산층 여성들을 중심으로 하여 법적 · 제도적 영역에서 나타나는 성불평등을 시정하고자 하는 노력 역시 1970년대에 광범위하게 일어났다. 크리스천 아카데미가 다양한 집단을 대상으로 여성교육을 실시하고, 가족법 개정 운동 및 미인대회 폐지 운동을 벌이면서 여성운동에 적극적으로 나섰다(이송희, 1999). 또한 가정법률상담소 중심의 가족법 개정 운동, YWCA의 '결혼 각서제' 폐지 운동, 여성유권자연맹의 여성 근로자 교육활동 등을 그 예로 들 수 있다. 이들은 여성 노동자 문제에도 관심을 갖고 여성 노동자들의 권리 찾기에 힘을 보태기 시작했다. 또한

1977년 가을 학기에 국내 처음으로 이화여대에 여성학 강좌가 개설된 이후, 여성학 교육이 전국의 대학으로 확산되면서 여성문제를 본격적으로 제기하기 시작했다.

1980년대에 들면서 여성문제를 사회 전반에 걸친 구조적 모순의 결과로서 파악하고 총체적 해결을 위한 사회운동이 일어났다. 그래서 교육사업, 출판 · 홍보 사업, 빈민아동을 위한 공부방 운영, 여성 영화제 등을 통해, 여성운동의 대중적 기반을 확산시키는데 주력하였다(이송희, 1999). 또한 1983년에 개통된 〈여성의 전화〉는 가정폭력 피해여성의 문제에 주력해 오고 있다. 같은 해인 1983년에는 국가적 차원의 여성문제 전담기관인 한국여성개발원[9]을 설립하였다. 그리고 1984년에 유엔 여성차별철폐협약에 가입하였다.

1990년대에 들어서 전문적 여성단체들이 본격적으로 만들어지고 여성운동이 내용과 방법 면에서 다변화되었다. 우선 법과 제도적 차원에서의 성불평등 해결을 위한 운동이 펼쳐져서 여성발전기본법, 성폭력 특별법, 가정폭력 방지 및 피해자 보호 등에 관한 법률과 가정폭력 범죄 처벌에 관한 특례법 등이 제정되었다. 그리고 영유아보육법의 제정 및 개정, 남녀고용평등법의 개정, 가족법 개정 그리고 동성동본불혼 규정의 위헌 판결 등이 일구어졌다.

1990년대는 1980년대에 싹이 튼 여성연대 활동을 정치세력화하고 나아가 여성들의 정치참여를 활성화하기 위해 여성단체들

9) 2007년에 한국여성정책연구원으로 개칭되었다.

이 적극적으로 활동한 시기이다. 정부의 여성정책에 대한 평가, 여성정책전담기구의 설치 요구, 국회 및 지방의회의 여성의석 확보를 위한 할당제 요청 등이 전개되었다. 이와 더불어 1990년 한국정신대문제대책협의회가 결성되어 정신대의 실상을 폭로하고 일본 정부의 공식 사죄와 피해 보상을 촉구하는 활동을 벌여오고 있다.

2001년에 여성부가 신설되었고, 2008년에는 드디어 호주제가 폐지되었다. 이는 성평등한 세상을 향한 중요한 발걸음이었다. 그러나 새천년이 시작되고 20여년이 흐른 지금도 여전히 가족 내에서 노동시장에서 그리고 일반 사회 속에서 여성문제는 존재한다. 그리고 오늘의 사회는 남성에 의한 여성혐오와 여성에 의한 남성혐오 등의 어두운 그늘에 맞닥뜨리고 있다.

Chapter 04

여성과 남성,
그 성차에 관하여

Chapter 04
여성과 남성, 그 성차에 관하여

여성과 남성 간 성차의 원인에 관하여 천성(nature)을 강조하는 입장과 양육(nurture)을 강조하는 입장으로 양분된다. 천성론은 남자와 여자가 태어날 때부터 다른 성향을 지니고 있다는 입장으로서, 그 근거를 생물학적 차이에서 찾는다. 그래서 동일한 환경과 양육방식을 제공한다고 하더라도 남아와 여아는 서로 다른 행동 패턴을 보일 것이라는 주장이다. 반면에 양육론은 태어나는 순간부터 남아와 여아는 사회문화적으로 상이한 환경에 둘러싸여 자라기 때문에, 성에 따라 상이한 정체감을 후천적으로 획득하게 된다고 설명한다.

인간과 사회에 관한 연구는 실험실이 아닌 일반 사회에서 이루어지기 때문에, 천성을 일률적으로 통제한다든지 혹은 환경을 일률적으로 통제하는 것은 불가능하다. 그래서 하나는 틀렸고 나머지 하나가 옳다는 식으로 무를 베어내듯 골라낼 수는 없다. 오늘날 학계에서는, 성차란 천성적 요인과 양육적 요소가 상호작용하여 빚어지는 것으로 설명한다.

1. 동일시 이론

동일시 이론(Identification theory)은 남자와 여자의 해부학적 차이로 인하여 내적 동기가 성에 따라 다르게 생겨나고, 그로 인해 성역할 습득이 상이하게 이루어진다고 설명한다. 특히 생물학적 결정론의 대표주자인 프로이트(S. Freud)는 동성부모와의 동일시 과정을 통해 남아와 여아가 각각 자신의 성정체감을 형성하고 이를 토대로 하여 동성의 부모를 모방함으로써, 자신의 성에 부합하는 성역할을 습득한다고 주장하였다.

1) 프로이트

프로이트에 의하면, 인생 초기의 발달단계에 따라 성적 에너지(libido)는 구강에서 항문으로 그리고 남근으로 옮겨간다. 남근기(3~5세경)에 이르러 남자아이는 오이디푸스 콤플렉스(Oedipus complex), 즉 아버지를 죽이고 어머니와 동침하고자 하는 욕망을 느낀다. 그런데 이는 자신과 아버지가 공통적으로 지닌 돌출된 성기 및 어머니의 거세 사실(함몰된 성기)을 인식하면서 극복된다. 다시 말해서 어머니와의 동침을 금지하는 아버지의 명령을 따르지 않을 경우 어머니처럼 거세될 것이라는 불안(거세불안, castration anxiety) 때문에 어머니에 대한 성적 욕망을 포기하고 아버지와 자신을 동일시하는데, 이러한 방어적 동일시(defensive identification)를 통해 남자아이의 인성이 발달한다

(Frieze et al., 1978; Lerner, 1978). 즉 남자아이는 동일시 대상인 아버지의 도덕률과 가치를 내면화하여 아버지의 행위, 태도, 감정을 받아들여 초자아를 확립하며 자아상을 발달시킴으로써 남성성을 학습한다는 것이다.

반면에 여자아이는 사랑의 대상으로서 아버지를 원하지만 경쟁 상대인 어머니가 자신의 성기를 거세할 것이라는 두려움 때문에 좌절한다. 그런데 여자아이가 갖는 어머니에 대한 갈등(Electra complex)은 자신의 성기가 이미 거세되어 존재하지 않는다는 것을 깨닫게 되면서 남근 선망(penis envy)으로 대체된다. 이로 인하여 여자아이는 열등감, 질투심, 수동성, 그리고 자신만의 세계에 갇히는 자기애(narcissism) 등의 병리적 성향을 지니게 되고, 도덕률 및 초자아가 덜 발달한다. 또한 남자아이와 달리 방어적 동일시에 대한 경험이 없이 어머니와의 의존적 동일시(anaclitic identification)를 지속하므로, 어머니를 잃을지 모른다는 두려움이 곧 어머니의 성역할 행동을 따라 하는 동기가 된다(이영찬, 2005). 또한 여자아이가 성장하면서 남근 선망은 아이를 낳고자 하는 욕망으로 대체되고, 자신과 마찬가지로 함몰된 성기를 지녔으나 출산과 양육역할을 하는 어머니와 자신을 동일시하는 또 하나의 이유가 된다. 그래서 결혼을 통해 남성에게 의존하고 출산을 통해 어머니가 되면서 비로소 남근 선망을 극복하게 된다는 것이다.

여성의 두뇌 발달을 경계하고 "여성은 자궁과 출산을 통해서만 신체적 · 심리적 허약성을 극복할 수 있다."고 여겼던 빅토리아 시대의 믿음과 분위기가, 프로이트 이론의 전반을 흐르고 있다. 프로이트는 여성이 이러한 리비도의 흐름을 거부하고 저항할 경우 섹슈얼리티 전반에 반감을 갖게 되고 '불감증'을 겪게 되며, 어머니 대신 아버지와 동일시하여 어머니를 욕망하는 경우에는 여성동성애자의 심리가 나타난다고 주장하였다(조현순, 2007).

2) 에릭슨

프로이트의 시각은 에릭슨(E. Erickson)에 이르러 긍정적으로 재해석되었다. 프로이트가 남성성과 여성성 확립의 실마리를 불안감 및 열등감 등과 같은 병리적이고 부정적인 정서에서 찾으려 했던 반면, 에릭슨은 남성성과 여성성의 확립을 건강성과 연결지어 설명하였다. 다시 말해서 자신이 속한 사회나 문화권의 요구에 적합한 여성다움과 남성다움의 성정체감을 확립하는 것이 위기 상황에 적절히 대응할 수 있는 건강함을 의미한다는 틀에서 출발하는 것이다.

에릭슨은 여성과 남성 간 해부학적 차이 및 재생산 기관의 역할 차이에 주목하여 남녀 간 인성 및 심리의 차이를 설명하였다. 좀 더 구체적으로, 외부로 돌출된 성기를 가진 남성은 몸 밖의 대상에 침입하여 자신 밖의 환경을 다루는 행동양식을 발전시킨다. 이는 독립성, 적극성, 지배성, 정복욕 등으로 대표되는 남성성과 통하고, 대상애(對象愛)적인 성향과 통한다. 반면에 여성은 질과 자궁 등 몸 안의 환경에 적응하여 남성을 자신의 몸 안으로 받아들이고 정자를 받아 품어냄으로써 아이를 임신하게 된다. 이러한 특성은 여성으로 하여금 자기애(自己愛)와 수동성 및 보살핌 역할 즉 모성역할 및 타인관계 지향의 성역할 정체감을 형성하게 한다. 에릭슨은 이처럼 남성과 여성 각각의 생물학적 특성에 부합하게 주어진 역할에 순응하는 것이 다음 세대를 건강하게 생산해 낼 수 있는 건강성과 양성 간의 심리적 성차로 이어진다고 설명하였다.

3) 성기 및 재생산 기관의 성차와 관련된 새로운 주장

성기와 재생산에 있어서의 생물학적 성차에 관하여, 여성주의 일각에서는 프로이트나 에릭슨과는 다른 해석들을 시도하였다. 이리가레이는 프로이트의 남근 우월론에 반하여 하나의 음경 즉 남근 대신 두 개의 음순을 갖춘 여성은 하나보다 우월한 둘의 원리를 체현한다고 주장한다(L. Irigaray; 조현순, 2007에서 재인용). 다시 말하면 남성은 성감대가 남근에 집중되어 있지만 여성은 다중적일 수 있다는 점에서 우월하다고 보는 것이다. 또한 엘렌 식수에 의하면 남성 리비도는 남근에 집중된 반면 여성 리비도는 몸 전체에 확장적으로 분산되어 있어서 타자와 소통하는 관계성에 있어서 여성이 우월하다고 설명한다(E. Cixous; 조현순, 2007에서 재인용). 반면에 카렌 호니는 여성이 남근 선망을 갖는 것이 아니라 신체적으로 출산에서 소외된 남성이 재생산 선망(reproduction envy)을 갖는 것이라고 주장한다(K. Horney: 조현순, 2007에서 재인용).

이들은 공통적으로 남녀 간 생물학적 특성의 차이를 인정하되, 그 특성이 남성의 완전함 및 우월함과 여성의 불완전함 및 열등감을 의미하는 것이라는 프로이트의 주장과는 상반된 해석을 내놓고 있다. 그런데 프로이트나 에릭슨 가설의 가장 큰 맹점이 객관적 검증이 불가능하다는 데 있는 것처럼, 상기 대안적 해석들 역시 검증할 수 없는 차원에 머물고 있다는 한계를 피할 수 없다.

2. 인지발달 이론

인지발달 이론(Cognitive-development theory)은 행위를 함에 있어서 인간의 주체적 인지능력을 강조한다. 피아제(Piaget)와 콜버그(Kohlberg)는 공통적으로, 사회화를 인지적 성숙과정으로 설명하였다.

피아제는 아동의 인지발달 단계를 감각운동기(0~2세), 전조작기(2~6세), 구체적 조작기(6~11세), 그리고 형식적 조작기(11~성인)의 네 단계로 구분하였다. 그리고 이러한 발달단계별로 일련의 사물이나 사건에 대한 전체적 윤곽 즉 도식(schema)을 형성하고, 해당 도식을 활용하여 주변 환경을 해석한다고 설명하였다. 새로이 입력된 정보는 아동이 지니고 있는 도식에 동화되거나 조절되는데, 이 과정에서 아동은 환경에 적응해 간다는 것이다(임정빈 · 정혜정, 1997). 특히 구체적 조작기(5~6세)에 이른 아동은, 부모와 친구 및 대중매체의 영향을 받아 남성과 여성에 관한 도식을 형성하게 된다. 그리고 자아중심적 사고를 하는 구체적 조작기의 특성으로 인하여 반대편 성보다는 자신과 같은 성을 선호하기 때문에, 동성 부모를 모방하고 동성 부모에게 애착을 갖게 된다는 것이다.

콜버그는 아동이 2세 반~3세에 이르면 자신의 성별을 인식하고 다른 사람의 성을 구분 짓는 성정체감이 형성되며, 5~6세가 되면 성에 관련된 가치, 태도, 행동 등에 관한 고정관념이 형성된다는 데 주목하였다(이영찬, 2005). 해당 연령대의 특징인 자아중심적 사고로 인하여 자신과 같은 성을 선호하는 경향이 있고 그 결과 동성 부모 및 동성의 성인과 동일시하여 그들의 행동양식을 모방하게 된다고 설명하는 점에서, 콜버그의 이론 역시 피아제와 같은 맥락이다.

한편 동일시 이론이 무의식적으로 형성된 성적 동기로 인해 동성의 부모를 동일시함으로써 성역할을 습득하는 것으로 설명하는데 반해, 인지발달 이론은 자아의 능동적 선택 능력을 강조한다. 즉 동일시 이론이 동성 부모와의 동일시를 통해서 성역할 정체감을 형성하게 된다고 설명하는데 반해, 인지발달 이론은 성정체감이 안정되고 난 이후에 자신과 같은 성을 선호하여 동성의 부모를 모방하게 된다고 주장하는 점에서 다르다.

3. 대상관계 이론

대상관계 이론(Object-relations theory)은 성별에 따라 다르게 형성되는 인성적 특질이 현대 사회의 부부역할 분담으로 비롯된 부모역할의 비대칭 구조에 기인한다고 설명한다. 즉 남자는 낮 시간의 대부분을 가족들과 떨어져 집 밖에서 보내면서 생계부양에 전념하고 여자는 집 안에서 가사 및 육아를 전담하는 근대 이후의 중산층 가족구조에서, 남자아이와 여자아이 간 차별적인 성역할 습득의 뿌리를 찾는다.

영아기 시절에 일차적 동일시(primary identification)를 하는데, 아이의 성별에 상관없이 동일시의 대상은 어머니이다. 성장하면서 어머니에 대한 절대적 의존기가 지나면, 2차적 동일시 과정으로서 어머니로부터 분리(separation)되는 개성화(individualization) 과정을 겪는다(N. Chodorow; 이영찬, 2005에서 재인용). 그리고 2차적 동일시 과정에서, 남자아이는 어머니로부터 심리적으로 분리되어 아버지 즉 남성과의 동일시를 통해 남성성을 터득하게 된다. 그런데 남자아이의 동일시 대상인 아버지는 낮 동안 주로 집 밖의 일터에 존재하고 있어서 가까이 접촉할 기회가 드물다. 그래서 남자아이는 아버지 개인이 가지고 있는 행동이나 인성 및 가치관을 직접 관찰하지 못하고 애정적 관계에 기초하여 아버지를 모방하거나 내면화하지도 못한다. 다만 일상에서 아버지와 분리된 채로 어머니를 통해서 아버지라는 지위와 연관된 권리 및 의무에 관해 간접적으로 전달되는 이미지를 추상적으로 경험할 뿐이다. 이처럼 아버지와의 동일시가 직접적인 애정적 관계에 기초하지 못하므로, 남자아이는 감정적 욕구 및 타인과의 친밀한 관계 맺음을 억제하고 타인으로부터의 분화를 선호하는 인성을 갖게 된다. 또한 아버지와의 동일시가 간접적이고 지위적인 동일시(positional identification)여서, 남자아이가 확립한 남성상 역시 독립적이고 경쟁적인 성향을 지니게 된다(N. Chodorow; 이영찬, 2005에서 재인용).

반면에 여자아이는 늘 곁에 있으면서 돌보아주는 어머니와의 관계에서 심리적인 분리를 경험하지 못하므로 완벽히 독립적인 개체화를 이루지 못한다. 따라서 딸에게 어머니는 그리고 어머니에게 딸은 '확장된 자아'로서 모녀간에는 의존적 애정관계가 지속된다. 이처럼 여아는 대인적 동일시(personal identification)를 지속하게 되어, 어머니의 성격과 행동 특성 및 가치와 태도를 받아들이고 의존성 및 타인과의 감정적 관계 맺기를 중시하는 성향을 지닌다.

전술한 바와 같은 대상관계이론의 논리에 입각할 때, 남녀 간의 인성 차이를 줄이기 위해서는 아버지도 어머니와 똑같이 양육에 참여하고 어머니도 아버지와 마찬가지로 집 밖에서 경제적 활동을 해야 한다. 즉 남자아이가 아버지와의 애정적 관계를 경험할 경우 남자아이도 타인과의 관계 맺기를 중시하고 자신의 감정적 욕구에 솔직한 인성을 터득할 수 있을 것이다. 또한 여자아이 역시 자신과 떨어져서 집 밖에서 일하는 어머니와의 분리경험을 통해 어머니와 분리된 독립된 개체로서의 자신을 경험할 기회를 얻고 현대의 경쟁사회가 요구하는 자질을 터득할 수 있을 것이다. 결국 남자아이와 여자아이를 양성적으로 양육하기 위해서라도 임금노동과 가사노동 양 영역에서의 역할을 부부가 공유해야 한다는 결론에 이른다.

대상관계 이론은 무의식적 심리과정을 강조하는 점에서 동일시 이론과 공통적이다. 그러나 성역할 정체감의 발달을 현대 자본주의 사회구조에서의 분업체계 및 부모역할과 연관시키는 점이, 대상관계이론이 지니는 특징이다.

4. 사회학습 이론

사회학습 이론(Social learning theory)은 인간의 사회적 행동을 환경이라는 자극에 대한 인간의 반응으로 해석하는 행동주의(Behaviorism)에 입각한다. 그래서 성역할 역시 전적으로 환경적 자극을 인간이 수동적으로 받아들인 결과물로 이해한다. 여기에서 환경적 자극이란 강화(reinforcement)와 롤 모델링(role modeling)이다.

강화란 특정한 행동을 더 자주 더 많이 하도록 하는 긍정적 강화(positive reinforcement)와 덜 하거나 아예 하지 않도록 억제하는 부정적 강화(negative reinforcement)로 나눌 수 있다. 긍정적 강화와 부정적 강화는 모두 보상(reward)과 처벌(punishment)이라는 기제를 통해서 조절된다. 한편 롤 모델링이란 누군가의 모습 및 행동을 자주 보여줌으로써 따라하게끔 유도하는 것을 의미하는데, 이때 역할 모델(role model)이란 관찰되고 모방되는 대상을 의미한다.

그런데 이와 같은 강화와 롤 모델링은 다음과 같이 생물학적 성에 따라 차별적으로 제공되기 때문에, 남자아이와 여자아이가 성역할을 상이하게 습득한다는 것이다. 첫째, 우리는 자신이 지니고 있는 성고정관념 및 성역할 고정관념에 비추어 아이들을 대한다. 즉 남자아이가 "남자다운" 행동을 하면 칭찬하고 여자아이가 "남자다운" 행동을 하면 질책을 한다. 또한 남자아이가 "여자다운" 행동을 하면 비웃거나 야단을 치고, 여자아이가 "여자다운" 행동을 하면 칭찬을 한다. 그리고 둘째, 우리 사회는 아이들에게 동성의 모델을 보고 따라하게끔 유도하고 강화하는 경향이 있다. 여자아이는 가사 및 육아를 하는 어머니의 모습을 관찰하고 음식을 만들어 대접하는 소꿉놀이와 인형놀이를 하며 어머니의 화장품을 바르고 하이힐을 신어 보면서 자란다. 반면에 남자아이는 넥타이를 매고 출근하는 아버지의 흉내를 내며 자란다. 여자아이가 아버지의 흉내를 내거나 남자아이가 어머니의 흉내를 내고자 하는 일은 별로 눈에 띄지 않는데, 이는 차별적 강화의 결과이다. 이처럼 아이들은 동성의 모델을 관찰하고 모방하면서 점차 해당 사회의 성역할을 답습하게 된다.

사회학습 이론은 성역할 습득이 전적으로 주변의 환경에 대해 인간이 수동적으로 반응한 결과라고 설명한다. 즉 천성적 차이나 인간의 능동적 선택 능력의 차이를 고려하지 않는 점에서, 사회학습 이론은 양육론에 방점을 찍는다.

5. 성역할 사회화의 이면에 관하여

전술한 이론들은 모두 인생 초기에 가장 많이 접하는 존재인 가족과의 관계를 핵심으로 하여 성역할을 습득해 가는 것으로 설명한다. 또한 상기 이론들 모두 성인이 된 시점에서는 심리적 성차가 존재한다는 것을 인정한다. 그리고 여성과 남성은 성장하면서 심리적 성향이 달라지기 때문에 결국 각자의 성에 기대되는 성역할을 자발적으로 수행하게 된다고 주장하는 점에서도 공통적이다.

아주 어린 시절부터 성역할이 내면화되기 시작하기 때문에 대부분의 개개인들은 해당 성역할이 자신의 내면적 본성에 부합하는지 아닌지 조차 인식하지 못한 채 주어진 옷에 몸을 맞추며 살아간다. 그런데 주어진 옷이 몸에 비해 너무 크거나 너무 작아서 몸을 맞추기 힘들다고 느끼거나 혹은 주어진 옷에 몸을 맞추는 것이 아예 불가능한 사람들이 있다. 여성의 몸을 가졌으나 심리적으로는 남성이라는 정체성을 지닌 사람 혹은 남성의 몸을 가졌으나 심리적으로 여성이라는 정체성을 가진 사람이 그에 해당한다. 성역할 순응에 대한 사회적 기대가 강고해서, 이들은 자신의 실체를 벽장 속에 감춘 채 맞지 않는 옷을 입고 평생을 살아가거나 혹은 자신을 드러낸(커밍아웃) 이후에는 사회의 부정적 시선과 평가에 시달리는 소수로서 살아간다. 비록 표면상 드러나는 비율이 낮다 하더라도 이들의 불행을 '비정상'이라는 이름으로 매도하는 것은 사회적 다수에 의해 행해지는 폭력이다. 행복한 삶이란 자신의 본성에 부합하게 살아가는 것이기 때문에, 이를 막는 어떤 억압이나 차별도 없어야 한다.[1)]

---

1) 성역할 고정관념이 초래하는 문제점에 관해서는 1장, 그리고 비자발적인 성역할 수행의 문제점과 불평등에 관해서는 5장의 페미니즘 이론에서 논하였다.

Chapter 05
페미니즘에 관하여

Chapter 05

페미니즘에 관하여

여성들이 부당하게 억압을 당해왔다는 근대적 자각과 더불어서 여성들의 권리를 찾고자 시작한 것이 여성운동이고, 그 운동에 대한 이론적 뒷받침으로서 정립되어 온 것이 페미니즘[1] 이론이다. 샤페즈(Chafetz, 1988)는 여성의 가치를 평가절하하는 현상유지적인 생각들에 도전하고 변화시키려는 노력과 연관된 여러 관점을 총칭하여 페미니즘 이론이라고 정의하였다.

페미니즘 이론들은 여성문제가 존재하고 해결되어야 한다는 인식을 공유하지만, 여성문제의 원인을 짚고 해결책을 제시하는 구체적인 시각에 있어서까지 서로 일치하거나 동의하는 것은 아니다. 여성문제를 특정한 제도의 문제로 볼 것인지 아니면 사회구조의 문제로 볼 것인지 혹은 공적 영역의 문제에 주목할 것인지 사적인 영역에서의 권리에 주목할 것인지 등에 따라, 페미니즘 내에서도 다양한 주장으로 나뉜다. 페미니즘이 대두된 이래 오늘에 이르는 흐름을 특징에 따라 삼분한 바(이향란,

1) 페미니즘을 여권론, 여성주의, 여성해방론 등의 용어로 대체하기도 한다.

2005)에 따르면, 18~19세기의 자유주의 페미니즘과 마르크스주의 페미니즘으로 대표되는 제1물결과 20세기의 급진주의 페미니즘과 사회주의 페미니즘 및 에코페미니즘 등으로 대표되면서 이데올로기적 측면에 주목한 제2물결, 그리고 탈이데올로기적 측면에서 남성들과 공유할 수 있는 사회문제에 관심을 갖고 여성문제의 범위를 확장한 제3물결로 나뉜다. 한편 자유주의 페미니즘의 대두로부터 사회주의 페미니즘에 이르는 시기까지를 페미니즘의 기틀을 세운 시기로 보고, 그 이후와 구별짓기도 한다.

1. 자유주의 페미니즘

1) 자유주의 페미니즘의 배경

자유주의 페미니즘(Liberal feminism)은 17~18세기의 계몽주의 및 이성주의 사상이 퍼지는 분위기에서 태동하였다. 당시의 유럽에서는 산업혁명으로 인해 봉건제가 와해되는 과정에서 시민계급이 성장하였다. 그리고 이들이 주축이 되어 시민혁명을 일으키면서, 자유와 평등사상은 마른 풀숲에 붙은 불길처럼 퍼져나가게 되었다. 과거의 신분질서를 대체한 자유주의 사상은 "만민은 이성적 존재로서 동등하고, 타고난 신분에 따른 제한은 모두 철폐되어야 한다."는 기치를 걸고 있었다.

그러나 교육과 정치 및 경제 등의 제반 영역에서 평등한 권리를 행사할 수 있는 것은, 유산계급의 남성들뿐이었다. 반면에 유산계급의 여성들에게 주어졌던 것은, 코르셋으로 조인 가느다란 허리와 페티코트로 부풀린 치마로 치장된 연약한 몸 그리고 창백하게 아름다운 얼굴로 남성에 의존하여 그의 아이를 출산하면서 더부살이를 하는 삶이었다. 종속적인 상태이기는 무산계급의 여성들 역시 마찬가지여서, 그들은 생산노동에 종사하였으나 저임금으로 인해 자립이 불가능하였다(한국여성연구회, 1996). 19세기 초까지도 여성들은 여전히 제도권 교육을 받을 권리로부터 제외되었고 선거권이 없는 존재였으며, 공식적인 경제활동에 참가할 자유도 재산을 상속받거나 관리할 권리도 인정받지 못하는 상태였다. 이성적이고 합리적인 존재는 남성들뿐이고 여성은 감성적인 존재이므로 남성의 보호와 지배를 받아야 한다는 것이, 법과 제도적 성차별을 뒷받침하는 논리였다.

2) 자유주의 페미니즘의 태동과 특징

자유와 평등사상에 노출된 중산층 여성들을 중심으로 하여 여성이 당하는 차별의 불합리성에 대한 자각이 생겨났다. 그래서 교육권, 참정권, 재산권 및 직업권 등이 남성에게만 주어졌었던 당시 제도의 불합리성과 여성의 사회 진출을 막아온 사회문화적 관습을, 여성차별의 주된 요인으로 지목하고 시정을 요구하는 목소리가 나오기 시작하였다. 이러한 주장들은 자유주의 사상을 배경으로 한 여성들의 자각에 기초하였다는 의미에서 자유주의 페미니즘이라 불린다.

이들은 남성만을 이성적 존재로 간주했던 당시의 주류 논리에 대응하여, 여성이 감성적 존재로 보이는 것은 타고난 본성 때문이 아니라 여성의 교육받을 권리와 사회활동을 할 권리를 제한하는 법과 제도 및 관습 때문이라고 반박하였다. 즉 여성에게도 교육을 받고 사회활동을 할 권리를 줄 경우 여성 역시 남성과 동등한 수준의 이성을 갖출 것이므로 성차별적 법률과 정책을 철폐하고 남성과 동등한 경쟁 기회를 달라는 것이, 초기 자유주의 페미니즘의 주장이었다. 18세기 후반 올랭 드 구즈(Gouges, 1791)가 《여성의 권리선언》에서 "여성도 인간으로서 남성과 동일하게 공직에 참여할 권리, 자유의사에 의해 결혼할 권리, 그리고 재산을 소유하고 관리하며 상속받을 권리를 가져야 한다."고 천명하였고, 메리 울스턴크래프트(Wollstonecraft, 1792)는 《여성의 권리옹호(The Vindication of the Rights of Women)》에서 "여성은 남성과 동등한 이성적 능력의 소유자로서 남성과 동등한 권리를 가져야 한다."고 주장하면서 여성교육의 필요성을 강조했다. 19세기에는 존 스튜어트 밀(J. S. Mill)이 《여성의 예속(The Subjection of Women)》에서 "여성은 여성으로 태어난 것이 아니라 만들어진 것이다."라는 선언을 통해, 여성이 선천적으로 능력이 떨어지는 존재가 아님을 강조하고 여성 차별적 관행의 부당성을 지적하였다(Mill, 1869).

이는 인류 역사상 최초로 등장한 페미니즘으로서 당시로서는 파격적인 주장이었으므로 남성 기득권층의 강한 반발을 불러왔다. 그래서 유럽에서는 앞장섰던 여성들의 큰 희생을 치르면서 자리를 잡았다. 특히 여성들 스스로 정치 세력화되고자 했던 참정권 요구는 가혹한 탄압에 직면했는데, 서구에서도 제1차 세계대전이 종결된 1918년 전후에 이르러서야 비로소 여성의 참정권이 확립되었다(정현백, 1999). 그러나 오늘날 자유주의 페미니즘은 상대적으로 가장 온건한 성격의 페미니즘으로 평가된다. 왜냐하면 자유주의 페미니즘은 여성차별의 원인을 사회체제 전반이 아닌 법률과 제도 및 관습 등 부분적이고 부수적인 결함에서 찾고 있기 때문이다. 즉, 해당 사회체제 전반에 대한 도전이 아니라 사회체제 내에서의 여성 권익 신장에 목표를 두고 있다는 점에서 온건하다고 볼 수 있다.

3) 자유주의 페미니즘의 한계

자유주의 페미니즘은 여성차별의 원인을 법적 · 제도적 성차별에 한정하다 보니, 사회구조적으로 다양하게 얽혀서 초래되는 문제들 사이의 상호관계를 밝히지 못하는 한계를 지닌다. 그런데 자유주의 페미니즘이 사회체제 전반을 문제 삼지 않았던 것은 운동의 중심 세력이 인종이나 계층 면에서 기득권층이었던 백인 중산층 여성들이었다는 사실과 연관된다. 이들의 가족은 재력을 갖추고 있었으므로, 제도와 관습 면의 불합리성이 교정되어 여성들에게도 권리가 주어지면 그 권리를 행사하여 제도권 교육을 받고 재산을 소유하고 관리하며 참정권을 행사함으로써 자신들의 권익이 공적으로 반영되도록 할 수 있는 존재들이었다. 그래서 이들은 제도와 관습의 불합리성을 교정하는 것만으로 해결되지 않는 현실 속의 구조적 억압까지 포괄적으로 이해하여 대변할 수는 없었다. 이는 초기 자유주의 페미니즘이 백인중산층의 여성 문제에 천착하느라 다른 인종 및 다른 계층 여성들의 공감을 얻어내고 그들을 끌어안기에는 역부족이었음을 시사한다. 이처럼 계층과 인종의 경계를 넘어 모든 여성을 아우를 수 없다는 점에, 자유주의 페미니즘의 한계가 자리한다.

또 하나, 초기 자유주의 페미니즘은 기본적으로 공적 영역인 바깥 사회와 사적 영역인 가정을 별개로 보고, 가정은 개인적 선택의 영역으로서 사회기구가 간섭할 수 없는 영역으로 설정하여 가정 밖 공적 영역에서의 여성권리 회복운동에만 주안점을 두었다. 그런데 이는 결과적으로 성폭력이나 가정폭력 등 사적으로 일어나는 다양한 여성억압에 관하여 자유주의 페미니즘 시각에서의 대안을 마련할 수 없다는 한계로 이어졌다.

4) 자유주의 페미니즘의 진화

20세기 후반 베티 프리단은《여성의 신비(Feminine Mystique)》에서 중산층 전업주부가 사회활동으로부터 괴리되어 경험하는 어려움을 "이름을 알 수 없는 병"이라고 명명하면서, 여성의 사회진출과 남녀평등권 확보의 필요성을 주장하였다(Friedan, 1963).

자본주의가 진전되면서 자유주의 페미니즘 역시 시대의 변화에 발맞춘 변화를 시도해 왔다. 즉, 가정폭력이나 성폭력 등과 같이 사적 영역에서의 여성문제들이 공론화되면서 '개인사(個人事)'

에도 국가의 개입이 필요하다는 입장으로 선회한 것이다(김영희, 1999). 한국에서 1997년 말에 제정된 가정폭력 방지 및 피해자 보호 등에 관한 법률과 2010년에 제정된 성폭력범죄의 처벌 등에 관한 특례법 등은, 이러한 데 입각한 것으로 볼 수 있다.

또한 교육과 직업 및 정치에 접근할 '기회의 평등'을 확보하는데 주력했었던 초기 자유주의 페미니즘의 형식적 평등 차원에서 나아가, 실질적인 '결과의 평등'을 요구하기 시작하였다. 이는 남성과 여성이 현재 처해 있는 상황이 다르다면 동일한 경쟁 기회를 준다고 해도 평등한 결과를 이룰 수 없다는 자각에서 비롯되었다. 즉 지난 세월 동안 여성에게 가해져 온 차별이 누적되어서 여성이 불리한 여건에 처해 있다고 보고, 누적된 불균형을 시정하고 경쟁 여건 자체의 불평등을 보완하기 위해 국가가 적극적으로 개입할 것을 요청하는 것이다. 여성고용할당제 등과 같은 적극적 조치(affirmative action)에 대한 요구가 이에 해당한다. 이를 일각에서는 '복지중심적 자유주의 페미니즘'이라고 명명함으로써, '기회의 평등'만을 주장하는데 국한되었던 초기 자유주의 페미니즘과 구별한다.

이와 같은 진화에도 불구하고, 자유주의 페미니즘은 여전히 남녀차별의 철폐와 남녀평등 확보를 위한 법적 · 제도적 개혁에만 함몰되어 있다는 비판으로부터 자유롭기는 힘들다. 왜냐하면 자유주의 페미니즘은 사회구조상의 불평등 문제를 다루지 못하고, 여성이 어떤 남성을 기준으로 삼아서 동등해져야 하는지에 관해서 명확한 기준을 제시하지 못하기 때문이다(손승영,

1999). 즉 노동계급 여성이 노동계급 남성과 동등해진다고 해서 그것을 여성해방이라고 할 수 있는지, 제3세계 여성의 절실한 요구가 과연 제3세계 남성과 동등해지는 것인지 등과 같은 비판적 질문에 관하여 설득력 있는 답변이 부재하다는 것이다(김영희, 1999). 예를 들면, 과거 노예제 시대의 백인 여성과 흑인 여성 간 그리고 20세기 중반 한국 중산층 주부와 '식모'라고 불리던 가사도우미 여성 간의 위계질서 안에는 인종과 계층 차별로 인한 복합적 억압구조가 얽혀 있다. 불평등한 사회구조 자체에 관한 언급, 즉 인종과 계층 면에서 주변부에 위치하는 여성들이 남녀차별보다 더 절실하게 느끼는 문제까지를 포괄하지 못하는 것이 자유주의 페미니즘이 지니는 한계이다.

2. 마르크스주의 페미니즘

마르크스주의 페미니즘(Marxist feminism)은 19세기 이후 생존권의 확보와 정당한 대우가 절실했던 노동계급 여성들의 상황을 해결하겠다는 목소리였다. 그래서 계급 모순을 기본적 문제로 지목하는 마르크스주의에 더하여, 여성억압의 원인을 사적 소유제 즉 자본주의 체제에서 찾는다. 마르크스주의 입장에서 볼 때, 인간은 그가 속한 사회의 형태와 그 사회의 계급적 위치에 의해 규정된다. 따라서 여성문제를 세 가지 관점 - 노동의 관점, 역사적 관점, 계급적 관점 - 에서 파악하고자 하였다. 우선 첫째, 여성차별 및 억압을 여성들이 수행하는 노동과 관련된 문제로 본다. 둘째, 여성억압을 시대를 초월한 보편적 현상으로 보지 않고 특정한 시대 즉 자본주의 시대에 출현한 것으로 보고 구체적 억압의 양상은 생산양식에 따라 달라진다고 본다. 그리고 셋째, 같은 사회 내에서도 여성들의 계급적 위치에 따라 억압이 나타나는 방식이 다르다고 본다.

1) 마르크스주의 페미니즘의 논리

좀 더 구체적으로, 여성억압은 계급제도와 더불어 발생했고 사적 소유제의 모순이 공사의 분리 및 성별 노동 분업 그리고 일부일처제 등을 통해 남녀 간 지배관계로 나타난다고 설명한다. 즉 출산능력으로 인하여 여성이 집안일을 하고 남성이 바깥일을 하는 성별분업이 나타났는데, 사회경제적 변화로 인해 바깥일이 더 중요해지면서 바깥일을 담당해 오던 남성의 지배력이 강화된 것이 여성억압의 기원이라는 설명이다(Engels, 1884). 그리고 현재의 여성억압이 자본의 증식에 목적을 둔 자본주의 생산양식에 의해 규정된다는 주장이다. 가사노동은 생산에 기여하는 노동임에도 불구하고 노동력의 가치를 따질 때 계산되지 않는다. 즉 자본가는 가사노동의 실질적 가치를 인정하지 않음으로써 그만큼 노동력을 싸게 구입한다. 또한 여성을 가사 전담자로 규정하여 산업예비군화 함으로써, 자본가는 전체 노동력의 수급을 맞추고 남성노동력의 임금수준 역시 낮출 수 있다.

한편으로는 가사노동의 가치를 임금에 포함하지 않는 방식으로 다른 한편으로는 여성을 남성의 임금을 낮추기 위한 수단으로 필요시마다 임시 노동력으로 생산에 포함시킴으로써, 자본가는 전체 노동력의 가치를 낮추고 남녀 노동자 모두를 통제하게 된다는 것이다.

상기 두 차원으로 설명된 논리에 따르면, 여성억압의 해결 역시 두 축에 입각해야 한다. 우선 대가가 주어지지 않고 가치가 화폐로 환산되지 않는 가사노동으로부터 여성들을 해방시키기 위해 가사노동을 사회화시키고 여성들을 생산노동에 참여시키는 것이 한 축이다. 그리고 노동현장에서의 남녀평등을 위해서 사적 소유제와 계급제도를 철폐하는 것이 또 다른 한 축이다. 이러한 방식으로, 노동계급 여성이 주축이 되어 계급별 연대를 비롯한 변혁운동을 일궈갈 것을 주문하는 입장이, 마르크스주의 페미니즘이다.

2) 마르크스주의 페미니즘의 의의와 한계

마르크스주의 페미니즘은 여성문제를 사회구조적 관점에서 분석하고자 했다는 점에서 자유주의 페미니즘의 한계를 극복했다고 볼 수 있다. 특히 사회 전체를 하나의 시각으로 조망하는 가운데 여성억압을 설명하는 틀을 마련했다는 데, 마르크스주의 페미니즘의 의의가 있다. 오늘날 여성문제를 국제적 분업구조의 변화와 연결 짓고 자본주의체제의 전지구화 속에서 여성문제를 분석하는 시도들이 이러한 틀에서 이루어지고 있다(김영희, 1999).

한편 성차별의 문제를 경제관계 즉 계급억압의 탓으로만 설명하려고 하는 것이 마르크스주의 페미니즘의 한계이다. 사회주의 혁명을 겪고 난 사회에서도 다양한 여성문제가 존재하는데, 마르크스주의 페미니즘으로는 그에 관한 설명이 가능하지 않다.

3. 급진주의 페미니즘

20세기 후반 미국에서 일어난 급진주의 페미니즘(Radical Feminism)은 여성억압이 사회제도나 관습 등에 있어서의 부분적인 결함 때문이라고 본 자유주의 페미니즘과 계급억압의 부산물이라고 본 마르크스주의 페미니즘을 반박한다. 급진주의 페미니즘은 여성억압이 다른 어떤 것들 때문이 아니라 그 자체로서 근본적이고 독자적인 체계를 이루는 것이라고 인식함으로써, 여성억압의 근원성을 강조한다. 즉 급진주의 페미니즘은 남성에 의한 여성 지배체제 즉 가부장제(patriarchy)에 주목하고, 여성억압이 나타나는 영역으로서 출산과 성애(sexuality)를 지목한다. 사적인 영역은 국가가 개입하지 말아야 할 영역으로 여겼던 초기 자유주의 페미니즘과는 반대 입장에서, 급진주의 페미니즘은 '가부장제'라는 용어를 일반에 보편화시키면서 사적이고 개인적인 영역을 정치적 · 학문적 영역으로 끌어내는 역할을 하였다.

1) 생물학적 접근과 심리·문화적 접근

파이어스톤(Firestone, 1970)은 여성의 성과 출산을 통제함으로써 이득을 보는 존재를 남성 집단으로 지목하였다. 맥캐넌(Macannon, 1983)에 의하면, 성애는 남성 권력의 일차적 영역으로서 남성은 강간이나 성희롱 등을 통해 여성에게 성적인 권력을 행사한다(손승영, 1999). 이처럼 이성 간의 성관계를 통해 남성의 권력이 표출되므로, 성인 남녀와 그들의 자녀로 구성된 생물학적 가족 자체를 철폐하고 여성이 자신의 성과 출산을 스스로 통제해야 한다는 것이다. 이는 여성의 출산권 및 낙태권 등에 관한 목소리로 이어지며, 또한 과학기술을 통해 여성이 출산에서 벗어나야 한다는 주장으로 나아간다.

양성 간 생물학적 특성의 차이 자체를 여성 억압의 토대로 보는 파이어스톤과 맥캐넌 등의 생물학주의와 달리, 밀렛(Millett, 1971)은 문화 및 심리적 차원에 주목하여 여성종속을 재생산하는 가부장적 권력관계를 설명하였다. 또한 루빈(Rubin, 1975)은 여성억압의 원인이 남성의 유대를 공고히 하는 사회제도, 특히 개인들을 사회적 범주에 관련시키는 친족제도에 있다고 보았다. 즉 문화적 · 심리적 · 제도적 차원에서의 가부장적인 권력관계가 여성들로 하여금 남성 중심의 세상에서 살도록 강요해 왔으므로, 여성 중심의 신념과 제도를 확립해야 한다는 주장이다(손승영, 1999).

2) 성애와 자매애

급진주의 페미니즘은 성애에 숨겨진 남녀 간 지배관계를 밝히는 데 있어서 이성끼리의 사랑을 정상으로 간주하는 이성애주의가 어떻게 남성 중심주의와 연관되는지에 주목한다. 이성애 중심적 사고는 낭만적 사랑 이념으로 포장되어 여성으로 하여금 남성 위주의 성애와 사랑을 수용하도록 강요한다고 본다. 그래서 여성은 주체적으로 '사랑하기'보다는 수동적인 '사랑받기'를 선택하여, 스스로를 남성의 시각에 맞추면서 '보호'라는 미명하에 남성지배 속으로 들어가게 된다는 것이다.

또한 급진주의 페미니즘은 이성애 가족이 출산과 모성역할을 강요한다고 주장한다. 그리고 모성애란 여성이 지닌 본능이 아니라 인위적으로 만들어진 허구임을 폭로한다. 모성애란, 어머니로서의 역할과 여성 개인의 이익이 충돌할 때 여성 자신을 희생하도록 유도하는 이념적 기제라는 것이다. 또한 가정폭력 하에서도 가족을 지켜야 한다는 핑계로 여성에게 강요되는 희생에도 주목한다. 이러한 희생을 통해 이익을 얻는 것은 남성이라는 논지이다.

희경 씨와 철수 씨 부부의 역할 갈등[2]과 모성애

희경 씨와 철수 씨는 세 돌이 갓 지난 아들을 키우는 맞벌이 부부이다. 평상시엔 아침마다 철수 씨가 아기를 어린이집에 데려다 주고 희경 씨가 퇴근길에 어린이집에 가서 아기를 데려와서 저녁준비를 하곤 한다.

어젯밤 내내 아기가 열이 나고 아파서, 오늘은 어린이집 대신 병원에 다녀와서 집에서 돌봐야 한다. 아픈 아기를 맡길 곳이 달리 없어서, 부부 중 한 사람은 회사에 결근을 하거나 최소한 지각을 해야 하는 상황이다. 그런데 공교롭게도 오늘은 희경 씨와 철수 씨 둘 다 회사에서 중요한 발표를 해야 하는 날이다. 오늘의 발표를 위해서 열흘이 넘도록 밤샘 준비를 했었다.

부부 중 누가 회사에 결근 또는 지각을 하고 아이를 돌봐야 할 것인가? 이러한 역할 갈등 상황에서, 엄마인 여성이 아이 돌보기를 우선시하고 직장 일을 후순위로 두는 것이 모성애에 입각한 당연한 선택인가?

이를 극복하는 대안으로서, 급진주의 페미니즘은 이성애를 평등한 관계로 변화시키려는 노력에서부터 이성애 자체를 거부하는 움직임(lesbianism)에 이르기까지 다양한 스펙트럼을 제시한다. 자매애(sisterhood)는 급진주의 페미니즘이 주장하는 남성과의 분리 및 여성들끼리의 연대를 의미하는 개념이다. 이러한 구상이 구현된 형태가 '매 맞는 여성을 위한 쉼터', '여성 소기업인 모임', '여성 영화제', '여성 센터' 등인데, 여성으로서의 정체성 획득과 다른 여성들과의 공감대 및 상호 지원을 강조하는 것이다. 즉 남성을 사이에 두고 여성들끼리 서로 반목하는 것이

2) 역할 갈등이란 한 사람에게 두 가지 이상의 역할이 동시에 요구되는 상황이 벌어졌고 두 역할을 모두 수행하는 것은 불가능한데, 어느 하나만을 선택하고 다른 하나의 역할을 포기하기도 쉽지 않아서 갈등하게 되는 상황을 뜻한다.

아니라, 여성 스스로 주체적인 존재로서 여성들끼리 우정과 단결에 기초하여 상호 지원해야 한다는 외침이다.[3)]

3) 급진주의 페미니즘의 진화와 근본적 한계

파이어스톤과 밀렛은 공통적으로 생물학적 성을 기준으로 하여 여성성과 남성성으로 이분하는 틀에서 벗어날 것을 주문한다. 한편 후기 급진주의 페미니즘에 오면 오히려 여성성이 억압의 원천이 아니라 긍정적 힘이자 자원이 될 것이라는 목소리가 대두된다. 남과 대립하고 남을 지배하려는 남성성과 달리 남과 더불어 관계 맺고 남을 돌보는 여성성의 특성을 긍정적 자원으로 재평가하는 것이다. 이것이 후기 급진주의 페미니즘의 한 갈래인 문화적 페미니즘으로서(김영희, 1999), 출산과 양육으로 이어지는 모성적 권력과 우월성에 주목한다. 교육과 훈련을 통해서 남성과 마찬가지로 이성적 존재가 될 것을 주장했었던 자유주의 페미니즘과 달리, 여성성 그 자체를 남성성이 지니지 못한 잠재력으로 바라보는 것이다.

여성성을 어떻게 평가하는지와 별개로 급진주의 페미니즘이 여성억압의 보편성 및 가부장제의 강고함을 강조하는 것에는 변함이 없다. 여성 중심의 가치와 제도 정립을 통해서, 남성에 의해 주도되는 세상이 아닌 여성에 의해 지배되는 세상을 만들

3) 마들린 호리스 감독의 영화 〈안토니아스 라인〉은 4대에 걸친 모계 공동체의 '더불어 살기'라는 여성적 가치를 그려내고 있다.

것을 주장한다(김정희, 2003). 그런데 바로 이 점이 급진주의 페미니즘의 특징인 동시에 한계이기도 하다. 다시 말해 급진주의 페미니즘은 모든 현상을 남녀 간 대립의 틀로 단순화 내지 획일화하고 있어서, 각 집단 안에 존재하는 차이 - 예를 들면, 계층적 · 인종적 억압 관계 - 를 간과한다. 또한 가부장제의 보편성과 강고함에 대응하여 여성들만의 연대에서 해결책을 찾으려 한다는 것은, 분리주의이자 패배주의라는 비판에서 자유롭지 않다. 뿐만 아니라 여성의 생물학적 특성 자체에서 여성억압의 근원을 찾으려 함으로써 생물학적 결정론의 시각에 머물 뿐 앞으로 나아가지 못했다는 비판 역시 떠안을 수밖에 없다.

4. 사회주의 페미니즘

사회주의 페미니즘(Socialist feminism)은 양성 간 대결에 초점을 맞추는 급진주의 페미니즘과 계급에 주목한 마르크스주의 페미니즘을 비판적으로 아우른다.

우선 경제적 계급관계에 치중하느라 여성억압을 부차적인 것으로 처리했던 마르크스주의 페미니즘을 비판하고, 마르크스주의 페미니즘이 간과했던 시장 밖의 여성노동(가사노동)과 시장 내의 여성노동 간 연관성에 관심을 둔다. 그래서 모든 영역에서의 분업화가 붕괴되는 것, 즉 노동자와 자본가 그리고 여성과 남성으로 구분하는 것의 철폐를 통해서 여성해방을 이룰 수 있다고 본다.

아울러 급진주의 페미니즘이 간과했던 부분, 즉 여성들 내부의 계급적 차이와 가부장제 개념의 역사성에 주목한다. 가부장제는 단독으로 생산양식이 될 수 없고 언제나 다른 양식과 접합된다고 봄으로써(Walby, 1988), 자본주의 사회에서의 계급과 성 간의 상호 관련성을 살피는 데 주안점을 둔다(Hartmann, 1976).

1) 사적 영역과 공적 영역에서의 여성억압의 순환성

가사과 육아를 여성의 몫으로 규정함으로써 여성의 사회적 노동을 제약하는 것이 사적 영역에서의 성별분업이라면, 노동시장에서 여성의 노동을 보조적인 것으로 평가절하하고 채용과 승진에서 남성을 우선시하는 가부장적 관행이 공적 영역에서의 성별분업이다. 남성을 고용한 고용주의 입장에서 볼 때, 구직 중이거나 비정규직에 남아 있는 많은 수의 여성들은 언제든 임시로 고용하고 해고할 수 있는 산업예비군이다. 즉 노동시장의 가부장성으로 인해 남성들은 채용과 승진 시에 여성들에 비해 우위를 점하고 이득을 얻지만, 노동자의 임금을 낮춤으로써 이익을 극대화하고자 하는 자본가는 여성들을 임시 노동력으로 활용함으로써 남성 노동자들의 임금을 통제한다. 따라서 자본가의 이익을 위해 남성과 여성의 권익이 모두 희생되고, 그 틀 안에서 여성은 남성에 비해 상대적 불이익을 당하는 결과가 초래된다.

여성들이 진입할 수 있는 임금노동의 범위를 제한하는 것은 여성들을 혼인으로 유도하는 기제가 되는데, 여성의 일차적 역할은 혼인이고 모성이라는 가부장적 이데올로기로 인해 이러한 성차별적 모순이 은폐된다(Abbot & Wallace, 1990). 취업 및 승진에서의 성차별로 인해 부부관계에서 수입과 사회적 지위 등의 자본을 덜 가진 아내는, 무급 가사노동에 소모하는 부담이 상대적으로 많을 수밖에 없다(이여봉, 1999; Hartmann, 1976). 그런데 무급의 가사노동에 시간과 에너지를 많이 쓰는 여성들은, 그로 인해 노동시장에 투입할 시간과 에너지가 부족한 상태이므로 남성들과의 경쟁에서 불리하다. 이처럼 사회주의 페미니즘은 개인의 사적 생활이 공적 영역으로부터 독립적일 수 없다고 본다(Zaretsky, 1976). 노동시장에서의 가부장적 고용관행과 자본가의 이익 추구에 의해 가정에서의 성차별적 가사분담이 야기되는 한편, 가정 내의 가부장적 성별분업은 여성의 과중한 가사부담으로 이어지고 순차적으로 노동시장에서의 인적 자본 투자 경쟁에서 남성들에 비해 여성들이 뒤처질 수밖에 없는 결과를 초래하기 때문이다. [그림 5-1]은 가정과 노동시장에서 가부장제와 자본주의가 작동하는 원리로서 남성의 이해(가부장제)와 자본의 이해(자본주의) 간 결합을 통해 여성문제가 발생하는 모습을 가시화한다.

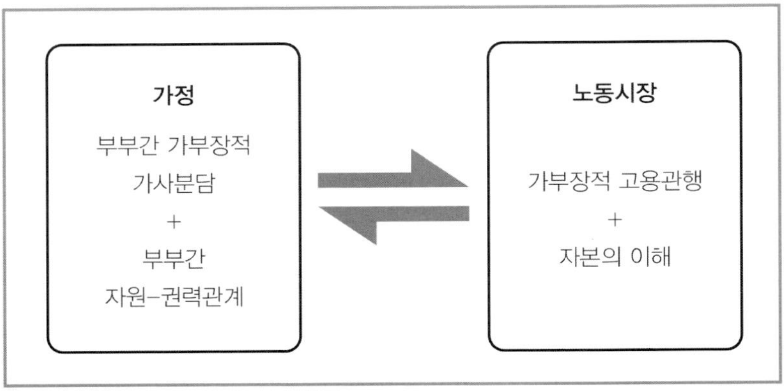

〈그림 5-1〉 노동시장에서의 성차별과 가정 내 성차별의 순환 도식

2) 사회주의 페미니즘의 특징과 한계

사회주의 페미니즘은 급진주의 페미니즘이 주장한 가부장제의 보편성과 마르크스주의 페미니즘이 주장한 자본주의의 경제적 계급관계를 둘 다 수용하되, 각각의 관점보다는 가부장제가 자본주의 사회에서 특수한 형태를 취하는 것에 주목한다. 그래서 이 둘 간의 상호작용을 통해 가정과 노동시장 양 영역에서 여성억압이 일어나고, 또한 양 영역의 순환과정을 통해 그 억압이 강화된다고 본다. 이와 더불어 가부장제가 자본주의 생산양식과 접합되어 나타나는 임금노동에서의 가부장적 관계를 통해 자본가의 이익에 기여함으로써 자본주의 체제 유지에 기여한다고 보는 것이다(Abbot & Wallace, 1990). 여성노동을 착취하는 것은 자본의 이해관계 때문이고, 여성의 노동임금이 남성의 것보다 싼 것은 가부장제 구조 때문이라는 것이다(Walby, 1988).

이처럼 두 체계의 순환적 상호작용에 주목하여 여성운동 전략의 단초를 마련한다는 점에서, 사회주의 페미니즘은 '자본주의 가부장제 이론'이라 할 만하다.

따라서 사회주의 페미니즘은 자본주의 계급관계의 변혁을 주문한다. 구체적으로, 생산 영역 안에서 일어나는 성별분업 체계가 해체되어야 하고 동시에 자녀출산과 양육에 대한 자율적 선택권과 가사노동의 분담 등 가족관계의 변화가 이루어져야 한다고 주장한다.

사회주의 페미니즘이 갖는 가장 현실적인 한계는, 사회구조 특히 경제적인 면에만 치중해서 설명을 하다 보니 법과 제도의 결함으로 인해 초래되는 여성문제에는 주목하지 않는데 있다. 법과 제도의 개혁을 통해 가정과 노동시장 사이에 순환되는 억압의 고리를 끊어내려는 노력 또한 잊어서는 안 되기 때문이다. 고용차별금지법이나 여성할당제 혹은 육아휴직제 등과 같은 법적 · 제도적 보완장치는 즉각적이고 가시적인 변화를 유도했고 또한 장기적으로 사회구조적 성차별을 완화시키는 계기가 되었음을 부정할 수 없다.

5. 탈근대의 페미니즘

탈근대는, 흑과 백으로 나뉘고 우리와 적으로 이분화되어 지탱되었던 근대의 가치체계를 허물고 다양성과 더불어 모두를 끌어안는 포용성으로 대표되는 시대이다. 즉, 포스트모더니즘(Postmodernism)은, 주체인 '나'를 세계의 중심으로 설정하고 타자(타인, 세계, 자연)를 대상화하여 정복하고 지배하려 했던 근대성(modernity)에 대한 비판이다(김영희, 1999; 한국여성연구회, 1996). 그래서 탈근대의 페미니즘 즉 포스트모던 페미니즘은, 기존 사회를 재구성하고 여성들 내부의 차이에 주목하게끔 하는 계기를 제공한다(허혜경 · 박인숙, 2005). 본 절에서는 포스트모던 페미니즘에 이름을 올리는 다양한 캠프들을 모두 소개하는 대신, 오늘을 사는 우리가 주목해야 할 몇 가지 핵심만 짚어 보고자 한다.

1) 타자성의 해체에 관하여

포스트모던 페미니즘은 주체 대 타자, 이성 대 감성, 문명 대 자연이라는 근대적 이분법에 기초한 이항 대립에서 남성은 주체이자 이성 그리고 문명의 위치를 점유해 온 반면 여성은 주변화되고 대상화된 타자이자 감성 및 자연의 위치에 조응해 왔다는 점에 주목한다. 그런데 '타자'로서 주변화되어 살아온 여성의 경험으로 인해, 오히려 여성이 기존의 사회질서를 재편하여 다양한 타자들을 이해하고 함께 보듬을 수 있는 새로운 힘을 지닌 주체가 될 수 있다고 본다. 그리고 탈근대의 다양성을 기본으로 하는 새로운 틀 안에서, 타자성 자체를 해체하는 잠재력을 지닌다고도 본다(허혜경 · 박인숙, 2005).

첫째, 이리가레이(L. Irigaray)와 식수(H. Cixous)는 여성이라는 '타자성' 즉 부드러움, 포용성, 모성 등이 긍정적 자산이라는 데 주목한다. 그래서 지난 세월 동안 지배적 사회질서에 의해 억압되고 주변화되어 온 여성성이 오히려 기존의 지배적 사회질서를 교란시킬 잠재력을 지녔다고 보는 것이다(한국여성연구회, 1996).

둘째, 라캉(J. Lacan)이나 데리다(J. Derrida) 등은 일체의 이항 대립과 근대적 주체에 대한 비판을 '성'에도 적용하여 '여성' 및 '남성'이라는 범주 자체를 해체해야 한다고 주장한다(한국여성연구회, 1996). 즉, 여성이란 특정한 본질이나 공통점을 지닌 실체를 가리키는 개념이 아니라 사회문화적 요소 및 언어적 요소 등에 의해 구성된 범주일 뿐이라는 것이다. 그러므로 남성과 여성이라는 이분화된 범주 자체를 해체하고, 그 안의 다양성에 대한 통찰로서 이질적이고 복합적인 차이들을 위계적 구분 없이 그대로 인정해야 한다고 주장한다. 또한 남녀 간 대립보다는 여성 내부의 차이, 여성의 삶이나 정체성을 규정하는 요소들 간의 다양성을 강조하는 것이다. 이는 남성 내부의 차이 및 남성의 삶과 정체성을 규정해 온 요소들 간의 다양성에도 주목할 필요가 있음을 시사한다. 다만 이들 중 어느 하나의 차이에 특별한 중요성을 부여하기보다는 오히려 한 여성 혹은 한 남성의 정체성조차 다양한 요소에 의해 규정된다고 본다(허혜경 · 박인숙, 2005; 김영희, 1999; 한국여성연구회, 1996).

2) 에코페미니즘

생태계 전반에 대한 억압 인식을 페미니즘과 연관지어서 에코페미니즘(Ecological feminism)이라고 부른다. 에코페미니즘의 이론적 근간을 이루는 것은 여성성이 지닌 장점 특히 모성애에 주목한 후기 급진주의 페미니즘이다. 에코페미니즘은 자연과 인간의 관계 맺음이 여성과 남성이 관계를 맺는 방식과 유사하게 수동과 억압을 특징으로 한다는 데 주목한다(허혜경 · 박인숙, 2005).

사회주의 페미니즘과 결합된 사회주의 에코페미니즘은 억압을 구성하는 축인 성과 계급 및 인종에 생태적 억압을 더하여 다원화하였다. 한편 문화적 에코페미니즘은 여성과 생태의 친화관계를 강조함으로써 반생태적 사고와 행태로부터 생태적인 여성적 문화로의 전환을 요구한다(김영희, 1999). 즉 인공과 개발을 남성적인 것으로 자연과 환경을 여성적인 것으로 각각 연결짓고, 인간의 자연에 대한 지배관계에 주목하여 인간의 개발 의도에 의해 파괴되는 자연을 여성과 등치시킨다. 그리고 보살핌 및 더불어 살기로 특징지어지는 여성성을, 정복과 개발 및 파괴로 대표된 남성성을 대체할 대안적 가치로서 제시한다. 또한 여성과 자연에 대한 지배를 가부장적 남성주의의 산물로 보고, 여성운동에 환경운동 내지 자연보호운동 및 평화운동을 접목한다. 예를 들면, 터널을 뚫어 직선 도로를 만들어서 효율성을 기하려는 개발 의도가 남성적 가치에 기반을 둔 반면 터널을 뚫을 경우 생태계가 파괴될 것을 우려하여 저지하려는 움직임은 여성적 가치에 기반을 둔 운동이다. 그리고 산과 나무를 깎아내고 고층 아파트를 지어 땅을 효율적으로 사용하려는 것이 남성적 행위라면, 자연을 훼손할 경우 자연의 자정 능력이 상실되어 홍수 등의 자연재해를 입을 것을 우려하여 불편을 감수하더라도 자연을 보존하자는 주장이 에코페미니즘적 문화운동이다. 또한 슬로푸드(slow-food) 운동이나 농약을 쓰지 않는 자연주의 생산 역시, 속도전과 개발 논리에 치우친 남성성이 황폐화시킨 인간과 자연을 치유하고 보살피자는 에코페미니즘적 문화운동이다.

6. 한국 페미니즘의 역할에 관하여

1) 페미니즘적 상상력

페미니즘의 여러 목소리들 중 어느 하나로써 다양한 여성문제를 포괄해 낼 수는 없다. 또한 어느 하나의 페미니즘이 시대와 사회를 관통하여 가장 설득력이 있다고 할 수도 없다. 다만 전술한 바와 같은 시각들은 여성이 개인적으로 경험하는 듯 보이는 억압이나 불평등의 문제를 사회조직이나 제도 그리고 사회구조와의 연관성 속에서 해석할 수 있도록 하는 기본틀로서의 역할을 한다. 그리고 '페미니즘적 상상력(Feminist imagination; Andersen, 1988)' 즉 남성 중심적 시각에서 벗어나서 여성의 시각으로 세상을 바라보고 상상하여 재구성해 내는 능력을 통해, 여성문제의 해결책을 찾으려는 실천운동을 뒷받침하는 이론적 틀로서 기능한다.

우리 사회는 서구에서 발달한 페미니즘의 목소리들을 단시간에 압축적으로 수입하여 적용해 왔다. 그래서 때로 우리 여성들의 삶에 밀착되지 못하고 겉도는 느낌이 드는 경우도 적지 않다. 이제 한국적 전통과 경험 그리고 상황에 기초하여 한국 여성문제의 특수성을 반영한 이론틀을 구축할 필요가 있다. 나아가 페미니즘이 여타 학문과의 연계성 속에서 발전해 갈 수 있도록 그 영역을 확장하고 통합적으로 수렴하려는 노력이 필요한 때이다. 이 역시 페미니즘적 상상력의 발전적 공유를 통해 가능할 것이다.

2) 한국 페미니즘의 현실과 과제

성에 따른 사회적 차별이 사라지는 사회가 되면 여성운동이나 남성운동은 불필요해질 것이다. 여성운동은 여성이기 때문에 사회 속에서 경험하는 불리함과 부당함을 극복하기 위한 움직임이고, 남성운동은 남성이기 때문에 경험하는 불리함과 부당함에 대한 주장이며 극복의지이다. 다양한 여성운동의 노력에 힘을 입어, 과거와 비교하면 여성의 삶이 상당히 많이 개선되었다. 법과 제도 및 사회적 인식 그리고 사적인 관계에서 역시 양성의 삶에는 많은 변화가 있어왔고 앞으로도 변화는 계속될 것이다.

그러나 변화가 언제나 예측하거나 의도했던 방향으로만 나아가지는 않는다. 최근 십 수 년에 걸쳐서 젊은 층을 중심으로 남성혐오와 여성혐오를 표방하는 양성 간의 대립이 극단화되면서 사회문제가 되고 있다. 남혐 즉 남성혐오(Misandry)란 남성을 폄하하고 조롱하거나 멸시하는 등 남성을 폭력적으로 배격하고 타자화하는 사상과 행위를 뜻한다. 오늘날 부각되는 문제의 핵심은 일부 남성의 잘못된 행동을 남성 전체로 일반화하여 남성 모두를 혐오하고 여성은 무조건적으로 사회적 약자라는 글을 메갈리아나 워마드 등의 인터넷 사이트에 유포하는 데 있다. 그렇게 되면, 무고한 대다수의 남성들까지 여성을 대상으로 한 잠재적인 범죄자로 뭉뚱그려져서 뭇매를 맞게 된다.

반면 그에 대한 대립적 태도가 여혐 즉 여성혐오(Misogyny)이다. 여혐이란 여성을 남성과 동등한 주체로 보지 않고 멸시하거나 객체화함으로써 강간과 폭력 및 폭언뿐 아니라 여성의 성을 상품화하고 비하하는 등을 포괄하는 개념이다. 여권이 크게 신장되고 여성정책이 많이 생겨나는 반면 남성의 삶은 과거에 비해 힘들어졌고 다수라는 이유로 인해 오히려 역차별을 당하고 있다고 느끼는 데서, 여성에 의해 받는 압박과 불안이 여성 전반에 대한 적대감으로 이어졌다고 볼 수 있다. 불특정 여성을 칼로 찔러 살해한 강남역 '묻지 마 살인' 사건이나 생태공원 둘레길에서 일면식도 없었던 여성을 폭행하고 강간 후 사망에 이르게 한 사건 등이 여혐의 심각성을 보여주는 예이다. 또한 직원 채용과 관련하여 "여대 출신 지원자의 이력서는 거른다,"며 직장 커뮤니티에 올린 채용 실무자의 글[4] 역시 상황의 심각성을 예시한다. 최근 모 게임사의 게임관련 홍보물에 남혐을 뜻하는 집게손 문양이 포함되었다는 여성단체의 항의성 시위에 이어 이번에는 "페미니스트들을 살해하겠다."는 협박글이 난무하고 있다.[5]

오늘 우리 사회가 마주하고 있는 것은 양성 간 극도의 적대감이자 페미니즘 자체에 대한 오해이다. 물론 이러한 오해에는 페미니즘 중 일부의 과격성이 일조한 바가 있고, 또한 일부 남성들의 잘못된 행동들이 축적되면서 남성 전반을 여성대상 범죄의 잠재적 가해자로 일반화시킨 데서 비롯된 바도 있다. 그런데 그 피해는 대다수의 무고한 남성과 무고한 여성이 겪고 그러한 경험은 다시금 양성 간의 갈등을 생산하며 그 와중에 우리 사회의 분열상이 자리한다.

양성뿐 아니라 자연에 이르기까지 다양성을 포용하고 더불어 살기를 추구해야 하는 21세기의 페미니즘이 과연 그 본분에 충실하고 있는지를 돌아봐야 한다. 페미니즘이 추구하는 성평등이란 여성우월주의가 아니고 인간우월주의도 아닌 다함께 서로를 동등하게 바라보고 인정하며 어울려 살아가기임을, 구체적인 상황에 맞추어 부지런히 깨닫고 되살려야 할 때이다.

---

4) https://www.hani.co.kr/arti/society/labor/1118455.html

5) https://www.hani.co.kr/arti/area/capital/1118171.html

Chapter 06

성문화에 관하여

Chapter 06
성문화에 관하여

섹슈얼리티(sexuality)는 성성(性性) 혹은 성애(性愛)로 번역되는데, 성적 행위 및 생리적 반응 등과 같은 육체적 의미에 국한되지 않고 감정이나 의지 및 행동방식과 같은 심리적이고 사회적 요소들이 포함되는 개념이다(이상화, 1991; 우리사회문화학회, 2005에서 재인용). 그래서 섹슈얼리티는 성적 욕망뿐 아니라 성적 정체성과 성적 지위 등을 포괄한다.

성적 욕망(erotic desire)은 정서적 · 심리적 · 무의식적 차원의 요소이고, 성적 정체성(sexual identity)이란 동성애와 이성애 혹은 트랜스젠더 등과 같이 성적인 삶의 스타일이다. 그리고 성적 지위(sexual status)란 이성애자나 동성애자 등의 특정한 성적 정체성이나 욕망에 부여되는 위계화된 사회적 위치를 의미한다(이재경 외, 2007).

1. 이중적 성문화의 현실과 성각본

1) 가부장적 성각본과 이중적 성문화

가부장제 사회는 남성과 여성에게 비대칭적인 성윤리를 기대함으로써 성애에 있어서도 불평등한 권력관계를 강요하는데, 성애에 관한 전통 관념들을 총체적으로 가부장적 성각본(patriarchal sex script)이라고 한다. “남성은 성적 본능이 강하고, 여성은 비성적이며 모성 본능만 지니는 것이 정상”이라는 고정관념이 오래도록 지속되어 왔다. 남성은 억제할 수 없는 성욕을 가졌으므로 적극적으로 성관계를 주도하지만, 여성은 성적 욕구가 없어야 하므로 소극적이고 수동적으로 이끌려야 한다는 것이다. 가부장적 성각본 하에서 여성의 성은 출산을 위해서만 가치를 부여받기 때문에, 여성에게는 전희(前戲)나 후희(後戲) 및 오르가슴 등 쾌락과 연관된 가치는 인정되지 않는 반면 남편의 성적 욕구를 만족시키고 그의 자녀를 출산하는 모성만 중시된다. 그리고 가임기를 지나서 임신이 불가능한 나이에 접어든 여성의 성은 불필요한 것으로 여겨진다. 또한 여성은 스스로 성적 욕망을 지니는 것이 아니라 남성으로 하여금 이끌리게 할 만한 성적 매력을 갖추어야 하는 존재로 간주된다. 그래서 남성이 자신의 성적 욕망을 당당히 드러내는 반면, 여성은 백마 탄 왕자와의 낭만적 사랑을 꿈꾸며 성적 매력을 만들고 다듬어갈 뿐 주체적인 성적 욕망은 느껴서도 분출해서도 안 된다는 것이다.

지구상의 대부분을 이루는 가부장제 사회에서 "남성은 강한 성욕을 지니고 여성은 비성적 존재"라는 고정관념의 토대 위에 일부일처제가 정착되었다. 가부장적 성각본의 틀 안에서 기혼 여성은 스스로 성관계를 주도해서는 안 되지만 남편의 성적 만족을 위해 늘 대기하고 준비되어 있어야 하는 존재로 여겨진다. 그리고 성매매나 외도는 아내가 남편의 성욕을 충족시키지 못할 때 남편의 성적 욕망을 분출할 돌파구로서 정당화된다. 이처럼 가부장적 성각본은 교묘하게 아내의 성욕과 외도는 금기시하되 남편의 외도와 성매매에는 관대함으로써, 남성들에게 혈통의 순수성을 보장하는 순결하고 정숙한 여자와의 안정된 결혼과 성적 쾌락을 위한 외도를 동시에 허용한다. 그 와중에 남편의 성적 욕구를 충족시켜 주지 못하고 외도를 하게 한 아내의 성적 무능력과 남성을 성적으로 유혹하는 외도 상대 및 성매매 여성의 타락은 동시에 비난을 받는다. 결국 남성을 사이에 둔 두 부류의 여성들 간 경쟁과 다툼이 있을 뿐 정작 외도나 성매매의 주체인 남성에게는 억누를 수 없는 성적 본능이라는 면죄부를 주는 것이다.

남성이 결혼 안의 성과 결혼 밖의 성을 넘나들 수 있게 용인되어 온 반면, '좋은 여성'과 '타락한 여성'으로 이분화된 여성들의 경우 일단 한 부류에 속하면 다른 부류에서는 배제된다(장필화, 1999). 가부장적 성각본은 이런 방식으로 남성과 여성에게 이중적인 성윤리를 내면화시킬 뿐 아니라, 이를 유지하기 위해 여성들을 다시금 이분하여 양쪽 여성들에게 전혀 상반되는 성문화를 따르게끔 한다. 게다가 아내들이 "낮에는 현모양처이고 밤에는 요부가 되어야 한다."는 식의 전통적 요구와 "남자는 여자하기 나름"이라거나 "애인 같은 아내"를 표방하는 광고 문구는, 시대를 가로질러 공통적으로 여성으로 하여금 순결하고 비성적인 정숙함과 관능적 매력이라는 상호 배타적 특성 간의 경계를 넘나들면서 남성의 성을 위해 종속될 것을 요구한다.

성의 상품화

성의 상품화란 인간의 성을 직간접적으로 이용하여 이윤 추구를 도모하는 것을 의미한다. 즉, 성 자체를 판매하고 구매하는 성매매뿐 아니라 음란 만화나 잡지 및 음란 비디오 혹은 컴퓨터를 이용한 음란 프로그램 등과 같이 성적 욕구 자체를 상품화하는 행위, 그리고 여성의 몸매를 연상시키는 음료수 병 등과 같이 특정한 제품에 성적인 이미지를 부여하여 성적 자극을 환기함으로써 해당 제품의 판매를 촉진하는 행위까지를 포함한다. 이는 인간의 성을 정신과 연결된 인격으로 파악하는 것이 아니라 따로 분리하여 판매하고 구매하며 소비할 수 있는 물품이자 상품으로 취급하는 것이기 때문이다.

그러나 남성의 성욕이 통제할 수 없는 충동이고 본능이라는 가부장적 성각본을 입증할 만한 근거는 존재하지 않는다. 남성들은 성욕을 "억제할 수 없어서"가 아니라, 우리 사회가 남성의 성욕을 강한 힘의 발현으로 여겨 왔으므로 굳이 억제할 필요가 없었을 뿐이다. 남성들은 성욕이 왕성하지 않다고 느껴질 때 남성성 자체가 훼손된 듯 느끼게 되는데,[1] 이러한 현상 역시 성기능

1) 비아그라 열풍에서 이를 확인할 수 있다.

을 남성적 능력과 동일시해 온 성고정관념이 내면화된 데 따른 부작용이다.

그런데 성행위에 있어서 적극적이고 주도적이며 공격적이어야 한다는 남성성에 관한 고정관념은 극단적으로는 남성의 성을 그 자신에게서조차 분열시키는 결과를 초래한다. 이러한 강박 내지 불안으로 인해 남성은 생산적이고 지속적인 관계보다는 오히려 일회성 성매매 등과 같은 배설적이고 찰나적인 성을 통해 자신을 방어하려는 경향을 보이기도 한다.

2) 대안으로서의 표현적 성각본

성은 남성과 여성 모두가 인간적임을 표현하는 기초이므로 누구나 성적인 자아(sexual self)를 표현할 자유가 있다는 것이, 표현적 성각본의 대전제이다. 남성과 여성의 성욕에 대한 기존의 차별적 가정들은 타고난 본능적 차이에 기인하는 것이 아니라 사회화된 결과라는 것이다. 남성들은 포르노그래피를 보거나 또래들과의 비공식적 대화를 통해 성을 왜곡하여 받아들이고 여성들은 낭만적 사랑을 다룬 동화나 소설 및 드라마에 몰입하면서 남성들의 성적 선호를 자연스럽게 습득하는 과정에서, 양성간 성욕 차이가 구성된다는 것이다(이재경 외, 2007). 그런데 이처럼 성적 위계 및 차별적 질서가 후천적으로 구성되었다는 것은, 성적 위계 및 차별적 질서의 모순과 왜곡을 시정함으로써 변화가 가능하다는 의미와 통한다.

몸의 가장 내밀한 부분을 서로 교통하는 성애는 육체적 즐거움뿐 아니라 정서적 친밀함을 표현하는 수단이며, 이를 통해 양자가 더욱 친밀해지고 유대를 강화할 수 있는 소통과정이다. 따라서 남성뿐 아니라 여성도 성적 흥분을 느낄 뿐 아니라 이를 억압하지 않고 남성과 대등한 위치에서 자유롭게 성관계를 주도하고 오르가슴을 느끼는 것이 필요하다. 또한 성애는 출산기능과 상관없이 즐길 수 있는 것이므로, 노년의 성애나 비혼의 성애 역시 남성뿐 아니라 여성에게도 금기일 이유가 없다.

하지만 성애는 어떤 경우든 양 당사자 모두에게 의미가 있고 자신의 행위에 대한 책임을 스스로 질 수 있다는 전제 하에 쌍방의 합의에 의해서 이루어져야 한다. 성적 자기결정권이란 성애를 선택할 권리뿐 아니라 이러한 선택에 대한 책임을 포함하는 것이기 때문이다. 그런데 성적 자기결정권이 온전히 보장되기 위해서는 개인적 행위로서의 성애를 바라보는 고정관념의 변화가 선행되어야 한다. 그렇지 않을 경우 성적 자기결정권은 고독한 외침에 머물 뿐 그로 인한 비난과 불이익은 고스란히 개인 특히 여성의 몫으로 남게 된다. 여성에게 있어서 성애란 그 결과물로서 임신과 같은 질적인 몸의 변화로부터 자유롭지 않기 때문이다.

2. 성폭력

성폭력이란 “본인의 의사에 반하는 성적 접근 및 성적 행위”로 규정된다. 여기에서 성적 행위란 강제적 성교뿐 아니라 애무 및 추행 등의 신체적 접근, 외모에 대한 언급이나 음담패설 및 음란전화 등의 언어적 행위, 그리고 응시나 몸동작, 음란물의 전시 및 성기노출 등을 통해 상대방으로 하여금 성적 수치심을 느끼게 하는 비언어적 행위까지 포괄한다(이재경 외, 2007). 1994년에 제정되고 1997년에 개정된 성폭력특별법에도 “강제에 의한 성관계 즉 강간뿐 아니라 장애자에 대한 준강간, 업무상 위력 등에 의한 추행, 강간 미수, 공공 밀집 장소에서의 추행, 그리고 통신 등의 매개물을 이용한 음란행위 등을 범죄로 간주한다”고 명시되어 있다. 구체적으로 특정 상황에서 특정 행위가 성폭력인지를 구분하기 애매한 경우가 많고, 가해자가 자신의 행위를 성폭력으로 인지하지 못하는 경우도 있다. 그러나 어떤 경우든 피해자가 성적 수치심을 느낄 만 했다고 인정되면, 성폭력으로 간주한다.

무지 씨의 성폭력 인식

무지 씨는 나름 남성들과 무난하게 잘 어울리며 성공했다고 자부하는 여성이다. 그녀는 남녀가 참석한 한 모임에서 남성 참석자들에게 "꽃밭에 오시니 좋으시지요?"라고 농담을 건넸다. 무지 씨로서는 단지 분위기를 부드럽게 하려는 의도에서였다. 그런데 남성동료 한 사람이 정색을 하면서, "만약 남성이 그런 말을 했다면 심각한 성폭력입니다. 어디 가서 그런 말씀 하지 마세요."라고 했다. 그녀는 다소 무안해 하면서도 속으로는 그가 유난을 떤다고 생각했다.

수년이 지난 어느 날, 무지 씨는 여성 동료들의 소모임에 남성 동료 한 사람을 초대했다. 그리고는 그에게 "꽃밭에 오시니 좋으시지요?"라고 농담을 건넸다. 순간 분위기가 "싸~" 해졌는데, 정작 무지 씨 자신은 뭐가 문제인지 느끼지 못했다. 그로부터 며칠이 지난 후, 그 모임에 참석했었던 여성 동료 한 사람이 무지 씨를 불러서 문제점을 지적했다. 그런데 무지 씨는 "농담으로 한 얘기를 뭘 그리 예민하게 받느냐?"고 맞받아쳤다.

무지 씨는 함께 모여 있던 여성동료들 모두에게 언어적 성폭력을 가했으면서도 그녀 자신은 무엇을 잘못했는지조차 인지하지 못하고 있는 것이다. 성인지 감수성[2) 부족으로 인하여, 그녀는 비슷한 행동을 거듭하며 살아왔을 것이다. 주변 남성들은 같이 웃었을 수도 있고 그냥 지나쳤을 수도 있다.

성폭력은 이성에 의해서만 행해지는 것은 아니다. 위와 같은 상황에 맞닥뜨릴 때 어떻게 대처하는 것이 바른 행동일까? 어색한 미소를 지으며 모른 척 넘어가는 것이 무난한 직장생활을 위해서 필요한 것일까? 성폭력과 관련하여 우리는 성별을 불문하고 모두 잠재적 피해자이기도 가해자이기도 하다.

2) 성인지 감수성(性認知 感受性, gender sensitivity)이란, 양성평등적 시각에서 성차별 및 성불평등 그리고 이로 인해 발생하는 문제들을 감지해 내는 민감성 내지 능력이다. 따라서 성역할 고정관념에서 벗어나서 상대편 성의 입장에서 생각해 보고 다름을 인정하며 사회적인 성역할 인식의 변화에 적응하는 능력을, 성인지 감수성 개념으로 포괄할 수 있다.

성폭력이란 가벼운 성적 농담으로부터 강간에 이르기까지 연속선상에 있는 문제이므로, 가벼운 수준의 성희롱이라도 점점 더 심한 성폭력으로 진행될 가능성이 높다. 또한 성폭력은 가해자나 피해자 모두 연령이나 학력 및 계층과 직업의 구분이 무색하리만치 폭넓게 퍼져 있다. 그래서 사람들은 학교와 직장에서, 가족 및 친족 내에서, 거리에서, 대중교통을 이용하면서, 인터넷이나 휴대폰을 통해, 가볍거나 혹은 심각한 성폭력을 가하거나 당하면서 살아간다. 그런데 비교적 가벼운 성폭력의 경우 가해자들은 자신이 성폭력을 행하고 있다는 자각조차 없는 경우가 허다하고, 피해자들은 불쾌감을 표현하는 것조차 주저하게 된다. 이는 성적 농담이나 포르노 혹은 신체 접촉 등을 쉽게 허용해 온 사회 분위기에 기인한다.

1) 성폭력의 발생 원인에 관한 이론적 시각

(1) 피해자 유발론

우리 사회에는 노출이 많은 의상을 입거나 호젓한 밤길을 홀로 가는 것과 같은 여성의 행동거지가 강간을 유발할 수 있고, 여성이 정말 원치 않는다면 죽기를 각오하고 저항해서 강간을 막을 수 있을 것이라는 통념이 존재한다. 이것이 전통적인 '피해자 유발론'이다(우리사회문화학회, 2005). 남성의 성욕이 억제할 수 없는 본능이라는 가부장적 성각본을 전제로 깔고, 여성이 남성들로 하여금 성적 충동이 일어나도록 유혹했거나 적극적인 저항을 하지 않았기 때문에 성폭력이 발생했다고 보는 것이다. 이는 여성의 성을 '보호받을 만한 가치가 있는 성'과 '보호받을 만한 가치가 없는 성'으로 구분하는 이분법적 논리이다.

여성이 성적 자기결정권을 능동적으로 행사한다는 것은 실제로 쉽지 않은 일이다. 왜냐하면 성적인 능동성이 기대되는 남성의 경우에는 '동의'란 자발적이고 주도적인 행위를 통해 나타나는 반면, 성적인 수동성이 당연시되는 여성의 경우 "가만히 있는" 것이 "거부하지 않음" 즉 동의로 해석되기 쉽기 때문이다(이재경 외, 2007). 그러나 남성과 여성 간 물리적 힘의 차이 때문에 강제로 이루어지는 물리적 성폭력을 여성이 저지하기란 쉽지 않고, 더구나 공포에 질려 있는 상황에서 이도 저도 못하는 무력한 상태에 빠지기 십상이다. 여성이 "정말 원치 않으면 죽기를 각오하고 저항할 수 있을 것"이라는 통념은 억지스러운 남성 중심적 시각이다.

그럼에도 불구하고 이러한 가부장적 통념으로 인해 성폭력을 당한 여성은 피해자가 아니라 오히려 범죄의 빌미를 제공한 자로 여겨지기 쉽다. 가부장적 문화 속에 널리 퍼져 있는 피해자 유발론으로 인해, 강간 피해여성은 위로와 보호를 받기보다 사회로부터 비난과 낙인을 받는 제2의 고통을 당하는 반면 가해 남성의 범죄적 성욕 방출은 오히려 너그럽게 이해되곤 한다.

(2) 정신 병리학적 견해

성폭력은 성도착증이나 정신분열과 같은 정신적 · 심리적 장애를 가진 사회 부적응자들에 의해서 일어난다고 보는 것이 정신 병리학적 견해이다(우리사회문화학회, 2005). 그러나 실제로 대다수 강간의 가해자는 그 외의 사회생활에서 별 문제를 지니지 않는 사람들이므로, 성폭력의 원인을 개인의 병리적 문제로 설명하려는 시각에는 한계가 있다. 게다가 이러한 견해는 성폭력의 가해자로 하여금 범죄의 책임을 질병에 돌림으로써 처벌을 줄일 수 있는 명분을 얻게 한다. 처벌되지 않은 범죄는 되풀이될 가능성이 높다. 따라서 어떠한 이유에서 저질러졌든, 성폭력은 중범죄로서 다루어져야 한다.

(3) 페미니즘적 견해

성폭력은 개인적 차원에서 일어나는 것이 아니라 불평등한 성별 권력관계에 의해 발생하는 구조적인 문제라는 관점이 페미니즘적 견해이다(이재경 외, 2007). 또한 여성의 성적 순결에 집착하는 것은 여성의 성을 그녀 자신이 아니라 그녀와 관련된 남성 집단에 의해 소유되고 통제되는 재산으로 간주하는 것이라는 주장이다. 따라서 성폭력은 순결을 잃는 차원에서 접근할 문제가 아니라, 여성이 자신의 신체에 대한 권리를 침해 당하는 문제로 간주해야 한다고 본다.

데이트 관계나 부부 사이인 경우에도, 상대방이 원하지 않는 성관계를 강압적으로 맺는 것은 성폭력이다. 왜냐하면 성에 관한 결정은 누구의 압력도 받지 않고 오롯이 자신의 의지에 의해 행해져야 하기 때문이다.

리얼돌에 관한 논란

사람의 신체와 매우 유사하도록 제작된 인형이, 리얼돌 혹은 성인돌이라는 이름으로 유통되고 있다. 이들은 일명 체험방이나 대여 및 매매 등을 통해 보급되어 성행위의 대상으로서 활용되고 있다. 논란이 되고 있는 것은, 이들을 대상으로 한 일방적 성행위를 어떻게 바라볼 것인가에 있다. 그리고 이는 다시금, 인간의 성이란 무엇이고 무엇이어야 하는지에 관한 사회적 가치의 문제로 직결된다.

한편의 주장은, 리얼돌은 기존의 자위기구와 마찬가지로 단순한 성기구이므로 리얼돌을 사용하는 개인의 성적 자유를 보장해야 한다는 것이다. 리얼돌은 성매매를 통하지 않고 개인이 성욕을 스스로 처리할 수 있는 방안이라는 것이다. 이를 좀 더 구체화하면, 사적이고 은밀한 영역에서의 개인적 활동에는 국가가 간섭하지 않는 것이 인간의 존엄성과 자유를 실현하는 길이므로, 리얼돌의 금지는 헌법상 기본권을 침해하는 것이니까[3] 리얼돌의 사용을 합법화해야 한다는 입장이다. 한국에서는 리얼돌을 음란물로 여겨서 통관을 보류해 왔으나, 사적 영역에 대한 국가의 개입을 최소화해야 한다는 법원의 결정에 따라 2022년 말부터 통관이 허용되고 있다.[4] 이는 성욕은 본능이고 육체적 성행위를 통해서만 해소될 수 있다고 보는 가부장적 성각본에 입각한다.

다른 한편에서는, 인간에게 있어서 성애란 두 사람 사이의 자발성에 입각하여 합의한 바에 따르는 의사소통 수단이자 친밀감의 교환과정이어야 한다는 전제에 주목한다. 그에 입각하면, 사람의 성기를 적나라하게 묘사한 인형을 성애의 대상으로 삼는 것은 인간의 존엄성과 가치를 훼손하고 왜곡하는 것이 된다. 특히 여성에 대한 성적 폭력이 남성다움이라는 이름으로 허용되어 온 가부장적 사회에서, 여성의 신체모형이 대다수인 리얼돌은 여성의 신체에 대한 상품화를 넘어서 남성에 의한 여성 신체의 장악과 통제를 목적으로 하는 가부장적 사고를 재현한다는 주장이다.[5] 또한 여성의 신체와 고도로 유사하게 만들어진 리얼돌을 상대로 반복적이고 일방적인 행위를 반복하다 보면, 실제 여성이나 여아를 성적 대상으로 여기거나 공격적으로 대할 수 있다는 주장이 제기되기도 한다.[6]

---

3) https://www.seoul.co.kr/news/newsView.php?id=20190813500078
4) https://www.sedaily.com/NewsView/26F1XE4XII
5) https://v.daum.net/v/20210417070136699
6) 상동

2) 성폭력의 가해와 피해에 관하여

(1) 성폭력의 발생 경로에 따른 특성

성폭력은 남성이 성욕을 순간적으로 억제하지 못해서 일어나는 우발적이고 충동적인 발산이 아니라, 계획된 범죄일 가능성이 훨씬 높다. 또한 일반적 생각과 달리, 모르는 사람에 의해서보다 아는 사람의 계획적인 준비에 의해 가해질 확률이 높은 것이 성폭력이다. 특히 양부나 친부 혹은 남자 형제나 친척 남자 등과 같이 접촉이 잦은 혈족 및 인척에 의해 행해지는 경향이 높다. 그런데 이 경우 피해자의 입을 막는 시도가 교묘히 이루어지고 피해자 역시 수치심 때문에 외부에 도움을 청하기 힘들어서, 성폭력이 일단 발생하면 이후로도 장기간에 걸쳐서 반복적으로 이루어지기 쉽다. 그런데 반복적 성폭력의 피해자가 겪는 감정적 후유증은 일회성 성폭력보다 훨씬 크고 심각하다. "성폭력에 허용적인 문화권에서 강간율이 높고 친밀한 사이에서의 강간을 비난하는 문화권에서 강간율이 낮다."(이재경 외, 2007)는 사실에 주목해야 한다. 남성의 성적 방출에 대해 너그러운 우리 사회의 가부장적 분위기가 간접적으로 성폭력을 부추기는 것은 아닌지 반성해 볼 일이다.

여성의 취업이 보편화되고 있는 현실에서 노동현장에서 이루어지는 성폭력 또한 빈번하다. 노동현장에서의 성폭력은 하급 노동자에 대한 노동통제의 수단으로 행해지거나 직장 내 권위를 이용하여 성적 욕구를 충족시키려는 목적에서 행해진다. 전자는 주로 생산직에 종사하는 여성 노동자에게, 후자는 대개 여성 사무직 종사자에게 행해진다(박기남, 2007). 어떤 경우든 직장 내 성폭력은 상급자에 의해 하급자를 상대로 하여 행해지는 권력형 범죄인데, 이 경우 가해자의 지속적인 협박과 요구로 인해 성폭력이 지속될 가능성이 농후하고 피해자는 직장생활을 하는 내내 두려움에 떨면서 지낼 수밖에 없다. 그런데 이는 피해자의 인격을 침해할 뿐 아니라 노동의지를 상실하게 하고 평생노동권을 위협한다.

성폭력은 남성에 의해 여성을 대상으로 이루어지는 것만은 아니다. 물론 여전히 여성의 순결을 중요시하는 반면 남성의 순결에는 중요성을 두지 않는 가부장적 사회에서, 여성이 성폭력을 당한 경우 그 정신적 · 사회적 불이익이 훨씬 큰 것은 사실이다. 하지만 요즘 들어 남성이 피해자로 보고되는 경우가 늘고 있다. 여성 상사가 남성 부하직원을 대상으로[7] 혹은 군대나 감옥에서 성별을 불문하고 상급자에 의해 하급자를 대상으로 하여 성폭력이 일어난다. 이처럼 성폭력은 힘 있는 자가 힘없는 자에게 가하는 억압이라는 점에서 여타 폭력과 다르지 않다.[8]

---

7) 데미 무어와 마이클 더글라스 주연의 영화 〈폭로(Disclosure)〉는 여성 상사에 의해 남성 부하직원에게 성폭력이 가해지는 상황을 줄거리로 삼고 있다. 이 영화에서처럼 실제 상황에서도 피해남성이 오히려 가해자로 몰리는 경우가 적지 않다.

8) 2012년 12월 국무회의에서 심의 · 의결되었고 2013년 6월 19일부터 발효된 성폭력 범죄 등에 관한 특별법 개정안에는, 친고죄 조항이 삭제되었다. 그리고 성폭행의 피해 대상을 "부녀"였던 것에서 "사람"으로 확대함으로써, 남성을 대상으로 한 성범죄도 처벌할 수 있게 하였다.

몰래카메라와 디지털 성폭력

지하철이나 화장실 혹은 공용 샤워실에 촬영 장치를 설치하거나 사람들이 밀집한 장소나 계단 및 에스컬레이터 등에서 안경이나 모자 혹은 넥타이 및 단추 등에 렌즈를 숨긴 상태로 접근하여 여성의 치마 속을 몰래 찍는 등, 성적 욕망이나 성적 수치심을 유발할 만한 장면을 촬영하는 일들이 빈번히 사회문제화되고 있다.

그 뿐 아니라 텔레그램 등의 메신저 앱을 통해서 여성들을 유인한 뒤 협박해서 성착취물을 제작 및 배포하고 협박한 사건으로 인해, 2018년 하반기부터 2020년 3월에 이르기까지 전국이 들썩거렸다. 트위터에 일탈 계정을 운영하는 미성년 여성들을 목표로 삼아 신상정보를 얻어낸 후 협박하여 음란 동영상을 찍어 보내도록 강제하고 8개의 채팅방에 성착취 영상물을 올린 'N번방' 사건이 그 시초였다. 해당 사건이 알려지는 과정에서, 여자친구의 알몸을 허락 없이 몰래 촬영하여 단톡방에 올려놓은 혐의로 2016년 초에 고소되었던 연예인 정** 씨의 범죄가 수면 위로 드러나기도 했다. N번방 사건은 2020년 12월에 수사가 종료되기까지 성착취물을 제작하고 유포한 가해자만도 6만 명 이상인데다, 피해자가 1,154명에 이르며 그 중 20대 이하가 60.7%인 것으로 알려졌다.[9] 다양한 연령대의 여성들을 고액의 성매매 알바인 것처럼 유인해서 신상정보와 누드 사진 등을 받아낸 후 가학적 사진과 영상을 찍어 텔레그램 채팅방에 올려놓고 판매한 '박사방' 사건은, 가상화폐를 받고 해당 채팅방에 입장하도록 하는 방식으로 판매를 목적으로 했다는 점에서 또 다른 특징을 보인다.

이 같은 불법촬영 관련 성범죄가, 2008년에 585건으로서 전체 성범죄 중 4% 미만이었던 반면 2017년에는 6,615건으로서 성범죄 기소 건의 20%를 차지할 만큼 급속도로 증가하고 있다.[10] 이는 불법 촬영 및 유포 등의 심각성과 피해자 권리 침해의 심각성을 인식하지 못하는 상황에서 타인의 성을 경시하여 대상화하는 풍조가 빚어낸 또 하나의 폭력이다.

2018년 11월 국회 본회의에서 성폭력범죄의 처벌 등에 관한 특례법 개정안이 통과됨으로써, 자의에 의해 스스로 자신의 신체를 촬영 · 유포한 경우도 혹은 촬영 당시에는 대상자가 동의했더라도 사후 대상자의 의사에 반하여 영상을 유포한 경우도 처벌할 수 있게 되었다. 이들은 몸과 성에 대한 자기결정권을 보호하고 성적 수치감을 유발하는 모든 행위를 폭력으로 간주하여 범죄로 규정한다는 기본 원칙에 입각한 법적 보완이다. 그러나 이후로 현재에 이르기까지도 유사한 사건이 간단없이 벌어지고 있는 것이 현실이다.

9) https://www.bbc.com/korean/features-57494714

10) https://www.bbc.com/korean/features-57494714

(2) 순결과 성폭력

우리 사회는 여성의 성적 순결에 집착해 왔다. 그리고 혼전 여성은 처녀막을 손상되지 않게 보존함으로써 자신의 순결을 증명하고자 해 왔다. 성관계를 한 번도 하지 않은 것을 순결이라고 정의한다면, 처녀막의 보존은 육체적 순결에 대한 증거일 수 있다. 그 육체적 순결은 배우자와의 성관계만을 위해 간직되어야 하는 것으로 여겨졌다. 그런데 자신의 의지와 상관없이 강간을 당한 경우, 그 여성은 순결을 잃었다고 봐야 하는가? 이미 강간을 당한 몸은 더 이상 보호할 만한 가치가 없는 것인가? 우리 사회가 잊지 말아야 할 것은, 자신의 의지와 상관없이 강제된 성행위에 대해 순결 운운하는 것이 부당할 뿐 아니라 추후 해당 여성의 삶을 심각하게 왜곡한다는 사실이다. 강간을 당한 여성들과 그들의 애인이나 배우자 그리고 가족들 안에 내면화되어 온 "더럽혀진 몸"이라는 관념은, 성폭력을 당한 피해자들의 삶을 장기간에 걸쳐서 피폐하게 만든다.

여성의 성적 순결에 집착함은 여성의 성을 그녀 자신이 아니라 그녀와 관련된 남성 집단에 의해 소유되고 통제되는 재산으로 간주하는 것이다. 그러나 가해자들이 간과하는 것 하나는 상대방의 의지와 상관없이 짓밟는 과정에서 강제로 행한 성관계는 가해자에게도 온전한 성적 충족감을 줄 수 없다는 점이다. 또한 상대방의 의지와 상관없이 가해자의 강압에 의해 행해진 성적 접촉이 상대방의 순결만 빼앗은 것일 뿐 가해자 자신의 몸에는 아무런 영향을 끼치지 않은 것인지에 대해서도 생각해 볼 필요가 있다. 여성의 몸뿐만 아니라 남성의 몸에도 순결의 잣대가 동일하게 적용되는 문화가 조성된다면, 쌍방 간의 합의 및 정서적 친밀성의 표현이 아닌 강압적 성관계의 빈도는 줄어들 것이다. 남성과 여성 모두 쌍방의 성적 결정권을 존중하고 소중히 여기는 문화가 정착될 때, 남성들 역시 자신의 성적 자아가 소중해서라도 성폭력을 시도하는 일이 줄어들 것이다.

(3) 미투와 펜스룰, 그리고 남성혐오와 여성혐오

특정한 성교가 일방에 의해 강제적으로 이루어졌는지 혹은 쌍방의 합의에 의한 것인지에 따라, 전자는 성폭력 즉 강간(强奸)인 반면 후자는 그렇지 않다. 그런데 성폭력은 가해자와 피해자 외에는 다른 사람들이 없거나 인지하지 못하거나 혹은 개입하지 않으려고 하는 상황에서 일어난다. 그래서 추후 성폭력 여부에 관해 양측의 주장이 엇갈리는 경우, 증인이 없어서 객관적 판단이 힘들다. 만약 여성이 강간을 당했다고 고소를 했는데 상대 남성은 화간(和奸)이었다고 주장한다면 진실 규명이 쉽지 않은 것이다. 직접적인 성교가 아니더라도 둘만 있는 장소에서 성적 애무를 당했다는 경우 역시, CCTV 등에 찍힌 자료가 존재하지 않는다면 객관적 판단이 쉽지 않다. 이러한 입증의 어려움과 2차 피해에 대한 두려움으로 인해, 성폭력 자체가 고발되지 않은 채 묻혀버리는 경우가 많다.

예전에 피해를 입었으나 차마 드러내지 못했었던 성폭력을 공개하자는 움직임이 일어나고 있다. 미투 운동(Me too movement)

이란, 피해를 당한 약자가 이를 사회에 공개적으로 고발함으로써 같은 피해를 당한 이들이 자신의 피해 사실을 드러낼 수 있도록 하고 사회적인 공감대를 끌어냄으로써 사회를 바꿔가자는 운동이다. 현실적으로는 경찰 및 검찰을 통한 해결이 불가능하거나 혹은 가해자로부터의 보복을 각오해야 하는 성범죄를 대중에 폭로하여 해결을 촉구하려는 경우가 대부분이다.[11] 한국에서는 2016년 문화계의 성추문 폭로 및 2018년 검찰청 서○○ 검사와 국회의원 이○○ 씨의 폭로 등을 필두로 하여, 사회의 다양한 분야에서 미투 운동이 일어났고 가해자의 실명이 공개되면서 사회에 충격을 안겼다. 이들은 유명인이 수치심 및 보복에 대한 두려움을 무릅 쓰고 본인의 실명을 드러내놓고 성폭력 사실을 폭로한 경우로서, 대중의 공감을 이끌어내면서 미투 운동을 일반인들에게 확산시키는 계기가 되었다. 2000년대에 들어서면서 전 세계적으로 여성에 의한 미투 운동뿐 아니라 성폭력 피해를 당한 남성에 의한 미투 운동 역시 전개되고 있다.

그런데 문제는, 이후 가해자 집단에 의해 벌어질 수 있는 2차 가해 그리고 무고하게 가해자로 지목되는 경우의 명예훼손이다. 특히 점차 익명으로 미투를 하면서 무고한 사람을 가해자로 허위 고발하는 경우가 적지 않아서, 미투 운동의 본질을 흐리는 것으로 지적되고 있다.[12]

또한 여성에 의한 미투가 압도적으로 많은 상황에서 허위고

---

11) https://namu.wiki/w/%EB%AF%B8%ED%88%AC%20%EC%9A%B4%EB%8F%99

12) 상동

발로 인해 무고한 피해를 받는 남성들이 증가하면서, 남성들 사이에 여성혐오 경향이 확산되고 있다. 그리고 남성들로 하여금 성 관련 오해와 누명을 피하는 등의 자기방어를 위해 일체의 여성을 멀리 해야 한다고 여기게 했는데, 이를 펜스룰이라고 부른다. 미국의 마이크 펜스(Mike Pence) 전임 부통령이 하원의원이던 시절에 자신은 "아내 외의 이성과는 1대1 저녁식사를 함께 하지 않고 아내의 허락 없이는 술자리를 갖지 않는다."고 했던 데서, 펜스룰이라는 이름이 붙여졌다.

그런데 문제는, 모든 남성이 성폭행 가해자인 것은 아니듯이 모든 여성이 성을 이용해서 상대 남성을 모략하는 존재는 아니라는 사실이 잊혀진 채 남성들의 여성 전반에 대한 과도한 경계로 이어질 수 있다는 점이다. 펜스룰이 사회 규범화될 경우, 남성들은 귀찮은 일에 말려들지 않으려고 여성동료와의 어울림을 피하고 기업은 직원 채용 시에도 여성을 기피할 우려가 있다. 그러면 여성들은 직원들 사이에서 오가는 중요한 정보로부터 소외될 소지가 많아지고, 취업에 성공할 가능성도 더 낮아지게 된다. 이는 순차적으로 여성들로 하여금 남성혐오를 갖게 할 것이다.

우리가 사는 세상의 반은 여성이고 나머지 반은 남성인 이상, 양성이 협조하며 상생할 것인가 아니면 서로 반목하고 혐오하며 경원시할 것인가에 따라 지구촌의 현재와 미래의 그림은 확연히 달라질 것이다. 성을 둘러싼 범죄를 묻어두고 살아갈 수 없고 특히 권력형 성범죄에 대해 사회적 연대를 통해 새로운 세상을 추구하는 미투 운동도 그리고 무고한 채 가해자로 몰리지 않기 위한 자구 노력도 당연한 움직임이다. 그러나 무고한 대부분의 남성이 단지 남성이라는 이유만으로 여성들의 적이 되어서는 안 되고, 또한 무고나 모략과 무관한 대부분의 여성이 단지 여성이라는 이유만으로 꽃뱀으로 취급되어서도 곤란하다. 지금은 의도치 않게 양성 간의 혐오가 증폭된 현실을 어떻게 타개할 것인가에 관해 여성과 남성이 머리를 맞대야 할 시점이다.

3. 성매매

성매매(prostitution)란 성을 사고파는 행위 일체를 포함한다. 성매매에 해당하는 구체적인 행위로서, 삽입 성교뿐 아니라 구강이나 항문 등 신체의 일부 또는 도구를 사용한 유사 성행위를 하기 위해 돈이 오고가는 경우가 포함된다. 가부장적 성각본이 당연시되어 오는 동안 성매매는 "사회의 필요악"이라는 말로 합리화되어 왔다. 이는 순결하고 정숙한 여자들을 성폭력의 위험으로부터 보호하고 가부장적 일부일처제를 유지하기 위해서, 남성들의 성욕을 해소하는 하수구로서 성매매가 필요하다는 논리이다. 그런데 이러한 통념은 남성의 성욕은 억제할 수 없는 본능이므로 다수의 순결한 여성을 보호하기 위해서 보호받을 가치가 없는 다른 부류의 여성들이 필요하다는 이중적 성윤리에 근거한다. 어떻든 이러한 통념하에 성매매 여성들은, 지구상의 곳곳에서 시대에 따라 이름을 달리하면서 성을 구매하는 남성들의 존재와 함께 해 왔다.

성매매는 성의 상품화뿐 아니라 성매매 여성의 인권문제가 복잡하게 얽혀 있는 사안이다. 물론 일명 '텐 프로'라고 불리는 등, 생산성 있는 노동을 하지 않고 특출한 미모와 성적 기교 등을 활용하여 돈 많은 남성들을 상대하고 스폰서로 삼아서 쉽게 인생을 살려는 여성들의 존재를 부인할 수 없다. 그러나 대개의 성매매 여성들은 극심한 경제적 어려움 속에서 가족의 생계를 책임져야 하는 상황, 강간을 당한 경험으로 인한 자포자기, 인신매매 등의 과정을 통해 성매매로 유입된다. 또한 성매매 세계에 일단 발을 들여놓고 나면 먹이사슬처럼 얽혀 있는 상납과 착취와 폭력으로 인해 벗어나기 어렵고, 다른 생업의 대안을 찾지 못하는 상황에서 타성에 젖어 성을 팔며 살아간다(이재경 외, 2007). 그런데 이들은 성병과 후천성 면역결핍(AIDS) 등의 위협에도 속수무책으로 노출되어 있다.

1) 성매매를 바라보는 입장

성매매를 둘러싼 정책적 입장은 해당 사회가 성을 어떻게 규정하느냐에 따라, 비범죄주의와 규제주의 그리고 금지주의로 나뉜다. 비범죄주의(decriminalization)는 성매매를 일련의 노동으로 바라보는 입장으로서, 성매매를 양지로 끌어냄으로써 성매매 여성에 대한 착취를 방지한다는 데 의미를 둔다. 그러나 이는 성산업자본의 팽배를 가속화시킬 위험이 있다(이재경 외, 2007). 규제주의(regulation)는 성매매가 행정관청의 허가와 통제 하에 실시되게끔 하는 것으로서, 일제시대에 시행되었던 공창제도를 예로 들 수 있다. 그런데 이 경우에는 포주와 경찰 간의 유착관계를 통한 상납과 착취의 우려가 존재한다(이재경 외, 2007). 그리고 원칙론적으로는 성적 자기결정권이 국가의 통제에 의해 침해된다는 문제가 있다. 규제주의와 비범죄주의는 가부장적 성각본에 근거하여 남성의 성욕을 본능으로 규정하고 성을 인간의 정신과 분절된 교환재로서 바라본다는 점에서 공통적이다. 또한 성을 이용해서 돈을 쉽게 벌 수 있다는 기생적 사고와 불평등한 경제질서를 퍼뜨릴 수 있다는 논란으로부터 자유롭지 않다.

반면 금지주의(penalization)는 성매매를 범죄로 규정하는 것으로서, 한국에서 2004년에 제정되어 시행되고 있는 '성매매 관련 특별법'이 이에 해당된다(이재경 외, 2007). 이는 인간의 성이란 정신과 밀접히 연관되어 있으므로 분절적으로 상품화될 수 없다는 본질에 가장 충실한 입장이다. 그런데 이 경우 성매매 여성을 범죄자화하여 그녀들로 하여금 음지로 숨어들게 함으로써, 오히려 성매매 여성들에 대한 착취와 폭력을 밝혀내기 어렵다는 문제가 있다. 뿐만 아니라 음지로 숨어든 성매매는 변종화되기 쉽다는 것이 또 하나의 문제이다.

2) 성매매의 역사

일제가 성매매 여성들의 질병(주로 성병)을 관리하고 감독한다는 명분으로 공창제를 실시하면서 성매매가 증가하는 계기가 되었다. 해방 이후에 법적으로는 공창제를 폐지하였으나, 미군 기지촌을 중심으로 주한 미군을 상대로 한 성매매가 집중적으로 이루어졌다. 1961년에 이르러 군사정부는 윤락행위방지법[13)]을 제정해서 윤락행위 알선을 금지하고 윤락여성과 포주 간의 착취고리를 끊겠다고 공표했다. 그러나 다른 한편에서는 전국 104곳에 달하는 성매매 지역을 허용하고 미군 기지촌 주변의 유흥업소에 면세 혜택을 부여하는 등과 같은 양가적 태도를 취함으로써(이재경 외, 2007), 성매매의 확산을 묵인하고 방조하였다. 게다가 해방 후 국제관광사업의 일환으로서 기생관광이 제도화되었고, 1970년대에는 일본인들의 단체관광이 본격화되면서 국제적인 성매매의 성격을 띠게 되었다. 즉, 한편에서는 윤락행위방지법으로 성매매를 불법화하면서 다른 한편에서는 외국인에게 자국 여성의 성을 판매하도록 장려하는 형국이었다. 또한 경제 고속성장의 물밑에서 술과 향응을 중심으로 한 접대 관행이 뿌리를 내려서 성매매는 "남자들이 사회생활을 원활히 하기 위해서 어쩔 수 없는 것"인 양 포장되면서, 성을 사는 남자들은 비

13) 윤락이라는 용어는 성매매와 관련하여 성을 판매하는 여성만을 문제의 대상으로 삼을 뿐 성을 구매하는 남성을 문제의 대상에서 제외하고 있다. 이런 점에서 윤락행위방지법은 그 용어 자체만으로도 성차별적인 법이었다고 평가된다.

난과 처벌로부터 비켜 있었다(우리사회문화학회, 2005). 이처럼 술자리를 통한 인간관계 형성을 중시하는 남성 조직문화 속에서 성은 쉽게 이용할 수 있는 상품처럼 인식되어 온 것이다(우리사회문화학회, 2005). 1995년에 윤락행위방지법이 개정되면서 성을 파는 행위뿐 아니라 성을 사는 행위를 처벌하는 규정이 마련되었으나 실질적인 효과는 별로 없었다.

획기적인 변화시도는 2004년에 성매매 관련 특별법[14)]이 제정되고 성매매 집결지에 대한 전격적 단속에 나서면서 비롯되었다. 해당 법은 성을 파는 여성과 포주뿐 아니라 성을 사는 남성에 대한 처벌을 강화하되 다른 한편으로 성매매 여성들이 새롭게 자활할 수 있도록 보호하고 갱생을 유도하는 데 초점을 두었다. 그런데 성매매 관련 특별법 제정에 관한 논의단계에서부터, 한편에서는 가부장적 성각본에 근거한 남성들의 반대와 또 다른 한편에서는 성매매를 성노동으로 규정해야 한다는 성매매 여성들의 항의가 격렬했다. 이후 집장촌에서 밀려난 성매매는 음지로 스며들어서 여전히 사회 전반에서 암암리에 행해지고 있다. 그렇다고 해서 성매매 관련 특별법을 실패작이라고 평하는 것은 섣부르고 지나친 판단이다. 성매매와 관련된 어떤 정책

14) 성매매 관련 특별법에서 비로소 성매매 혹은 성산업이라는 성중립적 용어가 공식적으로 채택되었다. 그 이전까지 통용되어 온 매춘, 윤락 등의 통칭은 성을 파는 행위만을 의미하고 있어서 남성 편향적인 관점을 드러낸다. 반면에 '성매매'는 성을 파는 여성과 성을 사는 남성 그리고 성산업을 둘러싼 먹이사슬까지를 포괄하는 용어로 채택되었다. 이는 성매매가 개인들 사이의 사적 거래 차원에서 벗어나 해당 사회의 문화와 산업구조까지 결합된 사회문제라는 의식을 반영한다.

도 완벽한 해결책을 제시하기는 힘들기 때문이다. 강력한 법과 단속을 가시화함으로써 우리 사회가 성매매를 용납하지 않는다는 메시지를 일반에 주지시키고 사회 전반의 의식 전환을 주도했다는 점에, 성매매 관련 특별법의 의의를 두어야 한다.

3) 호스트바, 성을 사는 여성과 성을 파는 남성

여성들의 활동이 집안에 국한되었던 시절이 지나고 집밖으로의 확장추세가 지속되면서, 성매매와 관련하여 새로운 상황들이 펼쳐지고 있다. 그 중 하나가 여성이 돈을 주고 남성접객원을 구매하는 호스트바의 확산이다. 호스티스(여성접객원)들이 남자 손님을 상대하면서 받은 수모와 스트레스를 풀기 위해 호스트바를 찾는 것이 대다수였었던 초기에 비해, 수 년 전부터는 전문직에 종사하는 여성 및 중소기업체 사장 등 고액의 수입이 있는 여성과 돈 많은 주부 그리고 20~30대 연령층의 젊은 여성들에 이르기까지 수요자층이 다양화되고 있다.[15] 이들은 모두 나름의 스트레스와 불만족을 해소하는 수단으로서 타인의 몸과 성을 구매하여 권력을 휘두르는 방식으로 쾌락을 추구한다는 점에서, 남성들의 성매수와 다르지 않다.

남성들이 성을 구매하는 과정에서 행하는 행위와 여성들이 행하는 행위는 모두 돈을 주고 구매한 타인의 성과 성기를 소

15) https://woman.donga.com/people/3/04/12/133989/1
https://www.chosun.com/site/data/html_dir/2018/06/08/2018060801883.html

유하고 그것을 대상으로 하여 권력을 휘두르는 것일 뿐 상호적인 것은 아니다. 남성접대원이 자신의 성기와 신체 등을 이용해서 쉽게 돈을 번다는 점 역시 성매매 여성들과 다르지 않다. 남성들이 상대편의 성과 몸을 구매할 경우 그 대상에 대한 선택권과 지배권이 남성에게 있는 것처럼, 여성들이 남성의 성을 구매할 경우 그 선택권과 지배권이 구매자인 여성에게 있는 것은 당연하다.

그런데 호스테스 역할을 하느라 남성 성매수자들로부터 받은 성적 수모와 스트레스가 호스트바에 와서 남성 성매도자들을 상대로 소위 '갑질'을 행함으로써 해소될 수 있을까? 직업세계에서 살아남느라 남성 경쟁자들로부터 받은 스트레스를 호스트바에 와서 마음대로 남성을 선택하고 그들을 쾌락의 상대로 좌지우지하는 것으로써 해소할 수 있을까? 혹은 남편에게서 받는 스트레스와 소외감을 호스트바의 젊고 잘 생긴 호스트의 겉보기식 친절과 복종을 통해 극복해 낼 수 있을까? 성관계란 남성에게뿐 아니라 여성에게도 친밀한 의사소통의 과정이자, 정신과 육체가 한 방향을 향하는 것이어야 한다. 사고파는 성을 활용한 찰나적 쾌락을 통해서 궁극적 해결점에 도달할 수 없는 것은, 남성도 여성도 마찬가지이다.

금전을 소유하고 마음대로 소비할 수 있게 된 여성들 중 일부에서 긴 세월 동안 남성들이 행해 왔던 성매매의 욕구를 실현하기 시작했다는 점에 주목할 필요가 있다. 이러한 현상을 통해서, 성매매란 여성들이 팔고 남성들이 사는 것이라기보다는 돈을 지닌 존재가 사고 돈을 원하는 존재가 파는 행위라는 공식에 부합함을 확인할 수 있다. 이는 성적 본능을 발산하기 위해 성매매를 필요로 하는 것은 남성들뿐이라는 가부장적 성각본을 해체할 수 있는 근거를 제시한다. 다만 여성들은 자신이 호스트바에 드나드는 사실이 외부에 노출되는 것을 꺼리는 경향이 남성들보다 강하고, 숫자 및 비율 면에서 남성들에 비해 소수이다. 또한 여성 기업인이 접대를 위해 호스트바를 찾지는 않는다는 것이, 남성 기업인이 접대를 위해 성매매를 활용해 온 것과는 다르다.[16] 남성의 성적 본능을 방출하는 것에 대해 관대한 반면 여성들에게는 터부시 되는 가부장적 성각본이, 여전히 유지되고 있기 때문일 것이다.

그런데 이 지점에서 남녀를 불문하고 인간다움이란 무엇이고 우리 사회의 무엇이 잘못된 채 굴러가고 있는 것인지에 관해 고민해 봐야 한다. 자신의 성을 노동의 도구로 왜곡하고 화폐와 교환하는 것에 대한 문제뿐 아니라 구매한 타인의 성에 더하여 자신의 성까지도 찰나적 쾌락 및 권력행사의 수단으로 물상화하면서 스스로 소외되는 문제가, 양성 모두에게 유사한 형태로 행해지고 있는 것이다.

16) https://woman.donga.com/people/3/04/12/133989/1
https://www.chosun.com/site/data/html_dir/2018/06/08/2018060801883.html

Chapter 07
이성애에 관하여

Chapter 07
이성애에 관하여[1)]

어느 날 갑자기 "교통사고처럼 찾아오는" 또는 "단숨에 빠져 버리는" 열정적인 사랑은 우리네 일상에서도 그리 드물지 않은 구체적 경험이다. "사랑에 빠졌다."로 표현되는 열정은 과연 무엇일까? 그리고 '사랑에 빠지는 것(falling in love)'과 '사랑을 하는 것(being in love)'은 어떻게 다른 것일까?

1. 낭만적인 사랑

사랑하는 상대와 결혼을 하고 성관계를 맺는 것을 이상적으로 생각하는 관념은 유럽의 시민혁명과 산업혁명을 기점으로 하여 근대에 들어서면서 보편화되었다. 봉건 친족 사회의 도덕

1) 본 장은 저자(2017)의 《가족 안의 사회, 사회 안의 가족》에 수록된 '성과 사랑'의 일부를 수정한 글이다.

적 · 경제적 구속에서 벗어나서 도시로 온 개인들은 자유와 평등이라는 새로운 가치에 노출되었고, 자신의 노동과 교환되는 임금을 기반으로 하여 개별적 생활을 영위하게 되었다. 이와 같이 배우자를 선택하고 가정을 일구는 제반 결정과정에서 친족의 통제력이 약화되면서, 원자화된 개인들의 관계 맺음에는 새로운 기준이 필요했다. 이때 결혼의 전제 조건으로 자리를 잡기 시작한 것이 낭만적 사랑(Romantic love)이었다. 이러한 변화를 가리켜 기든스(Giddens, 1992)는 '친밀성의 혁명'이라고 명명했다.

한국의 경우도 1970년대에 들어서면서 본격적으로 낭만적 사랑과 부부간의 애정, 그리고 강력한 모성 역할을 특징으로 하는 핵가족적 가치관이 결혼의 이상으로 자리를 잡았다(조혜정, 1991). 핵가족적 가치관이란 남편의 생계부양이라는 도구적 노동과 아내의 애정적 돌봄이라는 감정 노동으로 성별에 따라 이분화된 역할분담과 배우자 간 상호의존을 중심축으로 한다. 낭만적 이성애에 기초한 만남과 핵가족적 가치관은 중산층 여성들의 결혼관을 대표하면서, 결혼 결정 및 지속의 사유로 부상하였다(박혜경, 1993; 김혜경, 2002).

그런데 낭만적인 사랑이란 구체적으로 무엇일까? 대중매체에서 보여주는 이미지처럼 매혹적인 여성과 능력 있는 남성 간에 이루어지는 아름답고 지속적인 감정적 관계가 낭만적 사랑일까?

1) 남자의 낭만적 사랑

낭만적 사랑이 보편화되던 근대는 산업화로 인해서 가정과 일터가 엄격히 구분되기 시작했던 시기와 중첩된다. 남편과 아내가 동반하여 농지를 일구는 것이 보편적이던 봉건시대의 가족과 달리, 임금노동에 종사하는 남편과 가사 및 육아를 전담하는 아내의 조합이 산업화 이후의 대표적 가족이었다. 그런데 친족 공동체의 봉건적 구속으로부터는 자유로워졌으나 개별적으로 경쟁하고 스스로 헤쳐가야 하는 상황에는 서툴렀던 산업화 직후의 개인들에게는, 거친 사회와 대조되는 따뜻하고 안락한 품이 절실히 그리웠을 것이다. 남자들은 그러한 욕구를 백설공주나 신데렐라와 같은 매혹적이고 정숙한 아내의 헌신적이고 따뜻한 보살핌이 있는 가족을 꾸림으로써 충족하고자 했다. 이것이 가족 밖의 생산자인 남성이 가족 안의 정서적 중심에 여성을 재배치하게 된 과정이다. 그래서 남자는 이러한 기대에 부합하는 특성을 지닌 여성을 발견하게 되면 소유하고 싶어져서(대상화, objectification) 그 여성에게 몰두(fixation)하고, 정복(conquest)하려는 일념으로 데이트 과정 동안의 경제적 · 시간적 비용을 기꺼이 감수했다(Litwak, 1978). 그리고 궁극적으로는 그녀와의 결혼을 통해 낭만적 사랑을 완성하고자 한 것이다.

공적인 지위와 능력을 갖춘 남성일수록 사적 영역에서 매력적인 여성을 정복하고 소유할 수 있는 가능성을 많이 갖는다. 아름다움의 상징인 백설공주나 신데렐라의 배필이 될 수 있었던 남성들은 모두 최고의 지위에 있는 왕자들이었다. 남성은 공적 영역에서의 성취를 통해 사적 영역의 사랑을 얻는 데 있어서 경쟁력을 갖게 되고, 또한 사적 영역에서의 사랑과 헌신은 공적 영역에서의 성취를 뒷받침하는 원동력으로 연결된다.

그렇다면 지위와 부 그리고 능력까지 이미 갖춘 왕자들은 신데렐라나 백설공주가 지닌 무엇을 보고 그녀들을 선택한 것일까? 그들이 배우자감으로서의 상대에 대해 가지고 있었던 정보란 무도회장(신데렐라)이나 유리관(백설공주) 안의 하얀 피부와 예쁜 얼굴 그리고 가느다란 허리가 거의 전부였을 것이다. 낭만적 사랑의 핵심을 이루는 열정은 오랜 시간에 걸쳐서 쌓아가는 친밀감이나 익숙함과는 거리가 있기 때문이다. 낭만적인 사랑에 몰두한 남성들은 평등하고 친밀한 관계를 가꿔갈 수 있을지를 염두에 두기보다는 매력적인 여성을 정복하고 소유하는 데 주안점을 두었다(Giddens, 1992). 이는 끊임없이 도전하고 경쟁해서 성취하는 것에 남성적 가치를 두어온 성고정관념으로 인해, 남성들이 타인을 정복해서 소유하고 지배하려는 성향을 발달시킨 반면 타인과 평등하고 친밀한 관계를 유지하는 데 취약하게끔 사회화된 바와 무관하지 않다.

남자에게 있어 낭만적 사랑의 종착점은 집착 대상에 대한 정복과 소유이고, 이는 성관계에서조차 융화감이 아니라 상대방을 정복했다는 만족감과 우월감으로 구체화된다. 그러나 평등한 양성 간의 친밀한 소통으로서가 아닌 여성에 의해 바쳐지는 그리고 남성에 의해 소유되는 대상으로서의 성은, 파이어스톤(Firestone, 1983)이 규정한 대로 "남녀의 불평등한 관계로 인한 사랑의 파괴적 결과이자 여성 억압"일 수 있다. 또한 남성에게 있어서 집착 대상에 대한 정복으로서의 성관계는 "달도 차면 기울 듯이" 정복 후의 허탈과 불안으로 대체되기 쉽다.

2) 여자의 낭만적 사랑

살스비(Salsby, 1983)가 지적한 바와 같이, 근대의 남녀가 지위를 획득해 가는 통로가 달라서 사랑에 대한 관심 역시 다르게 전개되었다. 사적인 사랑을 통해서 공적인 영역에서의 성취를 위한 원동력을 얻고 또한 공적인 영역에서의 성취를 통해서 사적인 사랑을 얻을 수 있었던 남성들과 달리, 공적 영역으로부터 차단되고 남성에 의해 선택받음을 통해 그의 지위와 경제력을 간접적으로만 누릴 수 있었던 여성들에게는, 남성에 의해 사랑을 받고 선택을 받는 것이 생존과 직결되는 사안이었다. 사회적인 노동으로부터 소외되어 있던 여성들에게 성장기의 아버지와 결혼 후의 배우자는 사회적인 자본에 간접적으로나마 접근할 수 있게 해 주는 줄이었기 때문이다. 즉 여성이 사랑을 위해 모든 것을 걸 수밖에 없었던 근대의 상황적 배경이 곧 낭만적 사랑의 뿌리인 것이다.

따라서 여성에게 있어 낭만적 사랑은 주도적으로 '사랑하기'보다는 성적 매력을 통해 남성의 인정을 받아내고 이러한 거래에 순응하는 감정으로서의 '사랑받기'로 제한되어 있었다. 그래서 여성은 사회경제적인 자원을 지닌 남성에 의해 선택받기 위해서 자신이 활용할 수 있는 유일한 자원인 성적 · 신체적 매력을 가꾸는 데 몰두했을 것이다. 그런데 당시의 여성에게 있어서 신체적 매력이란 남성적 아름다움인 건장함과 대조되는 보호

욕구를 자극할 만치 곱고 가녀린 외모로 대표된다. 이는 여성들로 하여금 자기 자신과의 일치를 위해서가 아니라 남성들의 눈에 아름답고 매력적으로 보일 만한 외모를 가꾸는 데 집중적으로 투자하게 하였다. 백설공주나 신데렐라는 전인(全人)적인 인격체로서가 아니라 사과를 베어 문 채 순진무구하고 예쁘게 잠든 수동적 모습으로 또는 마술지팡이가 빚어낸 한정된 시간 동안의 화려한 자태로 왕자들 앞에 나섰고 그로 인해 선택받을 수 있었다. 그러나 과연 이들의 결혼생활은 만남의 순간처럼 내내 낭만적이었을까? 여성에게 있어서 자아정체성 문제는 사랑과 맞물려 있지만, 이는 처음부터 남성과 여성 간의 불평등한 구도를 전제로 하고 있어서 대등한 사랑과는 상당한 거리가 있다.[2] 백설공주나 신데렐라의 불완전했던 삶이 왕자를 만남으로 인해 비로소 완전한 전체가 되는 것처럼 그려지지만, 그 완전함에는 "왕자들의 사랑이 유지되는 동안까지만"이라는 전제가 따른다. 그래서 결혼 후에도 그녀들은 왕자의 사랑을 잃지 않기 위해 젊음과 아름다움을 유지하고자 세월과 싸우며 집착했을 것이다.

2) "애기야!"라는 대사로 여성 시청자들의 감성을 자극하는 데 성공했던 드라마 〈파리의 연인〉은 사회경제적인 지위를 갖춘 '어른'인 남성과 가진 것은 없지만 귀엽고 매력적인 '애기'인 여성 간의 사랑을 그리고 있다. 이처럼 낭만적인 사랑은 능력 있는 '어른'인 남자와 미숙한 '애기'인 여자 간의 불평등한 관계구도를 전제로 한다.

3) 낭만적 사랑의 모순

낭만적 사랑은 애초부터 상대방 자체보다는 자신이 스스로 이상적이라고 생각해 온 틀에 상대방을 끼워 맞춘 상태에서 이루어진 환상에 기초한다. 물론 상대에 대한 열정이 들끓는 동안은, 그/그녀가 지닌 장점은 부각되고 단점은 가려져서 상대는 이 세상에 하나뿐인 이상적 존재로 여겨진다. 그러나 흥분과 열정의 시기가 지나면 상대방의 결점과 관계상의 문제가 하나 둘 보이기 시작한다. 불완전한 개인들이 사랑을 통해 서로의 부족한 점을 보완하여 완전한 전체가 될 수 있다는 기대감은 비로소 현실에서 깨어지기 시작하는 것이다.

남자에게 있어서 낭만적 사랑의 종착점이 성관계인 반면, 여자에게 있어 성관계는 낭만적 사랑을 통한 의존의 시작점이다. 낭만적 사랑이 끝난 자리에, 여성에게는 집착이 남성에게는 황량한 의무감만이 남기 쉽다. 그래서 결혼이라는 제도적 계약으로 묶이기 전에는 성관계를 하지 않음으로써 미완(未完)의 여지를 남겨두어야 한다는 것이, 오랫동안 한국 사회에서 유지되어 온 규범이었다. 그러나 똑같은 논리가 결혼 후의 관계에도 여지없이 적용되어서, 남편에게 있어서 아내의 존재는 "이미 정복되었으므로 늘 그 자리에 있는" 더 이상 투자해야 할 필요가 없는 사람인 반면에, 아내는 결혼 전과 달리 "자신을 향한 사랑이 식은" 것 같은 남편의 태도에 절망하기 쉽다.

봉건시대 결혼의 중요한 기준이던 사회경제적 조건이 남성이나 여성에게 공히 객관적이고 비교적 고정적인 사실에 근거하고 있었던 것과 달리, 근대 이후 결혼의 중심축을 이루는 낭만적 사랑은 지극히 주관적이고 가변적인 개념이다. 그래서 낭만적 사랑에 의존한 결혼관계는 필연적으로 불안정할 수밖에 없다. 게다가 가족 안에서도 낭만적 사랑은 남성과 여성 간의 불평등한 권력관계를 재생산한다.[3)]

"사랑을 위해서" 희생하는 여성을 기대하기보다 "사랑을 통해서" 남성과 여성이 함께 발전하기를 기대한다면, 낭만적 사랑은 너무나 불완전하다. 결혼 전의 관계뿐 아니라 결혼 이후의 관계에서도 사랑의 성격을 재규정해야 하는 이유가 여기에 있다.

2. 낭만적 사랑의 진화와 합의적 사랑

낭만적 사랑을 구성하는 중요한 요소인 열정은 수많은 사람들 중에서 특정한 두 남녀가 사랑을 하게 되는 시발점임에는 틀림이 없지만, 얼마 지나지 않아 빛을 잃게 되는 한시적 감정 흥분 상태이다. 열정은 상대방의 결점에 눈을 감고 상대방을 무조건 이상화하게끔 한다. 그래서 열정에 빠진 상태에서 낭만적 사랑의 환상을 지니고 결혼을 한 경우, 결혼 후에 배우자 및 배

3) 일반적으로 남성과 여성의 결혼관은 달라서 남성은 여성에 비해 전통적인 결혼관을 갖고 있다(박선웅, 1999). 또 배우자 선택과정에서 남성은 여성을 소유와 과시의 대상으로, 여성은 남성을 성취의 대상으로 각각 대상화(objectification)하는 경향이 여전하다(함인희, 2001).

우자의 친족에게서 자신이 받아들이기 힘든 조건이나 갈등요인을 발견하면 비로소 속았다는 생각과 불만족에 휩싸인다. 그러나 실상은 상대방에 의해 속임을 당했다기보다는 낭만적 환상에 잠겨 스스로 눈을 감고 있었던 것이다. 콜린즈(Collins, 1985)는 사랑이란 일순간의 황홀함이 아니라 자신뿐 아니라 상대방의 안녕과 성장을 위해 노력해야 하는 관계라고 규정하였다. 열정이 감소하는 만큼 서로에 대한 친밀감과 배려를 키우고 단점을 보듬을 경우, 보다 성숙하고 안정적인 애착이 자리를 잡을 수 있다.

여성들의 사회적 노동 참여와 경제적 독립이 증가하고 있는 상황에서, 여성이 남성의 경제력에 의존하는 것을 전제로 태동했던 낭만적 사랑은 더 이상 현실적이지 않다. 또한 사랑하는 사람들 사이에도 상호 주체성과 동등성이 중요하다. 이는 여성이든 남성이든 혹은 이성 간의 관계이든 동성 간의 관계이든, 상대방에게 의존함으로써 자신을 완성하려고 집착하거나 혹은 상대를 정복하여 소유하려는 욕심으로부터 벗어나는 것을 의미한다. 의존과 소유에 대한 집착보다는 상대방에 대한 염려와 책임감을 느끼고 그/그녀의 세계를 전면적으로 존중하며 이를 통해 각자의 독립성과 자유를 서로 허용하고 확보할 수 있어야, 주체적이고 동등한 관계라고 할 수 있다. 이런 점에서, 기든스(1992)는 낭만적 사랑이 지닌 허구성과 양성 간의 불균등한 권력관계를 초래하는 이중성에 대해 비판하면서 합의적 사랑(Consensual love)을 대안으로 제시하였다. 기든스에 따르면, 합의적 사랑이란 불완전한 두 이성 간의 합일을 통한 완전함이 아니라 개별적 주체성과 독립성을 그대로 유지한 두 사람이 동등한 위치에서 서로를 이해하고 존중하며 배려하는 관계로 정의된다. 서로 노력해서 만들어가는 관계 자체에 초점을 두어, 양자가 평등하게 관심과 욕구를 표현하고 더불어 성을 즐기며 친밀감을 키워가야 한다는 의미이다. 정체되지 않고 끊임없이 변화하는 관계가 성숙한 사랑이다.

물론 성적 쾌락은 결혼관계의 유지와 해소를 좌우하는 핵심 요소 중의 하나이기 때문에, 이를 위한 관능의 기술은 합의적 사랑과 결혼의 중요한 요소이다(Giddens, 1992). 또한 몸과 성을 통한 행위에서 느껴지는 감각에 관해서 서로 솔직하게 소통하는 것 역시 친밀한 관계를 유지하고 발전시키기 위해 필수적이다. 그러나 연인 사이나 부부 사이라고 해도 성애는 한편의 요구에 다른 한편이 무조건적으로 응해야 하는 것은 아니다. 성애는 성적 긴장을 배설하고 즉각적 쾌락을 추구하는 혹은 출산을 위한 수단으로서가 아니라, 친밀감을 나누는 평등한 의사소통 수단으로서 서로의 성을 공유하는 것이어야 한다.

Chapter 08
몸에 관하여

Chapter 08
몸에 관하여

모체의 태내에 자리를 잡는 순간부터, 인간은 몸과 더불어 살아간다. 몸은 자신과 타인을 구분짓고 또한 자신과 타인 그리고 자신과 세상을 연결시키는 고리이다(정화열, 2006). 그래서 인간은 몸을 통해 자신을 표현하고, 사랑을 표현하며, 다음 세대를 생산하고, 세월의 흐름을 겪어낸다. 그런데 몸은 그 안에 담긴 정신과 어떤 관계에 있는 것일까? 몸에 대한 권리는 누가 지녀야 하는 것일까? 본 장에서는 임신과 출산, 성형과 다이어트, 그리고 젊음과 늙음을 둘러싸고 벌어지는 몸에 관한 이야기를 하고자 한다.

1. 임신과 출산

해부학이 발달하기 이전의 오랜 세월 동안 여성의 몸은 남성의 몸과 유사하되 남성의 몸보다 열등한 것으로 믿어졌다. 그런데 여성과 남성의 몸이 지닌 해부학적 차이를 관찰할 수 있게 된 이후로도 여전히, 남성의 몸이 인체의 대표로 간주되고 여성의 몸은 주변화되어 왔다. 이러한 상황에서 남성의 몸과 다른 여성의 몸이 지닌 특징들은 무시되거나 혹은 열등한 것이라는 편견에 시달려 왔다. 그래서 남자 아기들의 성기는 "자랑스레" 드러내 보이지만 여자 아기들의 성기는 늘 가려 주어야 했고, 여자들의 월경혈은 "생산에 실패한 불결한" 것으로 간주되어 왔다(이재경 외, 2007). 또한 폐경은 "더 이상 임신을 할 수 없으므로" 여성적 가치의 상실을 의미하는 것으로 여겨진 것이다. 그런데 이와 같은 남성 중심적 시각을 여성 중심적 시각으로 대체하여 바라보면, 월경은 생명 창조의 잠재성을 가진 신성한 것이라는 긍정적 해석이 가능하다. 또한 여성으로서의 쇠퇴이자 끝이라는 의미의 폐경을, 인간으로서 다시 깨어나고 자아를 회복하는 완성이라는 의미의 완경(完經)이라는 용어로의 대체가 가능하다.

한편 임신과 출산을 잘 해낼 수 있는 건강한 자궁을 지닌 여성을 이상화했던 오랜 세월 동안, 여성의 가치는 두뇌가 아니라 자궁의 능력에 의해 판가름되었고 여성의 몸은 자기 자신이 아니라 사회에 의해 통제되었다는 점에서 '걸어다니는 인큐베이터'임에 다름 아니었다(Tompson, 2001). 여성의 몸을 이루는 두뇌와 자궁이 상호 배타적 가치를 지닐 수 있는지에 관한 판단을 차치하고라도, 자궁의 쓰임새 즉 임신과 출산에 관한 결정을 자신의 두뇌가 아니라 타자에게 맡기는 것이 타당한가에 관한 논란은 결코 가볍지 않다.

1) 출산 조절과 한국의 출산 경향

서구에서 인구 증가의 위협이 우려되던 20세기 초반 마리 스톱스(M. Stopes)와 마거릿 생어(M. Sanger) 등에 의해 여성의 권리로서 출산 조절이 주창되었고 피임법이 교육되었다. 오늘날 당연한 것으로 권장되고 있는 피임이 당시에는 논란의 대상이었는데, 종교계에서는 피임이 자연에 거역하는 죄악이라며 반대를 했고, 남편들이 출산에 대한 부담 없이 성적 방종을 누릴 것을 우려한 기혼여성들 또한 반대했다. 반면에 다산의 고통에서 벗어날 수 있고 육아의 부담이 줄어서 여성의 지위가 향상될 것으로 기대하는 여성들이 찬성을 한 것으로 알려져 있다(이재경 외, 2007).

1960년대 들어 페미니즘의 제2물결과 더불어, 여성이 자신의 권리로서 몸에 대한 자율권과 통제권을 가져야 한다는 목소리가 강조되었다. 그 이래로 낙태의 합법화 이슈가 제기되었다. 그리고 1995년 북경에서 열린 여성대회에서, 여성이 몸과 관련된 권리를 갖는 것은 인권으로서 보장되어야 한다는 주장이 제기되어 '재생산 건강권(reproductive health right)'이 선포되었다. 이는 혼인 여부나 연령 및 성적 기호와 무관하게 성적 자유를 가질 수 있는 인권 보장에 대한 요구이며, 효율적이고 안전하며 선택 가능한 가족계획 방법을 제공할 것에 대한 요구였다(이재경 외, 2007).

한국에서는 1960년대 이후 정부 주도로 강력한 산아제한정책이 시행되었다. 소자녀 갖기 운동을 적극적으로 홍보하는 한편 적극적으로 피임기구 및 피임약을 보급하고 영구불임시술을 장려했다.[1] 이는 경제 도약을 위해 인구가 적정한 범위를 넘지 말아야 한다는 국가적 필요에 의한 정책적 개입이었다. 급격히 진행되어 온 도시화 및 공업화 사회에서 자녀수를 줄여야 할 필요에 직면했던 개별 가족의 필요와 국가적 필요가 합치되었으므로, 한국의 출산율은 빠른 속도로 감소되었다. 그런데 문제는 출산율 감소 추세가 적정한 시점에서 멈추지 않고 이후로도 계속 이어져서 1980년대 중반부터 합계출산율이 인구대체율[2]을 밑돌기 시작하였고, 2021년부터는 실제 인구수가 줄어들기 시작했다. 현재 한국은 OECD 국가들 중 최저 출산율(2023년 TFR[3]= .72)을 보이고 있다.

한국정부는 1990년대부터 출산장려정책으로 선회하였고, 다자녀 낳기 운동을 적극적으로 홍보하며 다각적인 출산부양책을 내놓고 있다. 그런데 이번에는 국가의 거시 정책적 필요에 호응하여 자녀수를 늘려야 할 개인적 필요를 찾아내기가 쉽지 않다. 출

---

1) 정관수술 시에 예비군 훈련을 면제해 주고, 영구불임시술을 할 경우 아파트 입주 혜택을 주기도 했다. 또한 세 번째 자녀부터는 의료보험의 혜택을 주지 않는 방식으로 출산을 억제하였다.

2) 인구대체율이란 인구가 줄지도 늘지도 않고 유지될 수 있는 수준의 합계출산율로서, 약 2.1 수준이다.

3) 합계출산율(Total Fertility Rate)이란 여성 한 명이 평생 동안 낳을 수 있는 평균 자녀수를 의미한다. 일반적으로 15세에서 49세 사이 가임기 여성들의 연령별 출산율의 합계로 계산한다.

산율을 적정수준으로 유지해야 인구의 노령화를 막고 경제 활력을 유지할 수 있다는 등의 집합적 필요가 출산의 개별 주체인 여성 개개인의 이익과 합치되지 않는 현 상황에서, 집합적 이익을 위해 개인적 이익을 희생하라는 요구는 현실적으로 가능하지 않다. 출산권은 여성 개인의 권리이기 때문이다. 그래서 작금의 출산장려정책은 지난 시절의 산아제한정책과 달리 앞날이 밝지 않다.

2) 여성의 출산권과 낙태권

서구에서든 한국에서든 여성의 몸이 주체가 되어 행하는 임신과 출산까지도 해당 사회의 필요에 따른 정책적 방향 그리고 사회적 관습이 밀접히 연관되어 왔다. 여성의 몸이 지닌 임신과 출산이라는 특징은 여성의 삶을 구성하는 중요한 요소이다. 그러나 이러한 생물학적 특성이 여성의 출산 의무를 의미하는 것은 아니라는 인식이 확산되고 있다.

과학기술이 인공임신중절을 가능하게 한 이래, 낙태권에 관한 논쟁이 끊임없이 이어져 오고 있다. 한국은 오랜 세월 동안 모자보건법에서 강간이나 준강간에 의한 임신 혹은 근친상간에 의한 임신 그리고 임신의 지속이 모체의 건강을 심각하게 해하고 있거나 해할 우려가 있는 경우에 배우자의 동의를 얻어서 낙태를 할 수 있도록 허용한 것 외에는, 형법상 낙태를 금지해 왔다. 그러다가 2019년 4월에 낙태를 형사상 범죄로 규정하는 것에 대한 위헌 판결이 나왔고, 2020년 말 관련 법률이 개정됨에 따라 2021년 초부터 한국에서도 낙태는 비범죄화되고, 개인의 선택영역이 되었다. 그러나 전 세계적으로 낙태를 둘러싼 논박은 각각 나름의 설득력을 지닌 채 끊임없이 이어지고 있다.

〈표 8-1〉 낙태권과 생명권 간의 논박

구분	주요 단체	주장 및 근거
낙태권 (Pro-choice)	여성계, 진보 주의자	1. 원치 않는 임신에 직면한 여성이 자신의 몸에 대해 선택할 수 있는 권리를 존중해야 한다. 즉, 출산과 양육을 책임지면서 삶의 결정적 변화를 겪어야 하는 여성의 선택권은 법적으로 보호되어야 한다. 2. 자궁 안의 태아, 특히 임신 초기의 태아는 수정란일 뿐 모체와 동등한 인격체로 볼 수는 없다. 3. 여성과 남성의 성교 결과 원치 않는 임신을 한 경우 임신의 주체인 여성이 결정권을 갖는 것이 정당하다. 4. 낙태를 불법으로 규정할 경우 낙태는 음성적으로 시행될 가능성이 높은데, 무자격자에 의한 낙태시술의 부작용은 심각하다. 그러므로 낙태를 양성화함으로써 자격을 갖춘 전문의에 의해 적절한 방법으로 시술하고 여성의 선택권과 모체의 건강을 사회가 보호해야 한다. 5. 좋은 환경에서 양육될 수 없다는 사실이 예측될 경우 출산을 하는 것이 오히려 책임 없는 행위이다.
생명권 (Pro-life)	종교계, 보수 주의자	1. 태아의 살 권리에 주목해야 한다. 여성의 몸 안에 깃들인 생명은 수태되는 바로 그 순간부터 모체의 일부가 아닌 별개의 생명이다. 따라서 태어날 권리를 인위적으로 박탈하는 것은 죄악이다. 2. 생물학적으로 임신과 출산으로부터 소외된 친부의 권한을 보호해야 한다. 3. 낙태를 합법화할 경우 낙태에 대한 죄의식이 감소하고 성적 문란이 가속화되며, 나아가 낙태를 피임의 한 형태로 인식하는 경향이 확대될 가능성도 있다. 따라서 무분별한 낙태행위가 증가하게 될 가능성을 부인할 수 없다. 4. 모체에 의한 양육이 아니더라도 양육할 수 있는 사회복지적 대안이 존재한다.

출처: 이여봉(2017), 이영애(2007).

낙태를 선택하는데 대한 논리적 정당성을 스스로 납득하지 못한 채 낙태를 할 경우 여성은 오래도록 죄의식에서 자유롭지 못하게 된다. 그러나 다른 한편 원치 않는 임신이 선택의 여지 없이 출산으로 이어지는 경우, 여성의 앞길에 펼쳐진 삶의 조건은 현저히 저하된다. 그러므로 아이를 낳을 것인지 낳지 않을 것인지를 결정하는 일은 양육과 연관된 여성 자신의 삶에 대한 선택이지, 파트너인 남성의 동의를 얻어야 하거나 국가의 허락을 얻어야 하는 사안은 아니다. 자신의 몸에 대한 선택권이 보장되지 않는 경우, 여성의 몸은 정신과 분리되어 주체성이 말살된 채 '아기를 키워 내는 도구'로 전락하기 때문이다. 이것이 낙태를 할 것인지에 관한 선택이 여성에게 주어져야 하고, 낙태를 선택할 경우 안전하고 효과적인 낙태 서비스를 받을 권리가 보장되어야 하는 핵심적 이유이다. 다만 올바른 선택을 위해 낙태가 무엇을 의미하는지 그리고 어떤 결과를 초래하는지에 관해 충분한 정보가 주어져야 한다. 낙태에 대한 선택권을 해당 여성에게 주어야 한다는 것이, 태내에 깃들인 생명의 중요성을 간과해도 좋다는 의미는 아니기 때문이다.

3) 생명공학기술을 이용한 임신과 출산

과학기술의 발달은 자연임신이 되지 않는 경우에도 부모가 될 수 있는 길을 열어 주었다. 자연임신의 경우엔 의문의 여지 없이, 어머니의 난자와 아버지의 정자로 이루어진 수정란이 어머니의 자궁에 착상되어 자라고 태어나서 그들의 법적 · 생물학적 자녀가 된다. 인공수정을 통한 임신의 경우에도 남편의 정자를 부인의 자궁에 주사하거나 아내의 난자와 남편의 정자를 체외에서 수정하고 그 수정란을 아내의 자궁에 다시 이식시켜 임신이 이루어질 경우, 출산이 이루어진 이후부터 자연임신과의 차이는 존재하지 않는다.

(1) 난자 및 정자 매매와 성의 상품화

문제가 되는 것은 과학적인 기술에 의해서 유전적 부모와 생물학적 부모 그리고 법적인 부모가 일치하지 않는 임신과 출산이 이루어지는 경우이다.

남편이 건강한 정자를 제공할 수 없는 경우, 제3의 정자와 아내의 난자를 수정해서 출산을 하는 것이 과학적으로 가능하고 실제로 드물지 않다. 그리고 건강한 난자를 제공할 수 없는 여성은 다른 여성의 난자를 이용해서 수정을 한 수정란을 자신의 자궁에 이식하는 과정을 거친다. 그런데 남편이 아닌 제3의 정자를 제공받아 수정란을 이식한 경우나 제3의 난자를 제공받아 수정란을 이식한 경우에, 유전적 부모와 법적 부모가 일치하지 않는다는 것은 주지의 사실이다. 더구나 난자는 정자에 비해 훨씬 복잡하고 위험한 과정을 거쳐서 한정된 수량만 채취할 수 있기 때문에[4] 불법매매가 이루어지기도 한다. 특히 유전적으로

4) 난자를 채취하기 위해서는 여성에게 성선자극 호르몬을 투여해서 과배란을 유발하고, 배란된 수 개의 난자를 복강경을 통해 채취하는 복잡한 과정을 거쳐야 한다. 그래서 채취과정에서 나타나는 신체적 후유증이 심각할 수 있다(김영애, 2007: 179-181).

우월한 형질을 지닌 난자를 원하는 경향이 강해서 지능 및 학력이 높은 그리고 젊은 여성의 난자가 선호된다.[5)]

그러나 난자와 정자는 생물학적 모 또는 부의 DNA 정보를 지니는 세포로서, 원칙적으로 도구화할 수 있는 대상도 필요에 의해서 상품화하여 팔고 살 수 있는 대상도 아니다. 이들을 매매하는 것은 몸의 일부를 비인격화하여 상품처럼 취급하는 것이기 때문이다. 게다가 생물학적 모 또는 부의 지능과 학력 및 나이에 따라 기존의 문화에서 평가되는 가치기준에 맞추어 몸의 일부를 서열화하는 계층화 문제도 간과할 수 없다.

(2) 대리모와 몸의 파편화 그리고 인권

한편 난자를 가진 여성의 자궁이 수정란을 이식하기에 부적합하거나 태아를 키워낼 만큼 건강하지 않은 경우, 수정란을 다른 여성 즉 대리모의 자궁에 이식해서 태아를 키워내는 방안도 시행되고 있다. 이 경우 유전적 모체와 태아를 키워내고 출산을 하는 생물학적 모체가 다르다. 대리모가 자궁뿐 아니라 난자도 제공하는 경우, 대리모는 유전적 모체이자 생물학적 모체이지만 자녀에 대한 법적 모권을 지니지 못한다. 뿐만 아니라 난자 제공자와 자궁 대여자 그리고 법적인 모권이 각각 다른 경우, 유전적 부모와 생물학적 부모 그리고 법적인 부모가 모두 다르다. 해외에서는 딸과 사위의 수정란을 자신의 자궁에 이식시켜

5) 생명윤리법이 통과되기 이전, 젊은 여대생의 난자는 수백 만 원에 거래되었다(김한선혜, 2006; 이재경 외, 2007에서 재인용).

서 출산을 한 여성이 유전적으로는 아기의 외할머니이고 생물학적으로는 어머니인 경우여서 화제가 되기도 했다. 하지만 대개의 불임부부들이 돈을 주고 대리모를 의뢰하고, 저소득층 여성들은 상업적인 목적에서 대리모 서비스를 제공한다.

대리모 논란의 우선적인 이슈는, 여성 몸의 일부인 자궁의 기능만 따로 떼어서 돈을 받고 타인에게 양도할 수 있는가 하는 데 있다. 인간의 정신과 육체는 통합적으로 연결되어서 부분을 따로 떼어낼 수 없는 전체로서 봐야 한다는 시각에 입각할 때, 자궁의 기능을 판매하거나 양도하는 행위는 여성의 몸을 하나의 통합된 인격체나 권리를 지닌 존재로 보지 않고 파편화하여 상업화하는 과정이다(이재경, 2007).

두 번째 이슈는 대리모의 인권문제이다. 대리모 계약이 현행 상법상 용역과 재화의 교환에 입각한 정상적 거래로 인정되지 않기 때문에(이영애, 2007) 사회경제적으로 취약한 대리모의 인권을 침해하는 소지로 작용할 가능성이 있다. 즉, 출산에 성공하지 못할 경우 보상을 받지 못하거나 장애아를 낳았을 경우 대리모 계약을 파기하는 등이 그 예이다. 이는 대리모를 의뢰하는 여성과 경제적 이유로 인해 자궁을 빌려주는 여성 사이에 자궁을 매개로 빚어지는 차별의 문제이다(이재경, 2007).

2. 여성과 남성의 외모와 아름다움에 관하여

몸은 정신을 담는 그릇이자 정신세계를 엿볼 수 있게 하는 창문이고 또한 사회적 조건들이 투영되는 장이다(정화열, 2006). 그래서 시각적으로 보이는 몸을 통해, 그 주체가 지닌 아름다움과 추함 그리고 젊음과 늙음을 유추해 내고 내면세계를 짚어낸다. 그런데 어떤 몸이 아름답고 이상적인 내면세계를 나타내는 기준인지에 관해서 시대와 사회를 초월하는 공통적 기준이 존재하는 것은 아니다. 해당 사회의 상황적 요구와 문화에 따라, 몸의 아름다움을 평가하는 기준과 아름다움을 구현하는 방법은 변화해 왔다. 오늘날 화장이나 성형 혹은 다이어트나 운동 등과 같이 몸을 포장하거나 변형하는 방안들은 우리 사회가 처한 상황적 특성 및 문화와 맥이 닿아 있다.

1) 화장과 성형

화장품은 종교의식을 치르기 위해서나 신체를 보호하기 위한 목적에서, 혹은 "일하지 않는" 신분을 표시하거나 몸을 장식하기 위해 개발되었다고 알려져 있다. 한편 한반도에서는 금석 병용 시대에 이마와 뺨에 빨간 칠을 하여 태양에 복종한다는 의미를 나타냈던 것으로 전해진다(여성을 위한 모임, 1992). 이를 연지곤지의 원형으로 여긴다면, 전통 결혼에서 신부의 이마와 뺨에 찍는 연지곤지는 높이 솟아 있는 하늘이자 태양으로 비유되어 온 남편과 그의 집안에 대해 땅으로 비유되는 낮은 존재인 여성의 '복종'을 상징한다. 이처럼 우리 사회에서 복종을 의미했던 화장이 여성이 갖춰야 할 예의인 것처럼 여겨져 온 관행은 의미심장하다. 어떻든 화장은 여성에게만 부과되어 온 규범이자 "여성만이 누릴 수 있는" 권리인 듯 포장되어 마치 당연한 것처럼 여겨져 왔다.

화장이 소극적인 의미에서 젊음을 유지하고 실제보다 아름다운 모습을 연출하려는 행위라면, 성형은 보다 영구적으로 외형적인 젊음을 복원하고 모습을 변형하려는 시도이다. 인간의 내면을 읽어내는 데 필요한 시간적 여유를 찾기에는 호흡이 너무 짧아진 시대를 살아가느라, 첫인상에 대한 시각적 평가가 그만큼 중요해졌기 때문일까? 성형은 신체적 기형을 교정하는 차원에서 벗어나 아름다움을 목적으로 한 적극적인 신체 변형 시도로서 우리 사회에 빠른 속도로 보편화되고 있다. 취업전쟁에서 조금이라도 유리한 위치를 점유하고자 호감을 주는 인상으로 바꾸려는 것도 하나의 이유가 되어, 남자도 여자도 크고 작은 성형의 물결에 휩쓸린다. 그런데 남자들이 피부 관리나 주름 완화를 통한 인상 교정에 집중하는 반면 여성들의 성형은 쌍꺼풀 만들기나 코 높이기에 그치지 않고 얼굴 윤곽 교정이나 주름 제거, 지방 제거, 처녀막 재생 및 다리근육 축소술 등 신체의 모든 부위로 확산되고 있다.

물론 스스로 느끼기에 만족스러운 외모를 적극적으로 추구하는 것은, 인간이 지닌 '미적 권리'일 수 있다. 그런데 수술의 위험과 고통을 견디고 많은 돈과 시간을 투자해서 일구어 낸 미모와 되찾은 젊음이란 것이 곧 오똑한 콧날과 쌍꺼풀진 큰 눈, 그리고 주름 없는 얼굴일진대, 과연 그 개성 없고 획일화된 외모에는 어떤 가치가 있을까? 비슷하게 평준화된 외모를 통해 자신만의 내면세계를 보이고 상대방의 내면을 읽어내는 것이 가능할지, 고민해 볼 필요가 있다.

2) 다이어트와 운동

화장이나 성형과 달리 다이어트나 운동은 의학적으로 건강한 몸과 연관되어 있다고 알려져 있다. 과거에 비해 먹을거리가 풍부해진 오늘날 비만은 게으름의 상징으로 여겨지므로, 비만을 막기 위해 음식을 조절해서 먹고 운동을 통해 적극적으로 열량을 소모하려는 시도는 현대인들이 취해야 할 적극적이고 건강한 삶의 자세로 여겨진다.

특히 여성의 비만은 매력과 자신감의 상실로 통한다. 한복이나 펑퍼짐한 옷으로 몸매를 감출 수 있던 과거에는 아름다움이란 주로 얼굴의 모습을 중심으로 평가되었지만, 몸에 꼭 붙는 옷이나 노출이 많은 옷을 입는 오늘날의 여성들에게 기대되는 외모의 아름다움이란 마르고 탄력 있는 몸과 밀접한 관련성을 지니기 때문이다. 여성들의 외모에 대한 관심만큼은 아니지만 역삼각형의 근육질 몸매를 지닌 남성들에 대한 열광 역시 만만치 않아서 남성들도 단단한 몸을 만들기 위해 절치부심 한다. 요즘의 짐승남 열풍은 남성의 몸 역시 대상화되고 상품화되고 있음을 드러낸다.

그래서 건강함의 추구이자 부지런한 자기관리라는 이름으로 차별화를 시도함에도 불구하고, 다이어트나 운동은 '보여주기 위한 몸 만들기'라는 점에서는 화장이나 성형과 같은 맥락에 있다. 여성과 남성 모두 '보여주기 위한 몸 만들기'에 열중하는 것은, 개인의 자신감이 주변의 평가로부터 자유롭지 않고 우리 모두는 사회적 관념과 유행의 지배를 받기 때문이다. 그래서 사람들은 그 시대가 요구하는 이상화된 몸에 가까이 가기 위해 발버둥친다. 즉 남성들은 근육을 키워서 늠름해 보이기 위한 근육운동에 치중하고, 여성들은 가늘고 부드러우며 매끄러운 몸매를 위해 체중을 줄이느라 다이어트에 열중한다.

(1) 여성의 몸 만들기와 남성의 몸 만들기

몸을 크고 굵고 강력하게 만들려는 남성의 성향과 가늘고 연약해 보이게 만들려는 여성의 보편적 성향 간 차이는, 여성과 남성에게 상이하게 기대하는 사회적 메시지를 수용한 결과이다. 중산층 이상의 여성들이 노동에서 제외되고 가정 안에 머무르게 된 18세기 후반 이래로 이상적인 여성이란 노동과는 거리가 멀고 늘 남성에게 의지하는 수동적 존재였다. 실제로 빅토리아 시기의 여성들이 수시로 실신하고 잘 먹지 못하며 몸져누워 있었던 것도 사실이다(Shilling, 1996). 그런데 그들의 연약함은 코르셋으로 허리를 동여매는 바람에 허리 위의 좁은 공간으로 몰려 올라간 내장기관들이 제 기능을 할 수 없었던 데서도 비롯되었다. 결국 당시의 여성들에게 기대되던 아름다움이란 가느다란 허리와 수동적이고 무기력한 모습이었는데, 여성들의 연약한 몸은 결과적으로 남성의 몸과 대비되면서 남성들의 크고 강인함을 강조하는 역할을 했다.

21세기인 지금도 여성들은 가늘어지기 위해 애를 쓰고 있다. 그런데 이와 같은 여성들의 '가늘어지기' 프로젝트는 몸 자체의 크기뿐 아니라 몸을 배열하는 자세 및 몸이 차지하는 공간에서도 동일하게 나타난다. 즉, 남성들은 서거나 의자에 앉을 때 다리를 벌리게 되는 반면 여성들은 에티켓이라는 이름으로 무릎을 붙이고 양 다리를 가지런히 붙임으로써 공간 점유율을 최소화하는 것이다(Bordo, 1993). 이는 몸의 에티켓 안에 내재하는 "여성의 몸은 작고 가늘고 연약해야 한다."는 성고정관념에 기인한다. 그런데 "가는 몸"이 뿜어낼 수 있는 에너지는 상대적으로 적을 수밖에 없고, 작은 공간 점유란 "권력 없음"을 의미함에 다름이 아니다.

(2) 이상적인 몸매의 시대적 변화

오늘날 비만의 기준은 과거의 비만 기준과 같지 않다. 과거에 여성의 이상적인 몸매로 여겨졌던 표준이 오늘날에는 비만으로 간주되고 있다. 그런데 일견 과거와 현재로 이분될 수 있을 듯 보이는 몸에 대한 시각의 변화 추세는, 여성의 경우에 그리 단순하지 않다. 가슴이 큰 곡선미는 모성을 강조하는 시대에 유행했고, 근육이 발달한 소년 같은 몸매는 사회가 여성들의 노동력을 필요로 해서 여성들이 노동시장에 들어갈 때 유행했었다(Tavris, 1992). 여성의 가치가 출산능력으로 평가되던 시절, 유럽과 미국에서 아름다운 여성의 몸으로 추구되던 것은 풍만한 가슴과 엉덩이에 동반되는 가느다란 허리였다. 이는 조선시대 후반 우리 사회에서 출산에 적합한 여성의 몸으로 여겨지던 "잘록한 허리와 펑퍼짐한 엉덩이"에서 크게 벗어나지 않는다.

제2차 세계대전이 끝나고 경제적 풍요가 시작된 사회를 중심으로 하여 남녀를 불문하고 식욕 절제와 운동 - 노동이 아닌 - 을 통해 단련된 몸이 선호되기 시작했다. 여성들에게도 풍만한 가슴보다는 마르고 단단한 몸이 지적인 능력과 자기절제의 표현인 것으로 여겨지면서, 여성들은 마르기 위해 식욕을 억제하는 다이어트와 더불어 단단한 몸을 만들기 위한 운동에 몰두하기 시작했다. 이는 치렁치렁한 긴 치마 대신 남성복과 유사하게 디자인된 옷들의 유행과 동반되었다. 그런데 이러한 현상은 여성들이 남성적인 가치 - 결단력, 자기절제, 냉정한 판단, 정복력 - 를 배우고 실천할 것을 기대하던 당시의 사회 분위기(Bordo, 1993) 그리고 여성의 노동시장 참여를 필요로 하던 당시의 사회적 상황과 통한다.

21세기인 오늘날 우리 사회의 여성들은 납작한 배와 가는 허리, 그리고 가늘고 긴 팔다리에 부가하여 큰 가슴과 풍만한 엉덩이로 대표되는 'S-라인' 열풍에 휩싸이고 있다. 직장여성을 위한 옷은 '남성적인' 양복 모양의 재킷과 '여성스러운' 힙을 강조하는 치마가 많다(Tavris, 1992). 이는 양육자로서의 여성성과 더불어 공적 영역에서 능력자로서의 남성성을 동시에 지닐 것을 기대하는 오늘의 문화적 모순이, 여성의 몸과 옷에 투영된 결과이다. 어쨌든 여성의 몸에 대한 아름다움의 기준이 이처럼 변화되어 온 이면에는, 여성의 역할에 대한 사회문화적 기대가 선행하고 그 기대에 대한 여성들의 획일적이고 강박적인 순응이 수반되었다.

3) 왜 여성이 더 아름다운 외모에 집착하는가?

지난 세기 말엽부터 외모 가꾸기에 관심을 쏟는 남성들이 증가하고 있다. 크고 강한 몸과 그에 대비되는 고운 얼굴이, 대중매체를 통해 끊임없이 오늘의 남성에게 기대되는 아름다운 몸의 기준으로서 보급되고 있다. 그래서 많은 남성들이 단백질 위주의 식단과 근육을 키우는 운동에 몰입하고 단백질 보충제의 도움을 받기도 하며, 피부 관리와 화장뿐 아니라 주름살 제거 및 성형에 관심을 갖기도 한다. 이에 관하여, 경제적 독립성을 갖춘 여성들이 증가하면서 남자친구 및 배우자감에 거는 기대가 과거와는 달라지고 있기 때문이라는 지적이 있다. 또한 외모 가꾸기가 여성적 특성이라는 고정관념이 완화되면서 남성들도 '아름다움'을 추구하는 본능에 가까이 다가간 것으로서, 일종의 양성 간 수렴현상이라는 해석이 제기되기도 한다. 이들은 모두 일리가 있는 이야기들이다.

그러나 이와 같은 남자들의 변화에도 불구하고 아직도 '아름다움'에 더 집착하는 것은 여자들이다. 인간 외의 동물세계에서는 대부분 수컷들이 몸을 가꾸는데, 그 이유는 암컷으로부터 선택을 받아서 가능한 한 널리 자손을 번식시키고자 함이다(최재천, 2003). 예를 들면, 공작 수컷의 화려한 깃털은 암컷으로부터 사랑받고 선택을 받아서 자신의 자손을 널리 퍼뜨리기 위함이라고 한다. 그런데 인간 세상에서는 남자들보다 여자들이 더 몸 가꾸기에 몰두하는 것은, 오랜 세월에 걸쳐서 여자가 남자로부터 선택을 받아야 하는 상황에 적응해 온 결과일 것이다. 인간 사회에 작동하는 어떤 메커니즘 때문에 여자가 남자로부터 선택을 받으려 하게 된 걸까?

(1) 성역할 사회화

인간은 타인의 눈을 통해 자신을 이해하고 타인이 자신을 어떻게 판단하는지를 이해함으로써 스스로의 이미지를 정립해 간다는 것이, 쿨리(C. Cooley)의 '거울 자아론(looking-glass self)'이다. 이는 인간이 주변의 기대나 평가에 의해 자아상을 갖게 될 뿐 아니라 주변의 기대에 부합하려는 방향으로 자신을 변화시키려 함을 시사한다.

여자아이에게 주어지는 칭찬의 표현인 "예쁘다"든가 "공주 같다" 혹은 "얌전하다" 등은 주로 외모와 관련된 평가이거나 정적인 상태를 가리킨다. 이처럼 성장기 동안 주변의 기대와 평가를 통해 내면화된 고정관념은, 여성들로 하여금 외모에서 자신의 가치를 찾는 것을 자연스러운 것이자 여성 본연의 의무이고 특권이며 자기 배려인 것처럼 여기게 한다. 반면에 남자아이를 일컫는 "씩씩하다"든가 "장군감이다" 등의 표현은 적극적이고 동적으로 무엇인가를 획득하는 의미를 내포한다. 그래서 남성이 가꾸는 외모는 어떤 목표에 도달하고 획득하기 위한 준비단계로서 이해된다. 즉 여성에게 외모는 가꾸는 것 그 자체로서 목적이 되는 반면에, 남성에게 외모는 사회적 성취를 위한 수단으로 해석되는 것이다. 이는 대중의 심리를 반영하는 동시에 대중에게 영향력을 행사하는 광고의 예에서도 여실히 드러난다. 예를 들자면 "오늘 나는 새롭게 태어난다."는 여성복 광고는 자신을 가꾸는 것 자체가 여성의 목적인 듯 표현한다(여성을 위한 모임, 1999). 반면에 "옷차림도 전략입니다."는 남성복 광고는 외모 가꾸기가 다른 무엇을 성취하기 위한 수단임을 암시한다(여성을 위한 모임, 1999). 이처럼 성역할 고정관념의 내면화 과정은 어린 시절의 사회화로부터 성인용 광고물에 이르기까지 현재 진행형이다.

목적은 수단이나 전략에 우선하는 상위의 개념이다. 그러므로 가부장적 이데올로기 하에서 외모 가꾸기를 그 자체로서 목적으로 여기고 특권으로 여기는 여성들이 남성들보다 더 아름다움에 집착하게 된다. 그런데 젊고 날씬함을 여성미로 획일화한 사회에서, 여성의 사회문화적 생명은 세월의 흐름과 더불어 쇠퇴할 수밖에 없고 또한 날씬하지 않은 여성은 타자화될 수밖에 없다.

(2) 사랑 만들기에서의 성차

이성 간의 사랑 만들기에서 그리고 배우자 선택 과정에서, 외모는 남성보다 여성의 경우에 더욱 중요한 교환 자원이다. 어린 시절의 동화는 여자아이들에게 왕자의 사랑이 부와 지위와 화려한 인생을 가져다줄 것이라는 환상을 주었고, 여전히 그 낭만적 사랑의 환상을 추구하는 우리 사회는 여자들로 하여금 능력 있는 왕자들의 선택을 받기 위해 외모 가꾸기에 열중하게 한다.[6] 그런데 선택하기와 선택받기 사이에 존재하는 권력의 저울추는 균형을 이루지 않는다. 이자관계에서든 다자관계에서든 권력은 늘 선택하는 자의 편이다.

21세기인 지금도 데이트 관계 및 배우자 선택에 있어서 여성의 외모는 중요한 조건임을 부정할 수 없다. 물론 오늘의 남성이 신데렐라나 백설공주를 선택한 왕자들만큼 상대 여성의 외모만 중시하는 것은 아니고, 오늘의 여성들은 과거에 비해 상대 남성들의 외모도 중시한다. 그렇지만 남성들의 외모는 여성들의 외모만큼 결정적인 평가 기준이 되지는 않는다. 그래서 또 여자들은 '외모 가꾸기'로부터 자유롭지 않다.

(3) 노동시장에서의 이중규범

이러저러한 이유로 하여, 오늘날의 여성들은 스스로를 부양할 수 있는 경제적 독립을 확보하고자 노력한다. 문제는 노동현장에서 역시 여성들은 외모의 굴레에서 자유롭지 않다는 데 있

---

6) 본서의 7장을 참고할 것.

다. 더 이상 여성이 '직장의 꽃'으로 여겨지는 시대는 아니지만, 취업의 문을 통과하기 위해 여성의 외모는 남성의 경우보다 더 중요한 비중으로 고려되는 것이 사실이다. 직장에서의 능력을 남성과 동등하게 갖춰야 하는 것은 여성들에게도 기본이지만, 그와 동시에 여성다운 아름다움도 유지할 것을 요구하는 이중규범(여성을 위한 모임, 1992)으로 인해 여성들은 남성들보다 더 엄격한 잣대로 평가받게 된다.

이러한 딜레마에 개인적으로 저항하는 것은 주변의 공감을 얻기 힘들고 자신만 희생될 뿐임을, 여성들은 알고 있다. 그래서 주어진 한계 내에서 개인적 노력을 경주하는데, 그것이 화장이나 성형 혹은 다이어트 등의 자발적 순응행동으로도 나타난다. 그리고 그 순응은 때로 성형중독이나 거식증 등 스스로 몸을 통제하지 못하게 되는 극단적 상황으로 이어진다. 그런데 역설적이게도 이와 같은 자발적이고 집단적인 순응은 여성의 사회적 지위 향상에 기여하는 것이 아니라, 궁극적으로 기존의 양성 간 권력관계를 유지하고 재생산하는 데 일조한다(Bordo, 1993).

탈코르셋 운동

여성들이 외모를 꾸미고 다니는 이유가 남성중심사회에 의한 억압이므로, 이러한 억압에서 벗어나기 위해 꾸미지 말자는 주장이 탈코르셋 운동이다. 근대 유럽의 여성들이 가느다랗고 연약한 몸매로 보이도록 허리를 조이는 코르셋을 입었던데서 착안하여, 여성들의 외모 꾸밈노동을 코르셋에 비유하였다. 남성들에 의해 예쁘다고 평가받는 외모를 갖기 위해 가꾸는 '꾸밈노동'은 그 자체로서 억압이라는 것이다. 이러한 견지에서 보면, 여성에게 아름답다거나 예쁘다고 평가하는 행위 자체도 성희롱 즉 폭력이다.

구체적으로, 외적 탈코르셋이란 긴 머리를 자르고 화장이나 장신구를 하지 않으며 '날씬한 몸 만들기'를 위한 운동을 하지 않는 등 꾸밈노동에서 해방되는 것을 뜻한다. 반면 내적 탈코르셋이란 여성에게만 더욱 엄격하게 적용되는 도덕적 잣대가 존재한다고 보기 때문에 그러한 잣대로부터의 해방 즉 '여성적'이라고 간주되는 활동이나 가치관을 거부하고 해방되는 것을 의미한다. 탈코르셋 운동은 여성의 외모에 대한 사회적 기대 즉 여성들에게 적용되어 왔던 미적 기준을 버리고 가부장제 및 여성성과 남성성으로 구분하는 성고정관념을 해체하자는 것을 궁극적 지향점으로 삼고 있다.

2020년대 이후, 탈코르셋 운동이 아름다움을 추구하는 인간의 기본욕구를 침해하고 여성적 스타일을 피할 것을 강요하는 새로운 억압이라는 비판이 제기되고 있다. 꾸미지 않을 자유뿐 아니라 꾸밀 자유 역시 존재한다고 볼 때, 어떤 방향으로든 강제하는 것은 억압이라는 것이다.

4) 외모와 정신의 연결성에 관하여

오랜 세월 동안 인간의 정신을 중시해 온 우리 사회에서 몸은 이념상으로는 평가절하되어왔다. 즉 몸은 정신을 담는 그릇일 뿐이므로, 정신을 닦는 일에 집중해야 하고 겉모습보다 속사람을 보려고 노력해야 한다고 강조되었다. 그에 대한 반작용일까? 오늘날 우리는 온통 육체적 아름다움에 매료되어 있다. 그리고 그것을 도구화하여 사회에서 상대적으로 남보다 나은 위치를 획득하려는 데 총력을 기울이고 있다.

이제 그렇게 가꾼 아름다운 몸이 소용되는 의미에 관심을 둘 때이다. 실상 몸과 정신은 상호 불가분의 관계에 있을 뿐 아니라, 그 상대적 중요성에 있어서도 어느 하나가 다른 하나보다 우월하거나 열등하다고 볼 수 없기 때문이다. 보이기 위한 몸을 위한 투자와 노력 속에 자신의 주체성은 상실되어 버린 것은 아닌지 살펴봐야 한다. 형이하학적 기술문명이 진행하는 속도를 신념이나 가치관 등 형이상학적 정신문화가 따라잡지 못할 때, 사회는 문화지체(文化遲滯)로 인해 고통을 받는다.

물론 성형이나 지방흡입 등과 같이 자신의 몸을 변형하는 시도와 관련하여, 몸에 대한 자기결정권에 해당한다는 주장이 있다. 몸에 대한 변형 시도는 국가나 타인이 규제할 수 없는 개인의 선택 영역이긴 하다. 그런데 몸은 수많은 부분들이 어우러져서 조화를 이룬 총체로서 타인과 구별되는 자아 정체성을 구성한다는 진실을 간과해선 안 된다. 몸의 일부를 성형한 후에도 변형된 일부는 나머지 부분들의 현재 및 미래와 조화를 이룰 수 있는지 그리고 변형된 몸이 여전히 타인과 구별되는 자아의 독특성 및 정체성을 드러낼 수 있는 것인지 고민해 봐야 한다.

탈근대는 개별적 특성을 지닌 존재들이 공존하는 다양성에 주목하는 시대이다. 그런데 뾰족하게 높인 콧대와 쌍커풀 수술로 크게 만든 눈, 필러를 넣어서 볼록 튀어나온 이마와 깎아내어 갸름하게 만든 턱선 등 모두들 유행에 맞추어 엇비슷하게 변형된 신체는, 탈근대의 다양성 대신 오히려 획일성이라는 근대적 가치로 회귀한 것은 아닌지에 관해서도 생각해 볼 필요가 있다.

에코페미니즘은 인위적이고 편의에 치우친 개발 중심의 사고가 황폐화시킨 세상을 복원하기 위해 자연이 지닌 자정(自淨) 능력을 믿고 그대로 보존함으로써 인간과 자연 모두가 더불어 살아가야 함을 주장한다. 이에 입각할 때, 질병이나 기형으로 인한 불편을 제거하기 위한 의료적 조치가 아닌 인위적 신체 변형은 자연에 대한 훼손이다.

인간의 외모와 기능 그리고 정신은 교통하면서 서로를 반영한다. 그리고 사람의 외모를 평가하는 사회적 기준 역시 연령대에 따라 다를 수밖에 없다. 젊은 사람의 외모를 평가할 때 준거가 되는 기준이 나이 든 사람의 외모에까지 동일하게 적용되지는 않는다. 나이 든 사람의 외모를 바라보는 시선은, 그/그녀가 짧지 않은 세월 동안 쌓아온 삶이 만들어 낸 중후함과 온화함 혹은 당당함 등을 풍겨내는 분위기에 주목한다. 나이 든 외모는 젊음의 싱싱함을 잃은 대신 세월의 무게를 견디어 낸 결과물이기 때문이다. 살아가는 과정에서의 경험과 건강 및 사고에 따라 자주 짓는 표정이 다르므로 장기적으로는 패인 주름의 모양이 달라지기 때문에, 세상에 대한 이해도와 삶의 경험에 따라 눈빛과 인상이 달라진다. 그래서 세월이 흐르면서, 누군가는 젊은 시절의 미모를 떠올릴 수 없으리만치 강퍅하고 삶에 찌든 인상을 지니고 또 다른 누군가는 세월의 흐름과 더불어 주변을 포용하는 부드럽고 든든한 분위기를 느끼게 한다. 이는 인간의 외모와 정신세계 그리고 삶의 여정이 긴밀히 연관되어 있음을 시사한다.

성공적으로 나이 든 남성들에게 주어지는 "중후함"이라는 표현에 버금갈 만큼 잘 늙어가는 여성들을 긍정적으로 묘사하는 적합한 단어가 아직 부재하는 것은 사실이다. 그러나 여성이 나이 듦과 더불어서 잃어가는 외모에 집착하며 현재의 젊음들과 경쟁하려 할 경우, 미래세대를 키우고 북돋워 주는 해당 연령대의 과업(generativity)을 상실한 채 자기중심성에 머물러서 침체(stagnation)된 삶을 살아갈 수밖에 없다(Slater, 2003). 개인적 차원에서는, 자신의 외모를 타인의 시선에 맞추기 위해 절치부심하기보다 자신의 모습이 지닌 개성에 자부심을 갖고 가꿔가며 또한 타인의 외모를 평가의 대상으로서가 아니라 그/그녀의 특성으로서 있는 그대로를 보도록 노력해야 한다. 그리고 사회적 차원에서는 젊은 미모의 가치를 대체할 만한 새로운 가치를 나이 듦에 부여하고 인정하는 분위기를 조성할 필요가 있다.

Chapter 09

부부폭력에 관하여

Chapter 09
부부폭력에 관하여[1)]

과거의 혼인이 양가 확대가족 간의 연결이자 합법적 자녀출산 그리고 양육역할 담당자와 경제적 부양자 간의 상호 의존적 결합이었다면, 오늘의 혼인은 부부 간 애정을 기반으로 엮여서 애정이 유지되어 서로 의지할 수 있는 동안 이어가는 관계이다. 그런데 이처럼 부부간의 애정을 중시하는 오늘날의 결혼 안에서도 폭력은 빈번하게 등장한다. 부부간 폭력은 동서양을 막론하고 또한 사회경제적 계층과 교육적 · 지역적 차이를 막론하고 존재해 왔다. 그리고 그 해악은 상상 외로 광범위해서 피해 배우자의 심신을 황폐화시킬 뿐 아니라 가해자를 포함한 가족원 모두의 삶을 피폐하게 하며, 나아가 자녀들을 통해 다음 세대로 이어지면서 사회 전체에 부정적 영향을 끼친다.

폭력은 우선 언어적 폭력과 비언어적 폭력으로 구분할 수 있다. 그리고 부부폭력은 다시금 남편에 의한 아내폭력과 아내에

---

1) 본 장은 저자의 《탈근대의 가족들 – 다양성, 아픔, 그리고 희망》에 수록된 "부부폭력"을 수정하였음.

의한 남편폭력으로 구분된다. 물론 예로부터 가정폭력의 대다수를 차지해 왔고 심각성에 있어서도 더 우려되는 것은, 남편에 의한 아내폭력이다. 그러나 최근 들어 아내에 의한 남편폭력 역시 무시할 수 없는 수준으로 증가해서 더 이상 간과할 수 없는 단계에 이르렀다.

가정의 중요한 두 축인 부부 간에 폭력이 발생하는 원인은 어디에 있고 실질적으로 어떤 상황이 벌어지며, 폭력의 장 · 단기적 영향은 무엇인지, 개인적 · 사회적 차원에서 어떻게 대처해 가고 있는지, 그리고 앞으로 어떤 대책 마련이 필요한지를 파악하는 것은 중요하다. 본 장에서는 이러한 제반 영역에 관한 소개를 통해 부부폭력에 대한 이해를 도모하고자 한다. 그럼으로써 개인적 차원에서 대처할 수 있는 현실적 방안을 강구함과 동시에 사회적 차원에서 어떤 대처가 가능할지에 관해 고민하고자 한다.

1. 폭력남편과 그의 아내

1) 아내폭력의 개념

"북어와 마누라는 사흘에 한 번은 패야 한다."는 이야기가 심심치 않게 오가는 문화가 지속되어 왔다. 가부장권이 강한 전통 문화권에서, 아내폭력은 훈육이라는 이름 하에 폭넓게 이어져 온 것이다. 아내폭력은 다양한 차원에서 남편에 의한 괴롭힘을 포괄하는 광범위한 개념으로서, 신체적 폭력, 성폭력, 언어적 폭력, 정서적 · 심리적 폭력, 그리고 경제적 폭력 등으로 구분할 수 있다. 이 중 경제적 폭력과 언어적 폭력 및 정서적 · 심리적 폭력은 때로는 단일한 형태로 혹은 신체적 · 성적 폭력과 병행해서 나타나곤 한다.

흔히 경제적 폭력을 폭력의 범주에 넣지 않는 경향이 있으나, 필요한 금전을 제공받지 못하거나 혹은 본인의 돈을 강제로 빼앗기는 등의 학대를 당하는 아내는, 그로 인해 무능감 및 좌절감을 느끼게 되어 결국 정서적 · 심리적으로도 고통을 받게 된다. 뿐만 아니라, 아내로부터 돈을 더 벌어오라고 대책 없이 내몰리는 남편 역시 아내의 경제적 폭력으로 인해 정서적 · 심리적으로 시달리게 된다.

언어적 폭력과 정서적 · 심리적 폭력은 비난 및 소외에서부터 가두기와 내쫓기, 그리고 고함치기 및 공포 분위기 조성 등의 형태로 나타나는데, 상대방의 자존감에 상처를 주고 위축감을 느끼게 해서 전반적인 대인관계를 손상시킨다.

한편 신체적 폭력은 흔히 뺨 때리기에서부터 목 조르기, 물건 던지기, 부위를 가리지 않고 때리기, 흉기로 위협하고 찌르기, 담뱃불로 지지기 및 살인에 이르기까지 다양한 범주로 나타난다. 대개의 경우 신체적 폭력은 언어적 폭력과 위협적 행동을 통한 정서적 · 심리적 폭력을 동반한다. 다음에 예시된 한 아내의 절규는 아내에게 경제적 · 정신적 · 신체적으로 다양한 폭력이 복합적으로 행해지는 모습을 보여준다.

> "당신은 돈을 주지 않는 사람이었지요. 돈 만 원을 가지고 뒤늦게 시장에 가 마늘을 사고 저녁 반찬과 아이들 도시락 반찬을 생각하며 간단하게 저녁을 때우고는 도시락으로 김밥을 싸려고 준비하고 있는데, 당신은 나를 도둑 취급하며 돈을 다 어디에 썼느냐고 몰아붙였죠. 당신이 그렇게 5년만 살아봐요. 인격을 무시 당하고 때리면 맞고 욕을 하면 쥐 죽은 듯이 그렇게 살아보란 말입니다. 귀를 맞고 난 뒤 오랫동안 한쪽으로만 잠을 자는 고통을 당했지만, 나의 고통은 당신의 고통이 아니니 그 후로도 정신적으로 얼마나 괴롭히며 고통스럽게 했나요? 내 마음을 이해 못하면 당신이 한 번 맞아 봐요." (한국여성의 전화, 1994)

신체적 폭력은 종종 성폭력으로 마무리되는데, 이는 남편이 아내를 통제하고 자신의 소유임을 최종적으로 확인하는 하나의 의식이다. 이와 같은 공포 상황에서 강제적 성관계에 적극적이지 않은 아내는 오히려 "해줄 것을 해주어야 하는" 의무를 거부한 자로 규정되어 다시금 폭력의 대상이 된다. 그래서 아내들은 물리적인 폭력을 잠재우기 위한 수단으로 성관계를 수용하지만, 이는 아내들로 하여금 성적 모멸감을 느끼게 할 뿐 전반적인 학대에 대한 궁극적 해결책이 되지는 못한다. 결국 어떤 형태이든 남편에 의한 폭력은 이를 사용하는 남편이 부부관계에서 자신의 요구를 관철하고 모든 면에서 가부장적 지배력을 유지하기 위해서 사용하는 수단이라고 할 수 있다. 가해자가 통제를 목적으로 폭력을 사용하는 만큼 피해자는 점점 자기 자신뿐 아니라 주변에 대한 통제력을 잃고 무기력하게 변화한다. 그리고 이러한 변화는 다시금 학대의 이유가 되어, 폭력은 악순환하면서 헤어나기 힘든 수렁으로 빠져든다.

어디까지가 우발적이고 일회성으로 끝나는 경우이며 어느 선부터가 주기적이고 지속적으로 자행되는 가부장적 테러리즘인지를 명확히 구분 짓기는 쉽지 않다. 그러나 가부장적 테러리즘은 부부관계에서 상대에 대한 통제력을 확보하고 공고히 하려는 의도에서 지속적으로 사용되는 폭력을 의미한다. 따라서 이는 필요가 있을 때 언제든지 사용될 수 있는 잠재력을 지닌다. 폭력을 당한 다음날 폭력남편으로부터 절절한 사과를 받은 대부분의 아내들은, 처음 한두 번의 폭력을 우발적인 것으로 여기고 "다시는 이런 일이 없겠지. 이젠 나아지겠지."라는 허상을 갖기 쉽다. 그러나 한두 번 자행된 폭력은 지속적으로 발생하기 쉽고, 그 빈도가 점차 잦아지며, 강도 역시 점차 강해지는 속성을 지닌다. 가해자는 폭력 행사에 점점 익숙해지고 피해자는 피학에 길들여진다. 그렇게 시간이 흐를수록 습관적인 가해와 피해가 절묘하게 상호작용하면서 상승효과를 나타내는 것이다.

2) 아내에 대한 폭력의 현황

여성가족부의 가정폭력 실태조사에 따르면, 2022년 성인여성 10명중 1명이 지난 1년간 배우자 및 파트너에 의해 폭력을 경험한 것으로 나타났다(여성가족부, 2023a). 또한 한국 여성들 중 41.1%가 남편의 아내에 대한 폭력 행사가 정당화될 수 있는 것이 2023년의 한국사회라고 여긴다.[2] 즉, 한국은 여전히 남성의 폭행을 묵과하고 대처가 미온적인 사회라는 의미이다.

조사에 따른 편차를 감안하더라도 혼인생활 중 남편으로부터 신체적인 폭력을 경험한 아내들이 전체의 40~60%에 달한다(김경신 외, 1999; 김익기 외, 1992; 한국여성의 전화, 1995). 집안 일이라며 쉬쉬하느라 알려지지 않는 경우까지 통계치에 포함할 수는 없겠으나, 신고가 된 가정폭력 중 80% 이상이 남편에 의한 아내폭력이다(경찰청 방범국 여성실; 김병준, 2002에서 재인용). 여성이 당한 가정폭력의 종류별로, 정서적 폭력이 6.6%로 가장 많고, 그 다음으로 성적 폭력(3.7%), 신체적 폭력(1.3%), 그리고 경제적 폭력(0.7%) 순이다(여성가족부, 2023a).

폭력남편들의 반 이상이 혼인 후 2년 이내에 폭행을 시작한다(한국여성의 전화, 2004; 김익기 외, 1992). 혼인 전에 시작되는 데이트 폭력은 제외하더라도, 아내폭력의 조짐은 혼인 초기에 시작되는 것이다.

(1) 폭력에 관한 가해남편의 인식과 피해아내의 인식

폭력남편이 아내를 학대하는 이유와 학대받는 아내가 생각하는 폭력의 이유는 일치하지 않는 경우가 많다(김병준, 2002; 이훈구 외, 2000). 갈등 상황에 있는 양자는 서로 상대방에게 갈등의 책임을 돌리게 마련이어서, 폭력을 행하는 남편은 자신이 아내를 학대하는 이유를 아내의 잘못에서 찾는 반면에 아내는 남

2) https://www.metroseoul.co.kr/article/20230917500242

편의 결함에서 원인을 찾는다. 폭력남편들의 이유는 아내가 남편을 무시해서, 살림을 등한시해서, 시댁 식구들에게 잘못해서, 자녀교육을 소홀히 해서 혹은 아내의 외도 때문 등이다. 반면에 폭력의 피해자인 아내가 생각하는 이유는 남편의 권위주의적 사고방식, 의처증, 주벽, 성격 이상, 경제적 무능 등이다(김병준, 2002). 상기 연구(김병준, 2002)에서는 개별 부부의 인식 차이를 직접 측정하지 않았으므로, 이와 같이 나타난 성차를 동일 폭력 사건에 대한 양 배우자 간의 인식 차이로 단정할 수는 없다. 그럼에도 불구하고, 학대하고 학대받는 양 배우자 사이의 폭력 원인에 대해 서로가 동의하고 납득할 만한 명확한 이유가 존재하지 않으므로, 상호 동의할 만한 해결책을 찾아내는 것 역시 쉽지 않을 것임을 추론하는 데 무리가 없다.

(2) 폭력의 후유증

폭력을 당하는 여성들의 50% 정도가 남편의 구타로 인한 골절이나 관절 탈구, 자상 등으로 인해 병원 치료를 받았고, 심한 경우에는 화상 및 뇌사 혹은 죽음에까지 이르게 된다(한국여성의 전화, 2004). 김익기 등의 연구(1992)에서는 남편폭력으로 인해 타박상 내지 골절상을 입은 비율이 전체 폭력피해 여성의 39%로 나타났다. 복수 응답을 허용한 변화순 등(1993)의 연구에서는 두통을 호소하는 경우가 65.4%이고 타박상이 48.1%이며 골절상(17.3%)과 고막 파열 및 이빨 부러짐(11.5%) 외에 유산이나 실명에 이른 경우 등이 보고된 바 있다. 이러한 신체적 피해

뿐 아니라 주체성 및 자기결정력 상실, 낮은 자존감 및 주변으로부터 스스로 고립되고 소외되는 부적응 현상, 무력감 및 우울증, 나아가 불면증과 두근거림 등의 정신적 장애를 경험하게 된다. 김익기 등(1992)은 전체 폭력피해 여성 중 38.3%에서 대인기피와 불안 등의 장애를 보이고, 그 외에도 정신이 흐릿해지거나 자신감 상실 등의 후유증을 보이는 것으로 보고하였다. 변화순 등(1993)의 연구에서, 폭력피해 여성들은 "자존심이 상해서 죽고 싶다(67.3%)", "무기력하다(57.7%)", "남편이 죽어버렸으면 좋겠다(50.5%)", "내가 죽을지 몰라 걱정된다(40.4%)", "병신이 될 것 같아 두렵다(32.7%)", "남편에게 복수하고 싶다(32.7%)", "모든 남자가 두렵다(30.8%)", "타인을 만나기가 두려워서 외출이 꺼려진다(5.8%)" 등의 느낌을 복합적으로 드러내고 있다. 김승권과 조애저(1998)는 남편으로부터 학대받는 여성들 중 정신적 증상이 없는 경우가 5.5%에 불과한 것으로 보고하였다. 동 연구에서, 이혼을 원하는 경우가 23.0%이고 "무력감과 자아 상실 및 의욕 상실을 느낀다"는 경우가 15.1%이며 "남편을 죽이고 싶다"는 생각도 15.1%를 차지하는 것으로 분석되었다. 전술한 연구들은 각각 분석 대상으로 하고 있는 집단의 차이로 인해 피해 비율의 수치가 서로 일치하지 않지만, 그럼에도 불구하고 폭력피해의 심각성을 드러내는 점에서는 일관적이다. 특히 "남편이 죽었으면 좋겠다"는 반응에 주목해야 한다. 실제로 긴 세월 동안 남편으로부터 폭력을 당해 오던 여성이 견디다 못해 남편을 살해한 사건들은, 고통을 견디다 못해 막다른 곳에 다다

랐다고 느낀 피해 배우자가 사회적으로 허용되지 않는 방식의 해결을 강구하게 되면 2차 범죄로 이어질 수 있음을 시사한다.

폭력가정의 자녀들 역시 폭력에 무방비 상태로 노출되어 있다. 학대받는 어머니가 자녀들을 적절히 돌보지 못한 채 방임하기 쉽고 혹은 분노를 견디지 못해서 자녀에게 폭력을 행사하는 도미노 현상이 일어나기도 한다. 파트너에 의한 폭력 피해 경험이 있는 응답자의 자녀 폭력 경험이 폭력 피해 경험이 없는 응답자의 2.5배에 달한다는 조사결과(여성가족부, 2023a)는 이를 뒷받침한다. 뿐만 아니라 가정폭력을 목격하고 노출되어 지내는 자녀는 심리적 불안으로 인해 집중력이 떨어지고, 폭력 아버지로 대표되는 남성 전반에 대해 증오를 키우기 쉽다. 나아가 성장기에 가정폭력을 목격하고 경험하는 자녀는 공격적이거나 반대로 의기소침해지는 양극단의 성향을 보이거나, 집 밖으로 나돌면서 탈선의 위험에 노출되기도 한다. 더욱 심각한 것은 폭력을 학습하며 성장함에 따라 가학과 피학에 익숙해져서 추후 자녀 자신의 혼인생활에서도 가학적인 혹은 피학적인 부부관계를 이어가는 폭력의 대물림 현상이 나타난다는 사실이다.

가해자인 폭력남편 역시 자신의 폭력으로 인한 부정적 영향에서 벗어나 있는 것은 아니다. 가족구성원들로부터 소외되고 궁극적으로 가족을 잃게 될지도 모를 위험을 늘 감수해야 하는 것이 폭력남편의 현실이다. 가족관계의 유지나 청산이 항상 폭력남편의 의도대로 되는 것은 아니기 때문이다. 의식적 혹은 무의식적으로 아내를 포함한 가족원들을 통제하고 그들 위에 군림하고자 행사해 온 폭력이, 남편 자신은 의도하지 않았겠으나, 궁극적으로 가족 안의 자기소외 및 가족해체를 초래할 가능성이 높다.

3) 아내폭력의 원인과 해결책

남편에 의한 아내폭력이 일어나는 원인을 어디에서 찾느냐에 따라 그 해결책 또한 다양하게 제시될 수 있다. 본 연구에서는 개인 내부 및 상호관계, 가족체계, 그리고 사회구조에서 원인을 찾아보고자 한다.

(1) 개인적 차원의 문제

① 의사소통상의 문제

아내의 언어적 공격이 남편의 상처받기 쉬운 부분을 건드릴 때 남편은 체면을 회복하고 자신의 지배력을 확인하고자 폭력을 행사한다는 이론이 있다. 물론 자아개념을 손상시키는 공격을 받는다고 해서 누구나 물리적인 폭력을 행사하는 것은 아니다. 강압적인 의사소통을 사용하지 않고는 자신의 욕구를 표현하는 능력이 부족한 경우에 물리적 폭력을 사용할 가능성이 높은데, 여자보다는 남자가 언어적인 표현력이 부족하므로 폭력을 행사할 가능성이 높다는 주장이다(김정옥 외, 1999; Follingstad, 1990; Infante et al., 1989). 다음에 제시되는 남편의 표현은 순간적으로 상황을 반전시키고자 물리적 폭력이 사용되는 모습을 보여준다.

> "와이프는 당장의 얘기를 안 하고 10년 전 얘기부터 쭈욱 해요. 성격이 아주 이상해. 옛날 거를 다 끄집어 내! 사람 미친다니까. 집사람은 꼭 내가 화가 고조될 때 얘기하자고 하거든. 나는 그 전에는 가타부타 얘기를 안 하다가 폭력을 쓰는 순간 나를 표현하게 되죠." (정희진, 2003)

위 사례의 경우, 아내의 언어적 · 심리적 폭력과 남편의 물리적 폭력이 맞교환되는 모습으로 볼 수 있다. 그리고 이러한 경우의 해결책으로는 상대방의 정체성을 손상시키지 않는 의사소통법의 훈련을 통해 물리적 폭력이 사용될 만한 상황을 피하는 것이 제시될 수 있다. 그러나 이처럼 의사소통 기능을 회복하는 방법은 우발적 폭력의 경우에는 적용될 수 있지만, 반복적이고 심각한 폭력은 의사소통 기능의 회복만으로는 막을 수 없는 경우가 대부분이다. 사실 자신의 욕구를 관철하기 위해 폭력을 의사소통 방식으로 사용하는 남편들은, 정체성이나 자존감의 손상 여부와 상관없이도 부부간 갈등이 일어날 때마다 폭력을 사용하기 때문이다. 그렇다면 아내가 언어적 표현을 자제하는 것으로 해결할 수 있는 범주는 이미 벗어나 있는 것이다.

② 생물 · 심리적 특성

정신병이나 알코올 중독, 남성 호르몬 과다, 편집증, 가학증 등과 같은 개인의 생물학적 · 병리적 혹은 성격적 특성(가학증)

에서 가해자의 특성을 찾을 수도 있다. 이처럼 병리적 성향을 보일 경우엔 전문적인 치료가 필요하다. 그러나 전문적 치료를 받기 위해서는 폭력남편이 자신의 문제를 인정하고 받아들이는 과정이 필요한데, 공권력이 개입하기 전에 양 배우자 간 대화를 통해서 자신들의 문제를 인정하고 치료에 임하는 비율은 매우 낮다.

성격적 특성이나 정신질환에 기인한 폭력 비율은 일반적으로 알려진 것처럼 높지는 않다. 즉 폭력남편들 대부분은 주변 사람들과의 대인관계에서는 별 문제를 보이지 않는다. 정희진(2003)의 연구에서, 아내들은 자신들을 폭행한 남편에 대해 “IQ가 좋고 머리 회전이 빠르다”, “치밀하다”, “주도면밀하다”, “논리 정연하다”, “형사 출신이 아닌가 싶을 정도로 행동과 판단력이 빠르고 예민하다”, “잔머리가 천재다”, “자존심과 자제력이 뛰어나다”, “차분하고 생각이 많다”, “집념이 강한 엘리트”, “지적이다”, “예의 바르다”, “싹싹하다”, “용의주도하다”, “인격적이고 부드러운 사람”, “매사에 계획적이고 꼼꼼하다”고 평가했으며, 이들 폭력남편들에 대한 심리검사 결과 역시 일반인과 별반 다르지 않은 수치를 보였다(정희진, 2003).

③ 교환이론

애정을 전제로 하는 부부간의 상호작용 역시 여타 대인관계와 같이 “최소의 비용으로 최대의 보상”을 얻고자 하는 심리에 기초한다. 남편이 지닌 자원이 아내가 지닌 자원에 비해 현저히 높은 경우, 남편은 아내를 무시해서 함부로 대하는 경우가 있는데 폭력행사 역시 그에 해당된다. 따라서 아내의 사회적 지위나 교육수준 등이 남편에 비해 낮은 경우, 남편에 의해 폭력이 행사될 가능성이 높다(김경신 외, 1999). 또 자신은 경제적 부양을 하느라 애를 쓰는데 아내가 집에서 놀면서 반찬에 신경을 안 쓴다거나 시댁에 며느리로서의 역할을 소홀히 한다는 등의 이유로 폭력을 행사하는 경우를 예로 들 수 있다. 가부장성이 강한 남편은 아내가 자신이 규정한 아내역할의 범주에 들어맞지 않는다고 느끼는 순간 이미 자신이 억울하다는 마음이 들기 때문에 폭력을 행사할 이유로 삼는 것이다.

④ **자원이론**

부부관계에서 지배권을 장악하기 위해 필요한 개인적 수단 - 지위, 경제력, 관계를 이끄는 기술 - 이 결여되어 있는 남편이, 폭력을 하나의 자원이자 장악을 위한 수단으로 사용한다. 즉 아내의 지위나 교육수준 혹은 경제력이 남편보다 현저히 높을 경우, 오히려 남편이 폭력을 행사하기도 한다(김경신 외, 1999). 이는 폭력 외의 여타 자원이 부족한 상태에서 폭력을 하나의 자원으로 활용해서 아내를 지배하고자 하는 경우이다.

반면에 피해자의 입장에서는 소유하고 있는 자원 - 경제적 자립능력 등 - 이 적어서 폭력배우자를 떠나지 못하는 경우를, 자원이론으로 설명할 수 있다. 특히 피해여성의 자립과 복지에 대한 사회제도적 지원이 부족한 경우, 여성들은 학대를 감수하면서라도 폭력남편 곁에 머문다. 혼인생활 중의 폭력으로 인해 이미 건강을 잃었거나 어린 자녀 돌봄과 경제활동을 양립할 수 없다고 생각하는 경우, 이혼을 하면 경제적 어려움에 직면할 것이라는 두려움으로 인해 폭력남편의 곁을 떠나지 못한다. 또 중산층 이상의 생활에 길들여진 전업주부들이 이혼 후 자신의 기대수준에 걸맞는 직업을 구하기는 거의 불가능하고 그렇다고 하층의 일용직에는 심신이 적응할 수 없을 것이라는 자포자기 심정에서, 남편의 폭력에도 불구하고 결혼관계 안에 남기도 한다. 그러나 폭력피해 여성들이 생각하는 '대안의 부재'는 주관적인 예상일 뿐 사실이 아닌 경우가 많다. 상당수 저소득층 여성들이 폭력남편을 떠나 자립을 한 후에 오히려 경제적 형편이 나아지는 경우가 적지 않은 것은 이를 예증한다. 또한 저소득 폭력가정에서는 오히려 아내가 생계 전선에 나가서 벌어들이는 돈을 남편들의 폭력에 의해 착취 당하면서 바로 아내 자신의 경제력 때문에 남편에게 붙잡혀 있는 경우가 상당히 많다. "아내의 매춘으로 생계를 유지하면서 아내가 몸이 아파 매춘을 하지 않는다고 구타하는" 사례(중앙일보, 1998.8.17.; 정희진 2003에서 재인용)가 그러한 경우이다.

(2) 가족 차원의 문제

① 사회학습의 결과

성장기에 가정에서 폭력을 당했거나 혹은 부모 간의 폭력에 노출된 경우 혼인한 후에 배우자나 자녀에게 폭력을 행사하거나 혹은 폭력적인 배우자에 의해 학대받는 혼인생활을 지속하는 경향이 높다. 폭력적인 역할 모델을 지속적으로 접해 가면서 폭력 문화에 길들여져서 무감각하게 되기 때문이다. 폭력적인 아버지 밑에서 성장하는 아들이 자신을 아버지의 권위와 동일시하고 또한 폭력과 자연스럽게 연결시키면서 폭력남편이 될 가능성이 높다. 또한 학대받는 어머니의 모습을 보고 자신 역시 아버지의 폭력에 노출되어 성장한 딸이 여성으로서의 피학역할을 학습하게 되어 남편의 폭력에 쉽게 순응하게 되거나, 때로는 다혈질적 성격의 딸이 폭력적인 아버지의 가학역할을 학습해서 폭력적인 아내가 되기도 한다. 따라서 남편으로부터 폭력을 당하면서도 자녀들을 위해서 가정의 울타리를 지키려고 안간힘을 쓰는 학대받는 아내들의 몸부림은, 오히려 자녀들에게 폭력을 가르치고 익숙해지게 함으로써 가학적 · 피학적 인성을 길러낼 뿐이다.

배우자의 가학행위와 관련하여, 그가 어떤 과정을 거쳐서 현재와 같은 행동을 익혀 왔는지를 돌아볼 필요가 있다. 만약 원가족[3]적 학대경험에서 비롯된 가학행위라면 가해 배우자가 새롭게 상호작용하는 방법에 익숙해지도록 하는 재사회화가 필요하다. 이를 위해 가정폭력 가해자 교육 프로그램이 적극적으로

3) 원가족(family of origin, family of orientation)이란 자신이 태어나서 성장한 가족을 의미한다. 반면에 생산가족 혹은 생식가족(family of procreation)이란 자신과 배우자가 주축이 되어 자녀를 낳고 키우는 가족을 뜻한다.

홍보되고 제공되어야 한다.

② 가족구조의 특성

가족은 여타 집단들과 구별되는 독특한 특성을 지닌다. 특히 전통 사회에서 부부를 일심동체(一心同體)라고 여겨 온 관념으로 인해, 배우자를 자신의 소유물로 착각하기 때문에 함부로 대하는 반면 자신의 어떠한 행동(언어적 · 물리적 폭력일지라도)이든 배우자는 무조건 받아주고 이해해줘야 한다고 생각하기 쉽다. 그래서 스트레스를 가까이에 있고 만만한 상대인 배우자에게 전이하는 경우가 많다. 또 제한된 공간에서 서로에게 노출되어 있는 시간이 길기 때문에, 갈등이 존재할 경우 폭력으로 이어질 가능성도 높다. 게다가 혼인이 지닌 법적 관계의 특성상 갈등이 생겼을 때 관계를 단절하는 것이 쉽지 않기 때문에, 갈등상태가 지속되면서 폭력상황이 초래되기 쉽다.

전통적으로 가정은 외부로부터 닫힌 사적 영역으로 여겨지면서 사회적 통제로부터 단절되어 왔다. 게다가 남의 집안일에 참견하지 않는 것이 불문율처럼 여겨져 왔다. 그러나 이는 가정 안에서의 폭력이 처벌받지 않은 채 반복되게끔 하는 조건이 된다. 심지어 일선 경찰조차 가정폭력의 위험성에 대한 인식부족으로 인해, "서로 잘 얘기해서 화해하시라."며 피해 배우자와 가해 배우자를 함께 돌려보내는 일이 흔했다. 그러나 경찰에 신고를 했다는 이유로 인해 가해 배우자의 분노가 더욱 폭발하므로 그가 행사하는 폭력은 더 강해진다. 가정폭력으로 인해 이혼소송을 했다는 이유로 혹은 가정폭력을 신고했다는 이유로, 폭력이 살해로 이어지는 경우도 드물지 않은 것이 현실이다.

(3) 사회구조적 문제

① 좌절-공격 이론

실직이나 빈곤 등으로 인한 스트레스가 원인이 되어 가까이에 있고 친밀한 존재인 가족 성원에게 폭력을 행사하게 된다는 이론이다. 가정폭력의 발생 빈도가 저소득층에서 더 높게 나타나는 경향은 이러한 견해를 뒷받침한다. 지난 1998년 IMF 구제금융 시기를 겪으면서 실직 가장의 스트레스로 인한 가정폭력이 증가했던 것을 좌절-공격 이론으로 설명할 수 있다.

이러한 관점에서 본다면 빈곤층의 전반적인 생활 보장과 취업대책 같은 사회정책을 통해 간접적으로 부부폭력을 줄일 수 있을 것이라는 예측이 가능하다. 그리고 이는 빈곤 및 실직과 그로 인한 상대적 박탈감에 대해서 사회가 적극적으로 개입해야 한다는 요청으로 이어진다. 그러나 좌절스러운 상황에서 혹자는 공격적이 되기보다는 오히려 위축되고 수동적이 되기도 하므로, 좌절과 공격 간에 일관적인 상관성을 발견할 수 있는 것은 아니다(김승권 · 조애저, 1998; 김병주, 2002; 연성진, 2000).

② 교환이론

가족 내에서 일어나는 폭력은 제대로 처벌받지 않고 넘어가는 것이 일반적이다. 이로 말미암아 폭력을 행사함으로 인해 치러야 하는 대가(cost)가 폭력을 통해 얻는 보상(reward)에 비해 적다는 사실이, 곧 폭력이 지속되는 원인이 된다(Gelles, 1998).

가부장적인 문화권에서 통제 및 훈육이라는 미명 하에 남편의 폭력을 용인하고 법적인 처벌로부터 어느 정도 면죄부를 부여함으로써, 지속적인 폭력이 행사되어 왔다. 따라서 가정폭력에 대한 사회적 개입이 보다 적극적으로 이루어지고 나아가 폭력행위에 대한 처벌수준이 강화되어야 할 필요성이 제기된다.

③ 페미니즘 이론

페미니즘 이론에서는, 가부장적 사회에서 남녀 간 불평등한 권력 분배 및 불평등한 남녀관계로 인해 직장뿐 아니라 가정에서도 남성에 의한 여성학대가 일어나는 것으로 해석한다. 이런 점에서 정희진(2003)은 아내에 대한 폭력을 남성의 권력이 위기에 처했을 때 발생하는 것이기보다는 오히려 목적의식적이고 계획적인 실천이라고 규정한다.

또 가부장제 및 왜곡된 가족주의가 폭력의 피해자인 아내로 하여금 인간으로서 자신의 권리보다는 가족의 유지를 우선시하게 한다. 아내는 남편과 자신 간의 차등적 위계를 내면화하면서 남편에 의해 통제받는 것을 당연시하고, 나아가 "폭력을 행사할 수밖에 없는" 남편의 입장을 동정하기도 하며 "지금이라도 폭력을 중지한다면 돌아가고자" 하는 것이다. 게다가 주변 친지들 역시 왜곡된 가족주의 및 모성 이데올로기로 무장하고 있는 상황에서는, 폭력의 피해자인 아내가 가정을 떠날 경우 정서적·실질적 지원을 받기보다 오히려 "그만한 일을 견뎌내지 못하고 가정과 자식을 팽개쳤다."는 오명을 덮어쓰고 소외되기 십상이다. 그래서 폭력 상황에서조차 가정을 지켜야 한다는 압박감 속에 아내는 남편의 폭력을 견디기도 한다.

2. 폭력아내와 그녀의 남편

1) 매 맞는 남편의 현황

가정폭력의 88.4%가 부부 관계에서 일어나고, 가해자 4명중 3명은 남성이다(한국가정법률상담소, 2020). 남편에 대한 아내의 폭력은 아내에 대한 남편의 폭력에 비할 만큼은 아니고 아내에 의한 폭력의 상당수는 남편의 폭력에 대해 남편과의 상호작용에서 학습한 폭력을 방어 내지 생존 수단으로서 선택한 결과라는 해석이다(한국가정법률상담소, 2020). 그러나 가정폭력 가해자 4명 중 1명이 여성이라는 수치 역시 무시할 만한 것은 아닌데, 더구나 그 숫자가 매년 증가추세라는 사실에 주목해야 한다. 한국남성의 전화에 접수된 '아내에 의한 남편 폭력'이 2014년 한 해 동안 1,000건이 넘었다. 2015년부터 2018년 6월까지 3년 반 동안 아내의 폭력으로 인한 피해를 신고한 남

성이 만 명에 가까우며, 연령대도 청년부터 60대 이상까지 다양하다.[4)]

2022년의 조사에서는 지난 1년간 파트너로부터 폭력을 당한 남성의 비율이 전체 남성표본의 5.8%인데, 이 중 정서적 폭력(4.7%)이 가장 많지만 신체적 폭력(1.0%)과 성적 폭력(0.8%) 그리고 경제적 폭력(0.2%) 역시 무시할 수준은 아니다(여성가족부, 2023a). 예를 들면, "남편이 돈을 벌어오지 못한다는 이유로 아내가 자녀들과 식사하면서 방에 있는 남편을 부르지 않는" 등의 정서적 폭력과 "아내가 남편에게 심한 욕설을 퍼붓는" 등의 언어적 폭력 그리고 "프라이팬을 비롯한 주방 용구를 던지고 남편을 구타하는" 등의 물리적 폭력뿐 아니라 "아픈데도 돈 벌어오라고 하거나 돈을 모두 빼앗겨서 아파도 병원에 갈 돈이 없다."는 등으로 표현되는 경제적 폭력을 들 수 있다.[5)]

2) 폭력적인 아내와 매 맞는 남편의 특성

아내에 의한 남편폭력도 남편에 의한 아내폭력의 경우와 별반 다르지 않아서, 사소한 다툼이 폭력으로 번지고 이를 방치할 경우 습관적인 폭력이 된다. 그리고 학대받은 남편이 이혼을 청구하는 경우에 가해자인 폭력아내가 이혼을 거부하는 경향을 보이는 것까지 폭력남편의 경우와 유사하다.

---

4) https://www.yna.co.kr/view/AKR20190222033100797

5) 상동

우선 첫째, 폭력적인 아내는 주로 성장기에 아버지로부터 많이 맞으며 자랐거나 부모가 폭력적으로 싸우는 것을 보고 자란 경우가 많다. 심한 열등감이 있거나 스트레스를 폭력으로 해소하는 경향이 있는 경우, 자녀에게 손찌검을 하다가 남편에게도 폭력을 행사하게 된다. 이 때 배우자인 남편이 초기에 제어하지 못하면 아내에 의한 남편 폭력도 반복되기 쉽다.

둘째, 성격이 강하고 매사에 주도적이며 우위에 있으려는 성향을 지닌 아내가, 폭력을 행사하기 쉽다.[6] 특히 자신의 감정을 말로 밝히는 의사표현 능력이나 협상능력이 없는 아내가, 그 대신 폭력으로 지배권을 획득하고자 하는 경우가 많다. 혹은 알코올이나 약물중독 혹은 의부증이 있는 아내가 폭력 성향을 보이기도 한다.

셋째, 남편이 조기퇴직 등으로 인해 경제력을 잃은 경우, 아내로 하여금 남편을 학대하게 하는 계기가 되기도 한다. 과거와 달리 여성들의 교육수준이 남성에 못지않고 개인적 성취에 따르는 사회적 위상 역시 만만치 않은 시대임에도 불구하고, 가족의 경제적 부양을 든든히 해내는 남편에 대한 로망은 여전히 존재한다.[7] 따라서 그 틀에서 벗어나는 남편들은 스스로도 그리고 배우자 앞에서도 위축되어 학대의 대상이 되는 것이다.

넷째, 아내의 폭력 성향은 남편의 체구가 작고 내성적이며 소극적이어서 폭력이 통할 여지가 있어 보이는 경우에 실제 폭력

6) https://weekly.chosun.com/news/articlePrint.html?idxno=9208

7) https://weekly.chosun.com/news/articlePrint.html?idxno=9208

행사로 연결된다.

이처럼 아내에 의한 남편폭력의 원인 역시 – 다소 간의 예외[8])를 남기기는 하지만 – 남편에 의한 아내폭력에 적용되는 이론들의 설명에서 크게 벗어나지 않는다. 다만 남편을 학대하는 아내의 경우엔 가부장적 권력의 사용이 아니라 가부장제 하에서 눌려져 있던 폭력성향이 가부장권의 약화와 더불어 표면화되는 것으로 설명된다. 또한 폭력피해 남성들이 아내의 물리적인 힘을 실제로 당할 수 없어서라기보다는 본인이 지닌 내성적 성격으로 인해 적절한 대응을 하지 못한다는 점에서, 학대받는 아내들과는 차이가 있다. 아내의 폭행에 섣불리 맞대응하다가는 오히려 가해자로 몰릴 가능성이 높은 사회 분위기에서, 폭력피해 남편들이 "벙어리 냉가슴 앓는" 경우를 무시할 수 없다.

3) 매 맞는 남편들의 대처 유형

(1) 개인적 차원

① 참고 견디기

학대받는 남편들은 신고하거나 주변에 알리지 못하고 쉬쉬하는 경향이 강해서 문제해결이 지연된다. 우선 남성들의 경우 "강해야 한다."는 남성성에 대한 사회의 고정관념으로 인해 주

8) 페미니즘 이론은 아내에 의한 남편폭력에는 적용될 수 없다.

변의 시선을 의식하게 되고, 따라서 신고나 법적 조치를 취하는 것을 주저하기 때문이다. 또한 대개의 학대받는 남편들이 가정 파탄을 두려워해서, "참고 숨기는 것"으로 문제를 해결하고자 한다. 특히 자녀 및 직장이나 사회적 명예 그리고 주변과의 관계를 우려해서 무조건 참으면서 버티는데, 이는 결국 아내의 폭력을 일상화하고 강화시키는 결과를 초래한다.

② 가출과 이혼

다음과 같이 개인적인 차원에서 이혼을 통해 해결을 시도하기도 한다.

> "남매를 키우며 외면적으로 정상적인 가정을 영위해 온 A씨네. 그러나 혼인 초부터 거친 성격의 아내는 내성적인 성격의 남편을 꼬집거나 구타해 왔다. 남편(47세)이 직장에서 퇴직하자 아내는 퇴직금을 가로채기 위해 남편을 마약중독자로 몰아 강제로 정신병원에 입원시키기도 했다. A씨는 아내에게 퇴직금을 빼앗기고 아내가 무서워 가출을 했다. 16년을 상습적으로 구타 당한 끝에 이혼소송(2004년 2월)을 통해 부부관계를 해소했다."
>
> (한국남성의 전화, 2004)

> "C씨(30대)는 아내가 던진 집기에 맞아서 2주 진단을 받았다. 이혼을 고려하고 있으나 아내는 전 재산을 내놓으라고 요구하고 있다. 아내는 C씨가 이혼해 주지 않는다고 회사에까지 전화를 걸어 창피해서 회사에도 못 나가고 집에서도 쫓겨났다. 현재 이혼소송을 준비하고 있다."
>
> (한국남성의 전화, 2004)

"명문대 출신 대기업 사원 E씨(36세)는 동거 후 혼인한 아내가 혼인 후 6개월쯤부터 꼬집고 할퀴고 집기를 마구 집어던지기 시작했다. '저러다 말겠지.' 하고 참았으나 습관적으로 반복되는 아내의 폭행에 결국 집을 나와 형의 집에 기거하고 있다. 아내에게 이혼을 요구했으나 위자료 5천만 원을 요구하는 아내로 인해 정신적 스트레스를 받고 있다."

(한국남성의 전화, 2004)

가부장적 사회 분위기에서 매 맞는 남편들은 오히려 사회로부터 공감을 얻기 힘들고 '비정상'이라는 낙인을 받기 쉽다. 따라서 개인적으로 이혼을 한 이후에도 이혼 사유를 떳떳이 밝히기 힘들어한다. 또한 아내로부터 폭력을 당한 남성은 그녀와의 이혼 후에도 "여성을 만나기 겁나서" 여성들과의 관계에서 의기소침해진다. 그리고 무조건 순종형의 온순한 여성에 집착하는 경향이 있다. 그러나 이러한 문제를 교정할 수 있는 상담기관을 찾는 것도 쉽지 않다. 이는 사회적 다수인 남성의 범주 안에서 '학대받는 남편'이라는 소수에 속함으로 인해, 폭력피해 남성들이 경험하게 되는 역차별(counter-discrimination)[9]이다.

9) 사회적 차별(social discrimination)은 주로 사회적 주류가 아닌 소수에 속함으로써 당하게 되는 불이익이다. 일반적으로 인종적으로는 백인에 비해 유색인종이 차별을 받아왔고, 남성에 비해 여성이 차별을 받아왔다. 비장애인에 비해 장애인이 차별을 받아왔고, 이성애자에 비해 동성애자가 차별을 받아왔다. 그런데 때로 다수자가 오히려 공평한 대접을 받지 못하고 차별을 당하는 경우가 생긴다. 남성들의 대부분이 가정 내에서 유리한 위치를 점유하고 있는 상황에서 학대를 받고 있는 남성들은 사회적 관심권에서 소외되기 쉽다. 오히려 남자이기 때문에 더 어려움을 겪는 것이다. 다수임으로 인해 오히려 불이익을 받게 되는 경우를 역차별(counter-discrimination)이라

(2) 공적 지원의 부재

가부장적 사회에서 학대받는 아내들에 주목할 만큼 사회 분위기가 성숙했다. 그러나 남성성에 대한 고정관념으로 인해, 학대받는 남편이 아내에 의해 폭력을 당하는 피해자로서 인정받기는 어려운 것이 현실이다. 그래서 학대받는 남편들은 신고를 망설이게 된다.

학대받는 남편들이 아내의 폭력에 맞대응하지 못하는 것은 자신을 방어할 물리적 힘이 없어서이기보다는 자칫 다음의 사례와 같은 상황이 벌어질 가능성이 높기 때문이기도 하다.

> "B남편(50대)은 아내가 여관에서 외도하는 것을 목격했다. 이후 아내는 이혼을 요구하기 시작했고, 남편은 자녀들의 장래를 위해 이혼을 반대해 왔다. 아내는 자신이 집안을 난장판으로 만든 후 경찰에 전화하여 남편이 자신에게 폭력을 행사했다고 허위신고를 해서 '폭력으로 인한 이혼'을 하고자 했다. 경찰은 남편의 말을 믿어주지 않았고…"
>
> (한국남성의 전화, 2004)

아내에 의한 남편폭력 가능성에 대해 일반적 관심이 환기되지 않은 현 상황에서, 일선 경찰 역시 적절한 대응을 하지 못하고 있다. 우리 사회는 여전히 부부폭력이란 남편에 의한 아내폭력이라는 단선적인 통념에 머물러 있는데, 일선 경찰을 대상으로 하는 전문적인 부부폭력 교육은 부족하기 때문이다.

고 한다.

> "20년간 몸 담았던 직장을 퇴직하고 시작한 사업이 실패한 후 아내가 가게를 차려 생계를 꾸리는 D가정(남편 57세, 아내 54세)의 경우, 아내가 자고 있는 남편을 발로 걷어차며 '나가 죽어라.'고 폭언을 퍼붓는 등 반복되는 폭행에 파출소를 찾았다. 그러나 경찰은 애써 웃음을 참으며 '집안일이니 우선 대화로 풀어보라.'고 했다."
>
> (한국남성의 전화, 2004)

폭력피해 남편들이 상황을 털어놓고 상담을 받을 수 있는 기관을 찾기는 쉽지 않다. 2023년 현재, 전국에서 서울에만 한 군데 있는 〈한국남성의 전화〉에서 전화와 온라인을 통해 가해자 상담 및 피해자 상담이 이루어지고 있다. 그리고 피해남편들을 위한 쉼터 역시 전국에 한 곳뿐이다.

4) 아내에 의한 남편폭력, 그 해결 방안

가부장적 가치관이 현실적인 설득력을 잃고 있는 시점임에도, 전통 사회에서 주입되고 내면화되어 온 남성성에 대한 기대는 여전하다. 그리고 남성이라는 이유로 인해 누릴 수 있는 혜택에 못지않게 남성성에 대한 기대는 엄청난 부담이다. 경제적인 능력과 강인함에 대한 일반적 기대는, 필요할 때 기댈 수 있는 공식적 · 비공식적인 언덕의 부재(不在)를 의미하기 때문이다. '강한 남성'에 대한 기대로 인해 가정 안에서도 남성은 폭력의 가해자일 수는 있을망정 피해자일 수는 없다고 여겨지는 것이다.

그러나 가정을 치외법권 지대로 방치할 때, 피해자는 여성에만 국한되는 것이 아님을 폭력피해 남성들의 고충이 대변한다. 가정은 열린 체계이고 가정 안의 개인이 사회로부터 분리될 수 없듯이, 사회는 개별 가정 안에서 일어나는 일상사로부터 독립적일 수 없다. 따라서 폭력피해 남성들이 실질적 지원을 요청할 수 있는 상담 및 지원시설이 시급히 확보되고 적극적으로 홍보되어야 한다.

아울러 "능력 있고 강하며 독립적이어야 한다."는 왜곡된 남성성에 대한 시각을 교정하는 재사회화가 폭넓게 이루어져야 한다. 그럼으로써 왜곡된 가족문화를 교정하고 남성에 대한 과도한 기대와 이에 부응하지 못하는 남성들이 당하는 고초를 해결하는데 일조할 수 있을 것이다. 또한 남성성과 관련된 고정관념이 완화될 때 폭력피해 남성들이 그저 참고 버티거나 쉬쉬하는 수준에서 벗어나서 적극적으로 주변과 지원시설에 도움을 요청할 수 있다.

빼놓을 수 없이 중요한 것은, 일선 경찰(가정폭력 전담관)이 아내에 의한 남편폭력 사건을 바라보는 공정한 시각과 가정폭력에 관한 풍부한 지식 그리고 객관적 관찰력과 행동력을 갖추도록, 지속적으로 교육하고 훈련하는 일이다. 이는 피해자가 가해자로 둔갑할 수 있는 개연성이 많은 것이 아내에 의한 남편폭력 사건이기 때문에, 더욱 중요하다.

매 맞는 남성을 위한 상담 서비스나 쉼터 등 남성 피해자에 대한 지원이 현저히 열악한 상태이므로, 남성 피해자들은 역차별을 당하고 있다고 할 수 있다. 따라서 남성 피해자들을 위한 쉼터 및 상담 등 지원체계가 확충될 필요가 있다.[10] 이는 성평등의 문제이기도 하므로, 관련 업무를 해 온 여성가족부가 적극적으로 나서야 한다.

3. 부부폭력 없는 가정을 위하여

위에서 살펴본 바에 따르면 아내를 학대하는 남편의 성향과 남편을 학대하는 아내들이 지니고 있는 성향에는 유사성이 많다. 상습적인 폭행의 경우, 부부관계에서 상대를 통제하려는 목적에서 행해진다는 점이 공통적이다. 폭력적인 남편이나 폭력적인 아내가 성장기 동안 폭력적인 상황에 노출되어서 폭력 자체에 익숙한 경우가 많다는 점 역시 비슷하다. 대화로 문제를 해결할 수 있는 협상능력이 결여된 배우자가 폭력을 사용할 가능성이 높다는 점도, 폭력남편이나 폭력아내의 경우에 공통적이다. 그리고 열등감이나 의처(부)증, 스트레스 혹은 약물이나 알코올중독 등과 같은 요인의 영향 역시 별반 다르지 않다. 따라서 아내폭력의 원인으로 전술한 대부분의 이론들이 남편폭력의 경우에 적용하는 데 별 무리가 없다.

그런데 남편에 의한 아내폭력과 아내에 의한 남편폭력 간 빈도 및 심각성에 있어서 커다란 차이가 존재하는 이유는 무엇일

10) https://www.news1.kr/articles/?5242148

까? 우선 가부장적 문화권에서 남편에 의한 폭력을 "훈육을 위해서"라거나 "남자가 그럴 수도 있지"라는 식으로 용인하는 분위기가 남성과 여성 모두에게 내면화된 결과, 아내에 의한 남편폭력에 비해 남편에 의한 아내폭력은 그 문턱이 낮아서 넘어서기 쉽기 때문이다. 또 폭력을 당하는 남편들이 물리적으로 이를 제어할 만한 힘이 없어서라기보다는 내성적인 성격으로 인해 적절히 대응하지 못하기 때문인 데 반해, 남편에 의한 아내폭력의 경우에는 실제로 제어할 만한 물리적 힘이 없어서 당하는 경우가 많다는 데 차이가 있다.

어떤 경우든 부부간에 일어나는 폭력은 여타 관계에서의 폭행과 마찬가지로 범죄이다. 따라서 초기에 단호히 대처함으로써 반복되지 않도록 경계해야 한다. 특히 가족이 지닌 폭력 유발 요인으로부터 벗어나기 위해 "부부는 일심동체"라는 허상으로부터 벗어나야 한다. 물론 애정을 둘러싸고 형성된 관계이긴 하지만, 부부는 때로 상반된 이해(利害) 그리고 서로 다른 의견을 지니고 끊임없이 조율해 가면서 "따로 또 같이" 가야 하는 과업을 지닌 관계이다.

우리 사회에서 가족의 사적인 독립성이 지나치게 강조되다보니, 가족 내의 폭력이 별 문제의식 없이 행해질 수 있는 분위기가 조성되어 왔다. 그래서 피해자들은 개인적인 수준에서 견디고 가해자는 끝없이 치닫는 경우가 대부분이었다. 가족은 자신들만의 능력으로 잘 굴러가지 못할 때 주변과 사회의 개입을 필요로 하는 '열린 체계'이다. 따라서 "남사스러운 집안일은 담

밖으로 넘어가지 않도록 해야 한다."고 믿어 온 과거의 '닫힌 가족' 개념에서 벗어나야 한다. 폭력 발생 시 적극적으로 이웃과 지역사회 그리고 공적 기관에 도움을 청해야 악순환되는 폭력의 고리를 단절할 수 있다. 또한 폭력이 발생할 때 주변 사람들이 적극적으로 개입해야 한다. 주변의 연대와 공적인 개입 및 지원은 피해자에게는 폭력에서 벗어나겠다는 의지와 자신감을 주고 가해자로 하여금 다시 한 번 자신의 행위를 되돌아보게 한다.

궁극적인 해결을 화목한 가정으로의 복귀로 보든 관계 단절을 통한 독립으로 보든 상관없이, 부부폭력은 개인과 가정과 사회라는 삼자가 공조해서 해결해야 할 사안이다. 가족 안의 아내와 남편이 그리고 가족 주변의 친지와 이웃이 어떠한 종류의 폭력에도 단호하게 대처하고 도움을 청할 수 있도록 일반적인 홍보와 지원이 우선되어야 할 것이다. 아울러 가해자 교정 프로그램 및 피해자 자조 모임, 그리고 피해를 피할 수 있고 자활을 도울 수 있는 시설 등이 활성화되어 구석구석 손길이 미칠 수 있도록 하는 지역사회 차원의 배려가 필요하다. 폭력으로 인한 개별 부부의 불행은 다음 세대의 불행으로 이어지고, 폭력가정이 사회적으로 만연하면 결국 사회의 안정을 위협한다. 그러므로 개인과 가족과 사회가 연대하여 부부폭력의 사슬을 끊으려는 노력이 지속적으로 전개되어야 한다.

Chapter 10

가족역할의 분담에 관하여

Chapter 10

가족역할의 분담에 관하여[1)]

근대 이후로, 남편이 경제적인 부양을 전담하고 아내는 가정을 보살피는 성별화된 역할분담에 기초하여 상호의존하는 핵가족이 이상적인 것으로 여겨져 왔다. 그런데 20세기 후반 기혼여성들의 노동시장 진출이 전 계층으로 확대되면서, 여성의 취업 이유가 생계보조에서부터 자아실현에 이르기까지 다양한 스펙트럼을 지니게 되었다.

맞벌이가족의 증가에는 개인적 · 사회적 차원에서 다양한 원인이 존재한다. 우선 여성의 교육수준이 높아짐에 따라 임금노동에 필요한 지식과 기술을 습득한 여성들이 증가했다. 또한 경제적 독립을 이루겠다는 자각과 가정 밖에서 자아를 실현하고자 하는 욕구가 증가하면서 기혼여성들의 취업 의지가 높아졌다. 게다가 소가족화로 인한 자녀양육 기간의 단축과 가전제품의 발달로 인한 가사노동 시간의 감소가, 기혼여성에게 취업을

1) 본 장은 저자의 《가족 안의 사회, 사회 안의 가족》 중 "가족 역할과 분담"의 일부를 수정 · 보완하였음.

할 수 있는 시간적 여력을 제공하였다. 그러한 상황에서 중산층 가족은 더 나은 생활수준을 위해서, 그리고 노동자 계층의 가족은 홀벌이[2)]만으로는 생계를 유지하기 힘들어서, 이래저래 맞벌이가 증가하게 되었다. 특히 노동시장의 불안으로 인해 평생고용 신화가 깨지면서 남편 한 사람만의 생계부양이 더 이상 가족의 경제적 안정을 보장하지 못한다는 위기의식이 고조된 것이, 개별 가족 차원에서 맞벌이를 택하게끔 하는 중요한 계기가 되었다.

한국에서는 IMF 경제 위기로 인한 대규모 실업사태를 계기로 하여, 맞벌이 가족이 새로운 규범으로 확산되었다. 여기에 여성 노동력을 필요로 하게 된 사회적 요구가 맞물리게 된 것이다. 남성들도 가사에만 전념하겠다는 여성보다는 가정과 직장을 병행하겠다는 여성을 선호한다는 연구 결과에서(정은희, 1995), 아내의 임금노동과 수입에 대해 사회 전반의 변화된 의식을 엿볼 수 있다. 미혼남성들이 꼽는 신붓감의 조건으로서 '안정된 직업'이 늘 등장해서,[3)] "신부 수업 중"이라는 멘트로는 신붓감에게 기대되는 직업 조건을 대체할 수 없음을 보여준다. 2023년을 기점으로 할 때 18세 미만의 미성년 자녀가 있는 유배우 가정의 53.3%가 맞벌이 가구이다(여성가족부, 2023b).

이처럼 여성들이 가정 밖의 노동시장으로 관심을 돌리는 동안, 남성들은 직장에서의 성공에 목표를 두고 가정을 뒷전에 두

2) 맞벌이에 반대되는 유형인 일인 생계부양을 홀벌이 혹은 외벌이라고 부른다.
3) https://www.wikitree.co.kr/articles/608503

던 과거로부터 벗어나서 - 젊은 층을 중심으로 - 가족적 삶을 중요시하는 모습을 보이기 시작했다. 이러한 상황에서 생물학적인 성차(性差)에 의한 남성의 영역과 여성의 영역 간 구분은 설득력을 잃는다.

1. 가족역할과 역할분담

가족역할이란 가족이 적절한 결속을 유지하면서 주어진 기능을 충실히 수행하기 위해, 가족 구성원들이 반복적으로 행하는 행동양식이다(Galvin & Brommel, 1996). 부부가 역할을 분담하는 방식을 다음의 몇 가지로 구분할 수 있다. 즉, 남편이 생계부양을 전담하고 아내가 전업주부인 전통적 역할분담, 아내가 생계부양을 전담하고 남편이 전업주부인 역할전도 가족, 그리고 맞벌이를 하면서 남편과 아내가 가사와 육아를 공유하는 가족 등이다.

1) 여성성과 남성성 그리고 가족역할

가족을 경제적으로 부양하는 도구적 역할(instrumental role)과 가족 성원을 보살피고 정서적으로 지지하는 표현적 역할(expressive role)은, 가족을 유지하기 위해 꼭 수행되어야 할 두 축이다. 그런데 산업화로 인해 가정과 직장이 분리된 이후 경제적 부양과 관련된 역할수행이 남편에 의해 임금노동시장에서 행해지는 반면 가족을 보살피고 정서적으로 지지하는 역할은 아내에 의해 가정 내에서 이루어져 왔다.

임금노동이 독립적이고 성취 지향적이며 도전적 · 경쟁적 성향을 요구하는데 비해, 가족 성원들을 보살피고 지원하는 가사노동은 부드럽고 친밀하며 관용적인 성향을 요구한다. 대표적 구조기능론자인 파슨즈와 베일즈(Parsons & Bales, 1955)는 도구적인 성향을 남성성으로 규정하고 표현적인 성향을 여성성으로 규정하는 식으로, 남성과 여성의 성역할 정체감(gender-role identity)을 상호 양립할 수 없는 양극단으로 이분하였다. 이러한 논리에 입각한다면 임금노동은 남편의 몫이고 가사노동은 아내의 몫인 것이 당연해 보인다. 그러나 융(Jung)과 벰(Bem) 등은 남성성과 여성성이 근본적으로 배타적인 것이 아니라 개인의 특성에 따라 여성성과 남성성을 모두 높게 지닐 수도 있고, 어느 한쪽 성향을 강하게 지닐 수도 있으며 혹은 둘 중 어느 쪽도 제대로 지니지 못할 수도 있는 것으로 설명하였다(임정빈 · 정혜정, 1992).[4] 융과 벰의 논리에 따르면, 임금노동이 남성에게 적합하고 가사노동이 여성에게 적합하다는 이분법적 논리보다는 양 배우자의 성향과 각 가정이 직면해 있는 상황적 특성에 따라 융통성 있는 역할분담이 이루어지는 것이 타당해 보인다.

4) 1장을 참고할 것.

2) 다양한 가족 역할분담

(1) 홑벌이 부부의 가사/돌봄 분담

① 홑벌이 남편과 전업주부 아내(full-time housewife)

일터와 가정이 분리된 근대 이후, 남편이 경제적 부양을 전담하고 아내가 가사와 돌봄을 전담하는 방식의 부부간 성역할분리가 당연시되어 왔다. 그런데 이러한 성별 역할분담의 시작은 여성이 집밖에서 공적인 경제 활동에 종사할 수 없었던 시대적 배경을 갖고 있다. 또한 식구(食口) 수는 많은데 가사의 편의를 도모할 기구가 없었고 식재료 또한 미리 다듬어진 것을 구할 수 없어서 손이 많이 가던 시절에, 아내는 식사와 청소 및 빨래와 다림질 그리고 헤진 옷 깁기 등의 집안일만으로도 새벽부터 밤까지 종종거리며 바쁠 수밖에 없었다. 반면 중산층 가족에서 "가족들을 위해 힘들게 일하러 나간" 남편은 경제적 부양역할을 충족하는 것만으로도 가족 안에서 권위를 지닐 수 있었고 자녀들에겐 엄부(嚴父)라는 범접하기 힘든 존재로서의 위상을 지녔으며, 나머지 모든 일은 아내가 담당했었다. 서구의 근대뿐 아니라 한국에서도 산업화 시기 동안 이러한 성별 역할분리는 규범적 틀에 잘 부합하는 모습이었으므로, 소수의 맞벌이 아내들은 자신의 외부 노동이 남편의 경제력 부족을 의미하는 것으로 비칠까 우려하여 쉬쉬하곤 했다.

평생고용신화가 사라진 오늘날, 남편에 의한 홑벌이는 더 이상 당연시되지 않는다. 그럼에도 불구하고, 적지 않은 여성들이

'취집'[5]을 원하고 또한 가족을 부양할 경제적 자신감을 갖춘 남성들 중에는 전업주부 아내를 원하는 경우도 있다.

이러한 부부간 성별분업은 나름의 장단점을 지닌다. 우선 첫째, 양 배우자가 각각 잘하는 역할에 집중하고 이를 통해 상호의존하는 것이, 평생고용이 보장되고 가족경제의 안정이 유지되는 동안이라는 전제 하에, 가족 단위로 평가하면 더 효율적일 수 있다. 그러나 고용의 안정성이 위협받는 시기에, 하나뿐인 경제적 부양원이 실직을 하게 되면 해당 가족은 쉽사리 빈곤층으로 추락하고 가족 해체의 위험에 노출된다. 둘째, "각각 잘하는 역할"이라는 것이 실상은 성고정관념에 준하여 일괄적으로 남성은 경제적 부양 그리고 여성은 가사와 양육이라고 여겨졌다. 그런데 양 배우자 혹은 어느 한 배우자가 성고정관념에 부합하지 않는 경우, 그/그녀는 고정관념에 따르는 성역할 분담에 불만족하고 또한 제대로 수행하지 못할 가능성을 배제할 수 없다. 인간은 자신의 본성에 부합하는 역할을 할 때, 즐겁게 그리고 효율적으로 행할 수 있기 때문이다. 셋째, 가부장적 성역할 분담 즉 경제적 부양을 남편이 전담하고 집안일과 양육을 아내에게 전담시키는 방식은 남편으로 하여금 의도치 않게 아내 및 자녀들의 삶으로부터 유리되게 하는 결과를 초래한다. 그래서 평생 경제적 부양을 전담해 온 남성 가장으로 하여금 은퇴 후 가족관계 및 부부관계에서 만만치 않은 소외감을 느끼게 한다.

---

5) 취직과 시집을 합성한 신조어로서, 여성이 취업을 하지 않고 결혼을 해서 집안에 머무는 것을 의미하는 말로 통용되고 있다.

특히 자녀들의 성장기 양육을 아내가 전담한 경우, 남편은 자녀들과의 친밀성을 충분히 가꿔오지 못하여 가족 안에서 겉도는 존재로 남기 쉽다. 넷째, 인생의 상당부분을 가족을 위한 경제적 부양에만 전념하였을 뿐 가사역할에 익숙하지 않다면, 그는 일상에서의 홀로서기에 있어서 제약을 겪을 수밖에 없다. 은퇴 후 하루 세끼 식사를 온전히 의존하는 남편으로 인해 아내가 우울증에 걸렸다는 사례들은 적지 않다. 다섯째, 경쟁적이고 수직적인 공적 조직이 주는 스트레스를 경험하지 않고 집안이라는 한정된 공간에서의 사적 활동만을 행하는 전업주부 아내에게서, 남편은 직장생활의 어려움에 대한 이해와 공감대를 얻기 힘들다. 반면 직무와 관련된 연수와 경력을 통해 사회적으로 인정되는 전문성을 쌓고 사회의 변화 흐름에 동참해가는 남편과 달리, 전업주부 아내의 반복적인 가사와 돌봄 노동으로 채워지는 하루하루는 정체되기 쉽다. 그래서 부부간 역할분리에 의존하는 세월과 더불어 관심사와 이해도가 다른 각자의 세계에 머물면서, 양 배우자 간 사고의 거리가 벌어져서 점점 대화가 통하지 않는 사이가 될 가능성을 배제할 수 없다. 그리고 여섯째, 경제력의 가치가 높게 평가받는 자본주의 사회에서 임금노동이 가사와 육아 등 무임의 감정노동에 비해 훨씬 높은 평가를 받아왔다. 이처럼 경제적 부양자는 가족 안에서 권력의 근거자원을 갖췄으므로 권위를 지니는 반면, 전업주부인 아내는 자신의 위치를 남편과 대등하게 놓기 힘들고 기본적으로 관계의 우호성 및 상대방의 선의에 대한 의존도가 높을 수밖에 없다.

남편 홀벌이와 전업주부 아내 간의 역할분리가 전통적이고 가부장적 역할분담이라고 여겨져 온 바와 달리, 최근 남편 홀벌이 가정에서도 가사와 육아를 부부가 공유하는 추세로 가고 있다. 이러한 방식은 자녀를 양성적으로 키우고 부부 간 공동체 의식과 친밀감을 높일 수 있다는 장점을 지닌다. 그런데 만약 남편이 일인 생계부양자임에도 불구하고 아내가 가사와 육아를 똑같은 비율로 분담할 것을 남편에게 요구한다면, 공정한 것일까? 페미니즘을 왜곡하여 받아들인 소수의 젊은 여성들에게서 이러한 줄다리기가 관찰되기도 하는데, 이는 장기적으로 부부 갈등을 초래할 뿐 아니라 페미니즘 전반에 관하여 여성이 불공평하게 자기이익을 취하려는 주장이라는 오해를 일반에 퍼뜨려서 여성혐오를 유발할 위험이 있다.

② 홀벌이 아내와 전업주부 남편(full-time househusband)

우리 사회에 익숙해 온 성역할 고정관념에 준하여 경제적 부양의 일차적 책임이 남편에게 있고 아내의 일차적 영역은 가정이라고 당연시해 왔을 뿐, 모든 여성이 그리고 모든 남성이 그러한 틀에 들어맞는 것은 아니다. 아내가 가사와 육아보다는 집 밖 경쟁사회에서의 성취에 더 적합한 성향인 반면 남편은 집안을 가꾸고 자녀들을 돌보며 식사를 마련하는 일을 즐기고 더 잘할 수도 있다. 이처럼 양 배우자의 특성이 그간의 성역할 고정관념과 반대의 조합이기 때문이든 혹은 상황적 필요나 특별한 목적에 의해서든, 아내가 취업 일선에 나서고 남편이 집안에서 가사와 자녀돌보기에 전념하는 가정이 생겨나고 있다.

각각 자신의 성향에 부합하는 일을 하면서도 부부가 조화를 이루며 살 수 있는 역할 분담이 이상적이다. 그런데 아내 홀벌이 가족은, 남편 홀벌이 가족과 달리, 성역할 고정관념을 내면화하고 있는 주변인들이 보내는 부정적 시선으로 인해 심리적·실질적 불편함을 만만치 않게 겪는다. 게다가 양 배우자 스스로 성역할 고정관념이 내면화된 상태에서 상황적 필요로 인해 어쩔 수 없이 아내 홀벌이 생활을 이어간다면, 아내의 불만과 남편의 자격지심으로 인한 갈등은 더욱 만만치 않을 것이다.

(2) 맞벌이 부부의 가사/돌봄 분담

맞벌이는 양 배우자가 대등한 위치에서 직장에서의 고충과 어려움을 함께 의논하고 서로를 북돋우며 함께 성장해 가기 위해, 바람직한 조합이다. 양 배우자는 직업현장에서의 긴장과 고민을 나누고 공유할 수 있기 때문에, 다른 어떤 조합보다 동반자 의식을 유지해 가기에 유리하다.

그런데 다른 한편으로 임금노동시장에서의 정규직이란 풀타임 노동을 의미하므로 집을 휴식의 공간으로 기대하는 존재들인데, 맞벌이 부부에겐 집 역시 해결해야 할 가사와 육아 등의 노동이 기다리고 있는 공간이다. 그래서 맞벌이 부부가 절실히 필요로 하는 것은, 직장과 가정 양 영역 사이에서 균형을 잡을 수 있는 방책이다. 맞벌이를 선호하는 방향으로 인식이 변화해 가고 실제로 맞벌이부부가 급격히 증가한다는 사실은, 필연적으로 가사 및 육아 역할의 공유 또한 확산되어야 한다는 논리를 불러온다. 그래서 임금노동뿐 아니라 가사에서도 양 배우자가 역할을 구분하지 않고 공유하고자 하는 것이 오늘날의 추세이다. 이는 양 배우자 간 대등한 상호성과 평등을 보장할 수 있는 방식이기 때문이다.

그러나 가사를 양 배우자가 실제로 공유하는 수준은 경제적 부양역할을 공유하는 정도를 따라가지 못하고 있다. 그래서 우리 사회만이 아니라 서구에서도 맞벌이 아내들의 이중노동이 사회문제화되고 있다. 우에노 치즈코(1994)는 이를 가리켜서 "신성별분업 내지 신자본주의 단계로의 이행"이라 진단한 바 있다. 통계청(2005)의 2005년 조사에 의하면, 맞벌이를 하는 여성이 가사에 소모하는 시간은 하루 평균 2시간 47분인 반면에, 맞벌이 남편은 하루 평균 20분을 가사에 사용하는 것으로 나타나서 전업주부의 남편이 가사에 소모하는 시간인 하루 평균 15분과 별 차이를 보이지 않는다. 2020년에 수집된 자료를 분석한 이여봉의 연구(2023)에서도 맞벌이 남편의 가사시간이 홀벌이 남편의 경우와 별 차이가 없는 것으로 나타났다. 즉, 맞벌이 여부에 상관없이 아내는 남편의 9배 정도에 달하는 시간을 가사에 쏟고 있다(이여봉, 2023). 남편의 과소 참여로 인한 가사의 공백을 메우기 위해서, 아내는 과로를 감수하고 있는 것이 현실이다.

한편 가사는 휴일에 몰아서 한꺼번에 하거나 혹은 기대치를 낮춰서 덜 하면서 지낼 수도 있지만, 육아는 미뤘다가 할 수 있는 일이 아니다. 그리고 때로는 직장 스케줄과 아이 돌봄의 필요가 겹치면서 역할 갈등 상황이 벌어진다. 물론 육아 도우미를 고용할 경제력이 있는 계층에서는, 외부 인력 사용이 하나의 해결책이 될 수 있다. 그리고 양가 노부모의 조력이 오늘의 젊은 부부가 떠올리는 또 다른 해결책이기도 하다. 그런데 육아를 대행할 다른 방안을 찾지 못한 아내들이 어쩔 수 없이 퇴사를 선택하는 경우가 여전히 많다. 그리고 이러한 어려움을 익히 관찰하고 예견하는 젊은 아내들이 출산에 저항하여 딩크(DINK: double income no kid)족이 될 것을 선언하는 상황이 벌어지고 있다.

맞벌이 가족의 증가추세를 막을 수 없고 막아서도 안 되는 상황에서 부모됨 역시 포기하지 않도록 하려면, 공적인 차원에서 육아 및 부양과 직장업무 사이의 역할 갈등 및 역할 과다를 해결하기 위한 사회적 고민이 필요하다. 남편과 아내 모두 자유롭게 육아휴직을 활용할 수 있도록 지원하는 방안, 재택근무와 유연근무의 활성화, 자율 출퇴근 시간제, 퇴근 후 회식문화의 감소와 정시퇴근 장려 그리고 직장 내 양질의 탁아시설 등은 그 시작점으로서, 점차 보급되는 추세에 있다. 이에 더하여 필수적인 것은, 아내의 취업여부에 상관없이 가사와 육아는 당연히 여성의 일차적 영역이고 남편의 역할은 "도와주기" 차원으로 여겨온 성역할 고정관념으로부터의 개인적 · 사회적 탈피이다. 여성에게 있어서 취업이 "남편 도와주기" 차원이 아닌 것처럼, 남성에게 있어서 가사와 육아는 "아내 도와주기"가 아니라 "아내와 함께 공유하기" 차원임을 잊지 말아야 한다.

2. 임금노동과 가사노동

임금노동과 가사노동은 둘 다 가정의 유지를 위해서 필수불가결하다는 점에서 공통적이지만 그 둘이 지닌 속성은 매우 다르다. 동일한 종류의 노동이 행해질 경우에도 그 노동에 대한 보수가 주어진다면 임금노동이고 가족 내에서 가족 성원들에 의해 소비된다면 가사노동으로 분류된다. 다음에서 임금노동과 가사노동이 지닌 근본적인 차이가 구체적으로 어떻게 다른 양상으로 나타나는지에 관해 살펴보고자 한다.

1) 임금노동과 가사노동의 차이

임금노동이 경제적 부양을 의미한다면 가사노동은 가족 성원들을 위한 식사 준비와 설거지, 집 안팎의 청소, 빨래와 다림질, 은행 관련 업무, 쇼핑뿐 아니라 육아와 환자 및 노인 돌보기, 집안의 대소사 및 친척관계 유지 등을 모두 포함한다. 따라서 두 영역은 다음과 같은 장단(長短)의 차이점들을 지닌다.

첫째, 임금노동은 양과 질에 따라 화폐로 환산되어 경제적 가치를 나타내는 반면에 가사노동은 무보수 노동이다.

둘째, 임금노동은 전문성이나 숙련도 및 업적이 사회적으로 평가를 받지만 가사노동은 객관적인 평가가 불가능하다.

셋째, 임금노동은 정해진 업무시간을 지켜야 하고 주어진 시간 안에 업무를 완수해야 하는 압박이 있는 반면에, 가사노동은 시간을 융통성 있게 조절할 수 있고 노동의 양과 질에 대한 스스로의 기대치와 개인적 스케줄에 따라서 자율적인 조정이 가능하다.

넷째, 임금노동은 일정한 계획을 세워서 수행하게 되는데 비해, 가사노동은 가족의 요구와 상황에 맞추어 노동의 양과 내용이 좌우되기 때문에 시작과 끝이 명확하지 않다.

다섯째, 가사노동은 사적인 노동이어서 개별 가족의 특성 - 가족의 경제적 지위, 가족 성원이 감사(感謝)하는 정도 등 - 에 따라 노동 가치의 평가에 있어서 편차가 크다. 또한 가사노동은 이혼이나 배우자의 장기질환 및 사망 등으로 인해 경제적 부양자를 상실하는 경우에 실업수당이나 퇴직금과 같은 보장이 없다는 점에서 임금노동과 다르다.

여섯째, 임금노동은 해당 업무에 대한 훈련과 숙련도에 따라 사회적 경력과 전문성을 축적할 수 있지만, 가사노동은 잡다하고 단순하며 반복적인 일의 연속이어서 직업적 성장을 기대할 수 없고 성과가 눈에 보이지 않아서 그 가치가 상대적으로 낮게 평가된다.

일곱째, 임금노동은 업무로 인해 공적으로 연결된 타인들과의 수직적 · 수평적 대인관계에서 오는 스트레스를 극복해야 하는 반면, 가사노동은 고립된 집안에서 수행하는 일이어서 성인과의 대인관계에서 오는 즐거움이나 자극이 없어 고립감 및 우울감을 유발하기 쉽다.

2) 가사노동의 가치 평가

가사노동에 대한 가치를 객관적으로 평가하는 일은 쉽지 않다. 그러나 전업주부의 경우 자신으로 대표되는 수입이 없기 때문에 가사노동을 화폐가치로 환산하는 것은 중요한 의미를 지닌다. 이는 이혼 시 재산분할의 근거자료 혹은 남편 명의의 재산을 증여받을 때 증여세를 감면받을 수 있는 근거자료가 되고, 또한 재해보상보험 등과 같은 보험료 산정 자료로 활용되기도 한다. 가사노동의 가치를 평가하는 방법은 크게 두 가지로 나눌 수 있다.

(1) 기회비용에 의한 가사비용 산출법

주부가 취업하였을 경우를 상정하여 벌어들일 수 있는 수입을 "주부역할로 인해 잃어버린 기회에 대한 비용"으로 대체하는 방법이다. 따라서 주부의 교육수준이나 가능한 직업 등에 따라 기회비용이 다를 것이므로 가사노동의 가치가 상이하게 평가되는 특성을 지닌다. 그런데 가사노동에 소요된 기간 동안 직장생활을 했다고 가정할 때 승진이나 수입 증가분을 예상하는 것이 실질적으로 불가능하기 때문에 정확한 액수의 산출이 쉽지 않다.

(2) 시장비용에 의한 가사비용 산출법

주부가 해 오고 있는 가사노동을 외부로부터 구매할 경우 지불해야 할 비용이 어느 만큼인지에 따라 가사노동의 가치를 평가하는 방법이다. 이는 다시금 두 가지 방법으로 나뉜다. 하나는 가사노동 일체를 가사도우미에게 일괄적으로 맡길 경우에 지불해야 하는 액수로 평가하는 방법이다. 두 번째는 개별적인 가사노동의 성격별로 분리하여 각각 전문가에게 맡길 때 발생하는 비용, 즉 청소는 청소대행업체에 주기적으로 맡기고 세탁물은 세탁소에 맡길 때 지불해야 하는 액수들의 총합으로 평가하는 방법이다.

시장비용에 의한 평가는 주부의 인적 자원이 지닌 특성에 따라 구별되지 않고, 개별 가구마다 다른 가사노동의 요구량과 기대치에 따라 상이하게 산정된다. 따라서 부부만 사는 2인 가구와 구성원 수가 많은 3세대 가구의 가사노동 비용은 상이하고, 또 성인들만 사는 가구와 어린아이 및 병든 노인이 있는 가구의 가사노동 비용은 다르게 산정될 수밖에 없다.

김종숙(국민일보, 2005)은 전업주부의 무급 가사노동 가치를 국내 총생산(Gross Domestic Product)의 28.2%에 해당하는 월평균 111만 원으로 추산하였다. 반면 김경희(2005)는 기회비용에 의한 가사노동 가치를 평균 월 111만 3천 원~132만 3천 원으로 산정한 반면, 전문가에게 개별적으로 맡길 경우의 시장비용에 입각한 가사노동 가치를 월평균 96만 8천 원~119만 8천 원으로, 가사노동 전체를 도우미가 대체할 경우의 시장비용에 의거한 가사노동 가치를 85만 7천 원~109만 2천 원으로 산정한 바 있다. 또한 통계청(2018)은 GDP 통계에 잡히지 않는 가사노동의 사회경제적 가치를 360조 7천 300억 원으로 평가함으로써 가사노동이 국민경제에 기여하는 몫을 부각하였다. 그리고 무급 가사노동의 가치를 총 인구수로 나누어서 시간당 1만 569원으로 평가하였다.

어느 시점에 측정되느냐에 따라 실제 가사노동의 가치로 추산되는 액수는 달라진다. 왜냐하면, 가사노동의 가치는 물가와 연동하여 변화되기 때문이다. 그런데 가사노동의 가치가 실질적으로 해당 주부의 인적 자원이나 가사노동량에 따라 적절하게 반영된다고 볼 수는 없다. 현재 소득세의 인적공제는 일률적으로 부양가족 1인당 연 100만 원씩이며, 재판이혼 시 재산분할의 근거자료로서 가사노동의 가치는 월평균 약 80만 원으로 산정되어 있고, 증여세는 10년마다 배우자에게 6억 원까지 비과세된다. 이들은 가사노동의 가치가 상당히 저평가되고 있음을 보여주는 예이다. 따라서 가사노동의 가치를 현실화하여 임금노동에 준하는 방법으로 지급해야 한다는 의견이 제기되고 있다.

전업주부의 가사노동에 해당하는 임금을 생계부양자의 임금에 포함하여 지불하도록 하자는 법안이 2005년 국회에 발의된 적이 있다. 그러나 이러한 방법은 해당 금액이 가족 내에서 주부 개인의 실질적인 소득으로 인정되지는 못하면서도 여성의 취업 의지를 위축시킬 우려가 있다는 비판을 받았다. 또한 중산층 이상의 전업주부 가정에는 혜택이 돌아가는 반면에 생계를 위해 맞벌이를 하면서 가사노동과 임금노동의 이중부담에 시달리는 저소득층 여성들이 제외됨으로써, 오히려 여성들 내부의 계층 분화를 심화시킬 소지가 많다는 지적을 받았다.

3) 가사분담에 관한 이론들

다음에서는 부부간 가사분담에 영향을 미치는 원인을 설명하는 이론들에 관해 살펴보기로 한다.

(1) 자원-권력 가설(Resource-Power Hypothesis)

부부관계에서 각 배우자가 가진 개인 자원은 원하지 않는 가사부담을 피할 수 있는 상황적 권력이 된다(Ross, 1987). 개인 자원이란 가계 수입에 각 배우자가 기여하는 비율뿐 아니라 사회경제적 지위나 교육 및 연령 등에서의 상대적 우열, 관계 파탄 시의 대안과 관계에의 상대적 몰입도 등에 대한 총체적 평가이다. 거시경제 상황 또한 자원으로서의 역할을 할 수 있는데, 경제 상황이 좋지 않아서 일자리가 드물어지면 현행 가부장적 노동 관행상 직업시장에서 여성이 더욱 불리해지기 때문에 여성의 독립 가능성이 낮아지므로, 결과적으로 남편에 비해 아내가 지닌 상대적 자원이 줄어든다(이여봉, 1999, 2017).

여기에서 짚고 넘어가야 할 점은 남편이 지닌 자원이 쉽게 권력으로 연결되는 반면 아내의 것은 그렇지 못하다는 사실이 여러 연구들에서 지적되고 있는데(Mirowsky, 1985; Arbor & Ginn, 1995), 자원-권력 가설로는 이러한 현상이 설명되지 않는다는 것이다(이여봉, 1999, 2017). 양 배우자 개인의 자원은 상황적 권력을 결정하기는 하지만 아내의 개인적 자원이 실질적으로 가사부담을 피할 수 있는 권력행사로 연결되는 데 있어서 사회체계 내의 가부장적 고정관념(체계적 권력) 및 주변의 압력

(구조적 권력)이 상당한 걸림돌로 작용하기 때문이다.

(2) 성역할 이념 가설(Sex-role Ideology Hypothesis)

성역할 이념이란 말로 표현되는 성역할 태도뿐 아니라 부모 및 본인의 교육수준, 사회경제적 지위, 나이, 민족적 정서 등을 통해 내면화된 개인의 의식과 태도까지 포함한다(이여봉, 1999, 2017). 모 결혼정보회사의 2021년 조사에서, 미혼남성 표본의 74.2% 그리고 미혼여성 표본의 70.0%에서 맞벌이가 필요하다고 생각하는 것으로 나타났다.[6] 가사분담에 관한 견해를 조사한 바에 따르면, "공평하게 분담해야 한다"는 응답비율이 2008년에는 32.4%였으나 점차 증가해서 2020년에는 62.5%에 달하고, "아내가 주도해야 한다"는 응답비율은 2008년의 66.5%에서부터 지속적으로 줄어서 2020년에는 34.8%이다(통계청, 다년도). 그러나 동 조사에서 실제로 "가사를 공평하게 분담한다"는 답변은 2020년에도 여전히 낮고(20%) 아내가 주도하는 경우는 압도적으로 높은 비율(76%)로 나타났다. 이는 의식과 실제 행위 간 괴리가 상당함을 시사한다.

양 배우자가 모두 보수적인 성역할 태도를 지닌 가정에서는 여성에게 불평등한 가사분담이 이루어지고, 진보적인 부부는 보다 평등한 가사분담을 실천한다(Hiller & Philliber, 1986). 그런데 성역할에 관한 양 배우자 간의 가치관이 다를 때 실질적인 가사분담은 어떤 모습으로 정착하게 될 것인가? 다음에서 양 배우자가 지

6) https://news.mt.co.kr/mtview.php?no=2021040115127421476

닌 성역할 태도의 조합에 따라 가사분담이 어떻게 이루어지고, 또한 가사분담 형태는 그들 부부의 유대에 어떤 영향을 미치게 되는지를 살펴본다.

① 진보적인 남편과 진보적인 아내

양 배우자가 모두 진보적인 경우, 부부는 맞벌이를 당연시할 가능성이 높고 가사 및 육아 또한 비교적 평등하게 분담하면서 제반 역할을 공유한다. 이는 성장과정 및 교육과정에서 형성된 성역할 태도가 유사하기 때문에, 모든 가족역할을 평등하게 공유해야 한다는 기조 자체에 부부가 어렵지 않게 합의하기 때문이다. 물론 구체적이고 세부적인 분담에 관해서는 조정할 필요가 자주 생기지만, 진보적인 부부는 서로 조정하고 타협하는 과정을 거쳐서 나름대로 균등한 역할분담 양식을 정착시키는 경향이 높다.

② 보수적인 남편과 보수적인 아내

양 배우자가 모두 보수적인 경우, 가장 전통적인 형태의 성별분업이 이루어질 가능성이 높다. 즉, 남편은 경제적인 부양역할을 하고 아내는 전업주부로서 가사와 육아에 전념하는 것을 가장 이상적으로 여긴다.

그런데 경제적인 여건 때문에 어쩔 수 없이 맞벌이를 해야 하는 경우에도 보수적인 부부는 가사 및 육아를 온전히 아내의 몫으로 여기는 경향이 있다. 이 경우 아내는 이중노동으로 인해 과중한 스트레스에 시달리면서도 남편에게 가사분담을 요구하기보다는 자신이 임금노동을 그만둘 수 있기를 고대하는 경향이 있다.

③ 진보적인 남편과 보수적인 아내

진보적인 남성과 보수적인 여성이 만나서 맞벌이가족으로 살아가는 경우 부부는 가사 및 육아분담에 관해서는 서로에게 미안함과 고마움을 느낀다. 가사와 육아는 자신의 몫이라고 당연시하는 보수적인 아내는 남편의 작은 도움에도 고마움을 느끼는 반면, 가사와 육아를 분담해야 한다고 생각하는 진보적인 남편은 자신에 비해 가사와 육아에 관해 훨씬 많은 짐을 지려는 아내에게 고마움과 미안함을 느끼게 될 것이다.

그러나 직장생활보다는 가사역할에 전념하는 것을 이상적으로 생각하는 보수적인 아내는 맞벌이를 해야 하는 상황 자체에 대해 불만스럽게 여길 가능성이 있다. 반면 직장생활을 싫어하고 집안에 머물고자 하는 아내를, 남편은 이해하기 힘들고 부담스럽게 여길 가능성이 높다.

④ 보수적인 남편과 진보적인 아내

보수적인 남편은 아내가 전업주부로 머물러 있기를 바라는 반면에 진보적인 아내는 취업을 선호한다. 경제적 필요에 의해 아내가 취업을 하는 경우, 보수적인 남편은 아내에게 미안함과 고마움을 느낄 것이다.

문제시되는 것은 보수적인 남편과 진보적인 아내로 이루어진 맞벌이가족에서의 가사 영역이다. 보수적인 남편은 아내의 취업 여부와 상관없이 가사 및 육아를 아내의 몫이라고 생각하는 반면, 진보적인 아내는 남편과 공유하고자 한다. 따라서 가사분담을 둘러싸고 부부간 갈등이 유발될 소지가 다분하다.

주목할 것은 궁극적으로 "양 배우자 간 성역할에 관한 태도가 상이한 부부의 가사분담 양상이 어떤 모습으로 정착될 것인가?"이다. 부부간 가사분담은 좌충우돌을 거치되, 일반적으로 남편의 성역할 태도에 준하는 모습으로 안정화된다는 주장이 지배적이다(Calazanti & Bailey, 1991). 그런데 성역할 이념 가설만으로는, 왜 남편의 성역할 태도가 아내의 태도에 비해 더욱 비중 있게 반영되는지에 관해 납득하기 힘들다(이여봉, 1999, 2017). 이를 설명할 수 있는 변인은 '체계적 권력' 그리고 '구조적 권력'이다. 가부장적 사회는 남성에게 권력을 더 얹어주고(체계적 권력) 왕래가 잦은 친척과 친지 등이 이러한 분위기를 은연중에 부부에게 전달하고 평가(구조적 권력)하기 때문에, 아내는 많은 부분을 포기하고 남편에 맞추어 적응해 가는 경향이 있다. 그러나 아내가 부부간의 역할분담 상황에 만족하지 못하고 불평등하다고 여길 경우, 장기적으로는 부부의 동반자 의식이 훼손될 가능성이 크다.

(3) 생애주기 가설(Life-course Perspective)

배우자 간의 가사분담 형태는 가족의 발달단계, 즉 무자녀 신혼기, 자녀 양육기 그리고 빈 둥지기를 거치면서 변화한다. 남편은 신혼기(직장생활 초기) 및 은퇴 후(빈 둥지기)에 집안일에 관심을 쏟게 되어, 남편의 가사참여 수준은 가족주기를 따라가면서 U자형의 모습을 보인다. 즉, 직장생활 초반일 가능성이 높은 신혼기나 퇴임 후인 빈 둥지기에 비해 자녀양육기와 겹치는 중년기가 직장에서의 업무 부담이 가장 많은 시기이고, 따라서 직장에서의 부담 정도는 가족주기를 따라 '거꾸로 된 U자' 형태를 보인다. 인간이 지닌 시간과 에너지는 한정되어 있으므로, 직장에서의 요구가 많은 시기에는 직장일에 몰두를 하고 직장일이 한가한 시기에는 가사를 위한 시간을 늘리게 된다는 논리이다.

그런데 아내들은 남편들의 경우와는 정반대의 모습을 보인다. 아내는 신혼기나 빈 둥지기에 비해 육아 및 가사의 절대량이 많은 자녀 양육기에 취업률이 낮고 가사노동 시간이 가장 길다. 그리고 육아 및 가사량이 적은 무자녀 신혼기나 빈 둥지기에는 아내의 가사노동 시간이 짧다. 부부간 가사분담이 가장 필요한 시기인 양육기에 오히려 가사분담이 가장 불평등하게 이루어진다는 사실은, 중요한 시사점을 지닌다. 맞벌이 아내는 양육기에 과도한 이중노동에 시달리는 반면, 가사 및 육아의 조력자를 찾을 수 없어서 가사와 직업 간의 역할 갈등을 해결하지 못하는 아내는 어쩔 수 없이 직업을 포기하게 되는 현실을 의미하기 때문이다.

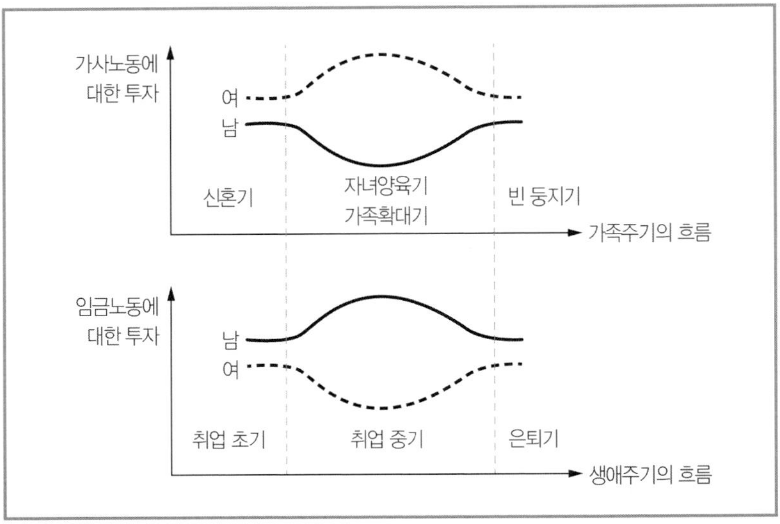

〈그림 10-1〉 가족주기 및 생애주기별 역할분담 양상

출처: 이여봉(2017). 《가족 안의 사회, 사회 안의 가족》 p. 177.

한편 신혼기나 빈 둥지기에 아내의 가사노동 시간이 짧아지고 남편의 가사노동 시간이 늘어난다고 해서 그 시기의 남편이 아내보다 가사에 더 많은 시간과 에너지를 투자한다는 의미는 아니다. 대부분의 경우 남편의 가사시간은 아내가 가사에 소모하는 시간에 한참 못 미친다. 다만 신혼기와 빈 둥지기는 해당 가족에게 요구되는 가사노동 시간의 절대치가 적어서, 분담의 필요성 역시 적은 시기이다.

(4) 필요-반응 능력 가설(Demand-response capability hypothesis)

남편이 가사에 쏟는 시간은 가사의 필요와 그에 반응할 수 있는 개인의 시간 및 에너지에 의해 좌우될 수 있다(Coverman, 1985). 이 가설은 가사를 분담하는 데 있어서 양 배우자 간 시간 및 에너지 여력에 대한 합의를 전제로 하는 구조 기능론적 시각에 입각한 이론이다(이여봉, 1999, 2017). 코버만(Coverman, 1985)은 집안일이 증가(필요의 측면)하면 이에 대한 남편의 기여도가 증가한다고 주장하고, 프레서(Presser, 1994)는 부부의 직장 근무시간이 겹치지 않고 각 배우자가 집안일의 필요에 반응할 능력이 많을수록(반응능력의 측면) 가사에 많은 시간을 투자한다는 연구 결과를 보고함으로써, 양 측면에서 필요-반응 능력 가설을 입증하였다.

가사의 필요에 반응할 수 있는 능력이 실질적인 가사수행 시간에 미치는 영향에 있어서, 남편과 아내는 동일하지 않다. 남편은 임금노동을 하고 남은 여력을 가사 및 돌봄에 투자한다. 반면 집안일과 직장업무 간 역할 갈등[7)]이 생기면, 아내는 집안일 특히 돌봄을 우선시해서 직장일에 공백을 초래하기 쉽다. 이로 인해 고용현장에서 기혼여성들의 생산성이 떨어진다는 지적이 있고 실제로 여성들이 불이익을 경험하고 있음을 부인할 수

---

7) 역할 갈등이란 두 개 이상의 역할 수행에 대한 요구가 동시에 발생함으로 인해 갈등 상황에 직면하게 되는 것을 뜻한다. 즉 직장에 출근해야 하는 아침에 아이가 갑자기 아파서 돌봐주어야 한다면, 취업주부는 직장업무와 어머니로서의 보살핌 역할 간 갈등 상황에 직면하게 되는 것이다.

없다. 여성이 직장일에 공백을 초래하면 "그럴 거면 집에 가서 애나 돌볼 것이지 뭣 하러 구질구질하게 직장에 매달려서 동료들에게 피해를 주느냐?"는 식의 부정적 시선을 받는 것이 일반적이다. 반면 그 반대로 직장일을 우선시 하면 다시금 "모성애 결핍"이라는 부정적 평가가 돌아온다.

직장일의 필요가 많고 가사 및 육아의 필요도 많은 자녀 양육기에, 남편은 직장일에 많은 시간과 에너지를 투자하느라 가사 및 육아를 뒤로 젖혀 놓을 수밖에 없고 아내는 가사 및 육아에 시간과 에너지를 투자하느라 직장에서 소모하는 에너지와 시간을 줄이거나 경력단절을 경험하는 식으로, 성별에 따라 다른 선택을 하는 이유는 무엇인가? 왜 남편은 직장일에 우선적으로 반응하고 여력이 남을 때 가사에 비로소 눈을 돌리는 반면 아내는 가사 및 육아의 필요에 우선적으로 반응하게 되는가? 이에 대하여 필요-반응 능력 가설과 생애주기 이론 중 어떤 것도, 설득력 있는 답변을 내놓지 못한다. 이를 설명하는 것은, 여자의 일차적인 영역을 가정으로 남자의 우선적인 영역을 노동시장으로 여겨 온 성역할 고정관념이다. 우리 사회의 성역할 고정관념은 남녀를 불문하고 개인들의 사고 안에 내면화되고 친족체계와 노동시장 내에 고착되면서, 가족돌봄을 "당연히" 아내의 몫으로 여기게끔 하는 압력으로 작용해 왔다.

(5) 사회관계망 가설(Social Network hypothesis)

가족 외부의 친지나 이웃들의 관계망이 조밀할수록(이여봉, 1998; Bott, 1955) 그리고 각 배우자가 친지나 이웃과 유대를 긴밀하게 맺고 있을수록(이여봉, 1998) 전통적인 성역할 분리를 경험하는 경향이 높다는 것이, 사회관계망 가설의 핵심이다.

첫째, 가족 외부의 친지들 혹은 이웃들이 서로 밀접히 연결되어 있다는 것은 성역할 고정관념에 관한 집단 동의가 이루어지기 쉽고, 이에 순응하기를 기대하는 유언무언의 압력(구조적 권력)이 존재함을 의미한다. 이 경우 부부는 가족 내의 역할수행에 있어서 외부의 시각으로부터 자유롭지 않기 때문에, 주변 사람들이 보편적으로 지니고 있는 고정관념에 순응해서 전통적인 성역할분리 양상을 보일 것이다. 이웃들 간에 서로 잘 알고 지내는 작은 마을에서 살아가는 부부는 익명성이 높은 도시 가족보다 부부간의 성역할이 훨씬 전통적으로 분리(아내의 가사 전담)되는 모습에서, 그 예를 찾을 수 있다.

둘째, 양 배우자가 외부의 친지나 이웃과 친밀한 관계를 맺고 있을수록 가족 외부에서 가지고 있는 고정관념이 양 배우자에게 더 자주 그리고 더 강하게 전달되고 또한 중요한 비중으로 받아들여질 가능성이 높다. 그래서 가부장적 고정관념이 강한 사회에서 외부와의 잦은 접촉은 부부로 하여금 성역할 분리를 당연시하게 한다.

셋째, 각 배우자가 가족 외부의 친지 및 이웃과 친밀한 유대를 맺고 있는 경우에 가사에 필요한 지원을 용이하게 받을 수 있다. 그러나 외부의 지원 가능성이 높을수록 부부간 상호 의존의 필요는 줄어들어서 결과적으로 배우자 간 역할분리를 초래하게 된다. 예를 들면 육아를 도울 친정 식구가 가까이 사는 경우 아내는 외출을 위해 굳이 남편에게 자녀를 대신 돌볼 것을 요구할 필요가 없고, 결국 육아는 아내와 친정 식구들 간의 분담으로 이루어져서 남편은 육아부담으로부터 자유로워질 가능성이 높다.

부부역할 수행에 관한 사회관계망 가설은, 가부장적 성역할 규범이 부부간 역할분리를 가져온다는 시각에서 출발해서 개별 가족이 사회의 고정관념으로부터 어느 정도 자유로울 수 있는지를 분석한 이론이다. 한편으로는 관계망 구조(유대의 강도 및 관계망 조밀도)의 중요성과 함께, 해당 사회의 문화적 규범(체계적 권력)이 획일적인지 혹은 융통성이 있는지에 따라 개별 부부의 역할분담에 상당한 차이가 있을 것임을 논리적으로 설명한다.

한편 양가 노부모와 근접한 거리에 살수록, 젊은 남편의 가사시간이 증가하고 아내의 가사분담비율이 감소한다는 것이 최근 한국의 자료를 토대로 해서 이루어진 연구결과이다(이여봉, 2019). 이는 보트가 제시했던 사회관계망 가설이 더 이상 한국의 젊은 자녀 부부와 친족관계망 사이에는 들어맞지 않을 수 있음을 시사한다. 이에 관하여 한국사회의 가부장성이 희석됨과 더불어 요즘 시대의 노부모 즉 기혼자녀의 양가 부모가 자녀부부의 가사와 돌봄을 지원하는 역할을 하되 자녀부부로 하여금 가부장적 성역할 분담을 하도록 압박하는 구조적 권력으로 작용하지는 않기 때문이라는 추론이 제기되었다(이여봉, 2019). 그러한 분위기를 반영한 때문인지, 최근 한국사회의 젊은 부부가 양가의 노부모 가까이에 거주하려는 경향이 포착되고 있다.

3. 한국 가족에서의 역할분담

1) 농촌가족

한국은 유교적 전통으로 인해 가부장제가 강하고, 농업에 기반을 둔 경제구조로 인해 대가족 제도를 이상적으로 여겨온 사회이다. 집과 논밭이 인접해 있고 노동집약적으로 행해져 온 전통 농업의 특성상, 농번기에는 온 가족이 동원되어 논밭에서 일을 하고, 농한기에는 집안에서 다음 농사를 위한 준비 – 예: 새끼 꼬기, 가마니 엮기 – 를 했다. 여성들이 가사노동을 하면서도 논밭에서의 노동을 병행했으므로 가사노동과 생산노동 간의 구분이 명확하지 않았지만, 가사노동과 생산노동을 병행하는 데 있어서의 역할 갈등은 상대적으로 적었다. 왜냐하면 과거의 대가족 제도하에서는 "엄마가 논에 일을 하러 나간 동안 할머니나 고모 혹은 큰 자녀가 어린 자녀를 돌보는" 식으로 가족 간 역할 경계가 유연했고 대체 노동력을 가족 안에서 자연스럽게 조달할 수 있었기 때문이다.

오늘날의 농촌가족에서도 아내의 역할은 가사노동뿐 아니라 종종 논밭에서의 생산노동으로까지 이어진다. 그러나 농촌 역시 핵가족화되고 있어서 여성들이 논밭에서 생산노동을 하는 동안 가사를 대신할 수 있는 대체 인력은 더 이상 집안에 존재하지 않으므로, 가사와 육아는 오롯이 아내의 몫으로 남는다. 게다가 농가의 아내가 하는 생산노동은, 남의 논밭에 품팔이를 하는 것을 제외하면, 임금으로 환산되거나 아내 개인의 몫으로 배분되지 않는다. 따라서 농가의 아내들은 이중노동을 하면서도 임금노동이 개인에게 가져다줄 수 있는 장점 즉 자신의 수입으로 대표되는 경제적 독립과 그로 인한 혜택은 누리지 못하고 있는 것이다.

2) 도시 저소득층 가족

한국 사회가 공업화의 물결을 타기 시작한 이래로 이농현상이 일어나고, 이는 도시로의 인구 유입 및 핵가족화 그리고 도시 노동자 가족의 증가로 이어졌다. 도시의 저소득층 가족이 남편의 수입만으로 가족 생계를 유지하고 자녀들을 교육시키는 것은 쉽지 않은 일이다. 따라서 저소득층의 아내뿐 아니라 자녀들도 일찌감치 직업 일선에 나서게 된다.

저소득층 남편의 성역할 태도가 중산층 남편보다 가부장적일 확률이 높다. 왜냐하면 저소득층의 경우 평균적으로 교육수준이 낮고, 교육수준이 낮을수록 일반적으로 가부장적 사고를 지니기 때문이다. 그리고 임금노동시장에서 경쟁력이 떨어지는 남편들이 가정에서라도 "가장으로서의 대우"를 받고자 하여 가부장성을 보이는 경향이 많기 때문이기도 하다. 그래서 많은 저소득층 아내들이 가사부담을 고스란히 떠맡으면서 이중노동으로 인한 과로를 감내하고 있다.

3) 상류층 가족

상류층 가족은 가정부와 보모 및 가정교사를 고용하여 가사 및 육아를 해결한다. 상류층에서는 부부간의 역할이 철저히 구분되어 있기는 하지만 그렇다고 남편의 생계부양과 아내의 가사 전담으로 나뉘어져 있는 것은 아니다. 경제활동은 남편이 전담하고, 아내는 문화적 · 물질적 소비를 통해 가족의 사회경제적 지위를 대외적으로 과시 및 홍보함으로써 남편의 경제활동을 간접적으로 지원하며, 가사와 양육은 지불된 노동력이 전문적으로 수행하는 다자간 분담 형태를 취한다.

4) 중산층 가족

중산층 가족의 경우 주부가 집안에서 가사에 전념한다고 해도 기본적인 생계를 유지하는 데 경제적으로 큰 지장을 받는 것은 아니다. 그래서 중산층의 전업주부들은 남편의 출세와 자녀의 학업 성취에 목표를 두고 뒷바라지를 하는 데 몰두함으로써 보람을 찾기도 하는데, 때로는 자녀에 대한 과잉 간섭이나 가족 이기주의로 나타나곤 한다.

그러나 생활에 대한 기대수준이 높아지고, 노동시장은 평생 직장을 보장하던 시대가 끝나서 고용 불안과 실직이 흔한 일이 되었다. 그래서 경제적으로 안정적이고 나은 생활을 위해서 맞벌이의 필요를 느끼는 부부가 늘고 있다. 또 중산층의 아내들은 교육수준이 높은 것이 일반적이어서, 생활수준의 향상과 자아계발을 위해서 혹은 전문지식을 활용하기 위해서 취업을 원하는 경향이 증가하고 있다.

중산층의 취업주부들은 육아를 위해 양육기관이나 친지들에게 도움을 청하고 가사는 도우미를 고용하는 등의 방법을 절충하면서 부담을 줄이려고 노력한다. 그러나 근무시간 동안 아이를 돌봐줄 양육기관이 양적으로 충분치 않을 뿐 아니라 질적인 면에서 중산층의 욕구를 만족시키지 못하고, 도우미에게 지불해야 하는 비용은 만만치 않다. 또 육아 및 가사의 특성상 남의 손을 빌려서 해결되지 않는 부분이 많기 때문에, 이들은 직장과 가사의 양 영역 사이에서 끊임없이 부딪히는 역할 갈등과 과잉부담에 시달리게 된다. 특히 집안에서 아내에게 주어지는 가사부담이 남편에 비해 과도한 것이 부부간 불평등 및 아내의 과로와 역할 갈등을 초래한다. 그러나 다른 한편에서는 직장에서 긴 시간과 에너지를 투자할 것에 대한 기대가 남자들에게 더 크고 더 자주 강요되는 것이 현실이다. 이는 남편들로 하여금 집안일과 육아 역할의 수행에 소극적이게 하는 이유가 된다.

중산층 전업주부와 취업주부 간의 긴장은 또 하나의 관심사이다. 전업주부들이 남편의 출세와 자녀의 학업성취를 통해 대리만족을 얻으면서 가족 단위 경쟁의 선봉에서 진두지휘를 하는 반면, 취업주부들은 시간과 에너지 및 정보의 부족으로 인해 그 대열에 동참하기 어려우므로 가족과 자녀에 대한 죄책감을 갖게 된다. 또한 모성역할에서 정체성을 찾는 전업주부와 자신의 경제적 능력에서 경쟁력을 찾는 취업주부 사이에 서로에 대한 이해와 공감대에 기초한 자매애를 중심으로 여성연대를 도모하기는 쉽지 않은 것이 오늘날 한국의 현실이다.

4. 부부간 공평한 역할분담에 관하여

가족이 긴 세월을 하나의 단위로 살아간다는 것은 각자의 위치에서 주어진 역할들을 함으로써 어우러져서 전체를 모나지 않게 일구어 가는 과정이다. 전체를 이루는 조각들은 크기도 모양도 다르지만 서로 절묘하게 아귀를 맞추어 '가족'이라는 이름으로 굴러간다. 하나의 공을 완성하기 위해 필요한 갖가지 모양과 색깔들로 나누어 만드는 것이 가족역할 분담이고 가족역할 수행이다.

직장에서의 업무 부담이 많고 자녀양육과 관련하여 경제적 부담이 많은 40대 남성들의 사망률이 높은 것은 간과할 일이 아니다. 일인 생계부양을 전제로 하는 전통적 가족 개념 하에서 남편이자 아버지의 실직은 가족의 경제적 추락뿐 아니라 가족 질서의 혼란을 초래한다. 지난 1998년의 경제 위기 이래 많은 가족이 해체를 경험했고 경제적 부양역할 상실로 인해 가족을 빈곤에 빠뜨렸다고 자책하는 '고개 숙인 아버지'들이 거리를 배회하고 노숙자로 전락하곤 했으며, 이후로도 거시경제가 등락을 거듭하면서 사반세기가 지난 오늘도 여전히 취업의 문은 좁고 실업의 늪은 깊다.

집 안에서만 살아 온 아내들이 남편의 실직이나 이혼 혹은 사별 등으로 경제적 부양원을 상실했을 때 직면하는 빈곤은 간과할 수 없는 문제이다. 가사와 육아 등을 모두 담당해 오던 아내와 이혼 혹은 사별을 한 남편들이 가사 및 육아 영역에서 공황 상태에 빠지는 것 역시 놀라운 일이 아니다. 뿐만 아니라, 생계부양 역할에만 충실하게 살아온 남편들이 퇴직 후의 일상생활과 가족관계에서 부적응을 보이고 소외되어 방황하는 예는 주변에 흔하다.

가족 바깥의 경제적 자원으로 이어진 다리(bridge)가 하나인 것보다는 둘일 때 가족은 위기 상황에서 훨씬 잘 적응할 수 있다. 가족이라는 배의 양측에서 노를 젓는 부부는 다방면에서 균형을 이루어야 한다. 부부가 경제적 부양 역할을 맞들고 가기 위해서는, 노동시장에서 고용과 승진의 기회가 성별이나 결혼 여부에 관계없이 평등하게 펼쳐짐과 동시에 가정 안에서 가사와 육아분담이 평등하게 이루어져야 한다. 과거에 가부장의 생계부양 역할과 가부장권 및 가사역할 간의 성별 분화가 맞물려 있었다면, 오늘날 생계부양 역할의 성별 탈분화 추세는 가사역할의 성별 탈분화를 수반해야 한다(이여봉, 2001). 가정생활의 두 축을 이루는 경제적 부양과 가사 및 육아의 양 영역에서 부부가 균등하게 역할을 분담하는 것은 가족을 단위로 한 적응력을 극대화함과 동시에 위기 상황에서의 대처능력을 배가시킬 수 있는 방안이다.

승진과 높은 보수를 위해 직장에만 몰두하는 것을 당연시하던 사고로부터, 많은 남편과 아버지들이 벗어나고 있다. 그들은 직장과 가정을 양립하고 싶어 한다. 그러나 아직도 정시퇴근이나 육아휴직을 백안시하고 밤낮 없이 직장에 헌신하기를 기대하는 우리 사회의 직장 분위기와 퇴근 후의 술자리 문화는, 남편들로 하여금 실질적으로 육아 및 가사역할을 아내와 공유하기 힘들게 한다. 양성(兩性)이 사회의 고정관념에 맞추느라 억눌려 왔던 본성을 자유롭게 발휘하고 생활의 양 영역(생계부양과 육아 및 가사노동)을 균형 있게 공유하기 위해서, 가부장적 노동시장의 관행이 개선되고 육아 및 가사를 맡길 만한 양질의 사회시설이 보급되어야 하는 것은 시대적인 요청이다. 또한 구체적으로는 재택근무의 활용과 유연근무제의 확산 그리고 육아휴직의 활성화 등 성별을 불문하고 적용되는 친가족적 기업문화와 해당 기업에 대한 국가적 차원의 지원책 등이, 점차 부부간 역할의 평등과 공유로 유도하게 될 것이다.

Chapter 11

일터에서의 여성과 남성

Chapter 11
일터에서의 여성과 남성

인류의 역사상 여성이 경제활동에서 완전히 배제되었던 적은 단 한 번도 없었다. 하지만 금속기구의 발명 및 정착 농경과 더불어 경제활동의 핵심으로부터 밀려난 이래로, 여성이 남성과 동등하게 사회를 대표하는 공식적 경제활동 인력으로서 여겨졌던 것은 아니다. 두 차례에 걸친 세계대전을 겪는 동안, 남성들이 전쟁에 투입되면 여성들은 남성들의 자리를 메워서 경제활동을 하면서 사회와 가족 그리고 전쟁을 뒷받침했다. 그러다가 전쟁이 끝나면 여성들은 전장(戰場)으로부터 돌아온 남성들에게 일자리를 돌려주고 다시 가정으로 돌아가 모성역할에 충실 하라는 사회적 요구에 순응했다. 이렇듯 여성의 경제활동 참가율은 주기적인 등락을 거듭해 왔지만, 그럼에도 불구하고 장기간에 걸쳐서 바라보면 여성의 노동시장 참여 경향은 증가해 왔다.

1. 한국 사회의 여성경제활동

여자가 제도권 교육을 마치면 집에서 '신부수업'을 하다가 결혼 후에는 가사와 육아에 전념하며 살아가는 것을 바람직한 것으로 여기던 시대는 지나갔다. 결혼 전까지 직장생활을 하다가 결혼 청첩장과 함께 사표를 제출하는 것이 일반적이던 시대도 더 이상은 아니다. 미혼여성뿐 아니라 기혼여성들의 취업률도 꾸준히 증가하고, 여성들이 가지는 직업의 종류 역시 다양해지고 있다.

1) 여성 취업에 관한 수요와 공급 요인의 변화

(1) 여성 노동력의 사회적 수요 증가

기계화와 더불어 단순노동 인력을 필요로 했던 서구의 초기 산업 혁명기에, 여성들이 저임의 노동력으로서 활용되었다. 한국에서도 경제개발에 박차를 가하던 1960~1970년대에, 10대의 어린 딸들이 공장에 단순노동자로서 편입되었다(박기남, 2007). 당시 국가경제의 도약을 위해 섬유나 가발 및 인형 등 노동집약적인 경공업 중심의 수출 지향적 산업화를 추구하던 상황에서 단순노동직에 저임의 노동력을 필요로 했기 때문이다. 이후 3차 산업 중심 사회로 옮겨가면서 육체적 힘을 필요로 하지 않는 사무직 및 서비스 산업 중심의 노동력 수요가 증가했고, 이는 지속적인 여성 노동력 수요의 증가로 이어졌다. 정보화 시대

이자 비대면 소통이 대세인 오늘날, 여성의 섬세함과 세심함을 필요로 하는 일자리는 증가일로에 있다.

(2) 여성 노동력의 공급 요인 증가

1960~1970년대 한국 농촌의 어린 여성들이 도시로 올라와 취업 전선에 나섰던 것은, 빈농가족의 차원에서는 "보릿고개를 넘기기 힘들던" 형편에서 식구(食口) 수를 줄이기 위해서이기도 했고 남자형제들을 교육시키기 위한 돈을 벌기 위해서이기도 했다. 이농향도 현상의 심화와 노동인구 과잉으로 인해 도시의 노동자 계층 가족이 가장 한 명의 임금으로는 생계를 유지하기 힘들어지면서, 아내와 딸들마저 모두 임금노동을 해야 하는 상황이 벌어졌다. 게다가 중산층의 경우에도 소비에 대한 기대수준이 높아지고 교육비 비중이 높아지면서 맞벌이의 필요성이 증가하였다.

한편 의무교육 기간의 확대와 소자녀화 덕분에 여성들의 교육수준이 높아지면서, 대졸 여성의 증가와 더불어 여성들의 경제적 독립의식과 자아실현 욕구가 증가했다. 그래서 10대~20대 초반의 저학력 미혼여성의 노동 공급은 상대적으로 감소하는 반면 기혼여성의 경제활동이 증가하게 되었다. 특히 육아 및 가사의 상당 부분이 사회화되고 상품화되면서, 육아 및 가사를 임금노동화한 성격의 일자리에 여성 노동력의 수요가 급증하였다.

노동현장에서의 성차별 의식이 점차 완화되고 있는 것도 사실이어서, 전통적으로 남성 고유의 영역으로 여겨져 왔던 직종에도 여성 인력들이 증가하고 있다. 또한 가족 당 자녀수의 감소로 인해 자녀양육에 소요되는 총 기간이 단축되면서, 기혼여성이 자녀의 성장 이후 다시금 일자리를 찾아 나설 수 있는 나이가 과거에 비해 젊어졌다. 가전제품의 발달 및 가사노동의 상품화 경향으로 인해 가정에서의 단순노동 시간이 단축된 점 역시, 기혼여성들에게 임금노동에 참여할 수 있는 여건을 제공하였다. 이런저런 이유로 인해 맞벌이 가구는 꾸준히 증가하여, 2023년을 기준으로 할 때 유배우 가구의 46.1%가 맞벌이 가구이다(여성가족부, 2023b).

2) 여성의 경제활동 변화와 노동시장에서의 성불평등

(1) 남성과 여성의 경제활동 참가 추이

〈표 11-1〉에서 보이는 바와 같이, 남성의 경제활동 참가율[1]이 답보 상태인 것과 달리 여성의 경제활동 참가율은 점진적인 증가세를 보인다. 특히 기혼여성의 경제활동 참가율이 꾸준히 증가하고 있음에 주목할 만하다(〈표 11-2〉 참고). 이는 임금노

1) 경제활동인구란 만 14세 이상 인구 중 조사기간 동안 재화나 용역을 생산하기 위해 노동력을 제공할 의사와 능력이 있는 사람을 말한다. 그리고 경제활동 참가율이란 취업자뿐 아니라 실직자를 동시에 포함하는 개념으로, 취업률과는 별개의 개념이다. 즉, 현재 직업이 없더라도 구직 의사가 있는 사람은 포함하지만 일할 의사가 없거나 일할 능력이 없는 사람은 제외한다. 또한 직업훈련을 위해 학원에 다니고 있을 경우에 학생으로 분류되어 경제활동인구에서 제외되고, 구직포기자나 실망실업자 등도 경제활동인구에서 제외된다. 따라서 경제활동 참가율이 실질적인 의미에서의 실직자들 모두를 포괄하는 것은 아니다.

동시장으로 진출하려는 여성들의 시도가 늘고 있음을 의미한다.

〈표 11-1〉 한국 성별 경제활동 참가율 변화 추이 (단위: %)

구분	1960	1970	1980	1990	2000	2005	2010	2015	2020	2023
여성	28.4	37.6	42.8	47.0	48.8	50.3	49.6	51.9	52.8	54.6
남성	76.7	72.5	76.4	74.0	74.4	74.8	73.2	74.1	73.5	73.5

출처: 한국여성정책연구원, 《2007 여성통계연보》. 통계청, 《경제활동인구조사》 각 연도

〈표 11-2〉 혼인상태별 경제활동 참가율 (단위: %)

구분	1980년		1990년		2000년		2003년		2008년		2013년		2018년		2020년	
	여	남	여	남	여	남	여	남	여	남	여	남	여	남	여	남
기혼	40.0	88.3	46.8	88.2	48.7	84.3	48.0	84.5	50.0	84.0	50.3	83.1	51.8	81.1	51.9	79.7
미혼	50.8	52.4	45.6	43.2	47.0	50.2	51.7	52.5	50.9	51.8	50.4	51.4	56.4	58.7	55.4	58.8

출처: 한국여성정책연구원, 《2007 여성통계연보》. 통계청, 《경제활동인구조사》 각 연도

(2) 성별 임금 격차와 그 원인

여성의 취업률이 과거와 비교해서 얼마나 증가했고 남성의 비율에 얼마나 근접하고 있는지도 물론 중요하다. 그러나 여성의 취업이 질적으로 어느 정도 남성과 유사한 수준에 접근하고 있는지를 파악하는 것은, 또 다른 차원에서 중요하다. 왜냐하면 지위 및 부수적 혜택 등이 직업에 따라 매우 상이한데, 취업의 특성과 취업 직종 및 임금수준 그리고 취업 지속기간 등에 있어서 여성 취업자와 남성 취업자는 매우 다르기 때문이다.

2023년을 기준으로 할 때 성별 경제활동참가율 격차는 18% 포인트를 초과해서, OECD(경제협력개발기구, Organization for

Economic Cooperation and Development) 36개 국가들 중 7번째로 큰 것으로 나타났다.[2)] 또한 한국 여성 취업자의 평균 임금은 여전히 남성의 2/3 수준이다(통계청, 2022; 〈표 11-3〉).[3)] 이는 여성의 임금이 남성의 80~90%대에 이르는 여타 선진국들과 대비된다.

〈표 11-3〉 최근 10년간 성별임금격차

연도	월평균 임금 (단위: 원)		성별임금격차 (단위: %)
	여성	남성	
2012	2,203,688	3,403,845	64.7
2013	2,290,965	3,546,605	64.6
2014	2,367,935	3,718,249	63.7
2015	2,362,213	3,780,040	62.5
2016	2,454,000	3,868,000	63.4
2017	2,544,000	3,981,000	63.9
2018	2,703,000	4,144,000	65.2
2019	2,827,000	4,277,000	66.1
2020	2,863,000	4,316,000	66.3
2021	2,934,000	4,442,000	66.1
2022	3,129,000	4,726,000	65.8

출처: 한국여성정책연구원, 《성인지 통계》 각 연도

남성과 여성 간 평균임금의 격차에 관해서는 남성과 여성이 일생에 걸쳐서 노동시장을 들고나는 모습 즉 고용 유지 곡선과,

2) https://news.kbs.co.kr/news/pc/view/view.do?ncd=7696386

3) 성별임금격차는 남성의 월평균 임금을 100으로 보았을 때 여성의 월평균임금이 차지하는 비율로 계산한다.

직업별 분포에 있어서의 성차, 그리고 정규직과 비정규직 비율에 있어서의 성차 등 여러 가지 정황 변수들을 고려한 다양한 차원에서의 접근이 필요하다. 왜냐하면 평균임금에 있어서의 성차란 동일한 직업을 가지고 동일한 위치에서 동일한 일을 하는 남성과 여성 간의 임금 차이를 의미하는 것은 아니기 때문이다.

우선 첫째, 인생주기를 따라 남성의 경제활동 패턴은 U자를 뒤집은 형태의 완만한 곡선을 그리는 것과 달리 한국 여성의 경제활동 패턴은 M자형(쌍봉형) 곡선을 그린다. 즉, 자녀양육기인 20대 후반에서 30대 초반에는 여성 취업률이 낮아졌다가 30대 후반에 다시 상승한다는 점이 특징이다. 그런데 10년 정도의 공백 후에 다시 노동시장에 진입하려고 할 경우, 이전에 가지고 있었던 업무능력이나 업무와 관련된 인적 관계망을 유지하지 못하기 때문에 과거의 경력을 인정받기는 쉽지 않다. 그래서 공백 후 노동시장에 재진입하려는 여성들이 사회적 지위 및 임금면에서 하향 취업을 하는 경향을 피할 수 없다. 따라서 30대 후반 여성의 재취업은 경제적으로 다급한 저소득층 여성들의 비율이 높은 반면, 중산층 및 고학력 여성들은 구직을 포기하는 경향을 보인다. 미혼여성들은 전문직 및 준전문직과 사무직에서 취업 비율이 높고 기혼여성들은 판매 서비스직이나 생산직 등 저임금 직종에서 취업 비율이 높다는 지적(박기남, 2007)은 이를 뒷받침한다.

한국 여성이 활발히 경제활동을 할 연령대에 노동시장에서

물러나 가사 및 육아를 전담할 수밖에 없는 현실을 개선하여 M자 곡선을 탈출하게 할 수 있을 것인지에 "성별 임금 격차가 OECD 국가들 중 가장 크다."는 오명에서 벗어날 수 있을지를 결정짓는 열쇠가 있다.

둘째, 여성의 교육수준이 가파르게 증가하고 있음에도 불구하고 고학력 여성의 경제활동 참가율은 지속적으로 낮은 수준에 머물고 있다. 2021년을 기점으로 볼 때, 대졸 이상의 학력을 지닌 여성들의 경제활동 참여율은 67.5%로서 같은 학력 남성의 경제활동 참여율인 86.2%와 비교하면 18.7%포인트[4]나 밑돈다(한국여성정책연구원, 2023). 이는 기혼여성들이 경력단절 후 재취업하고자 할 때 고학력 여성의 경우 하향 취업보다는 구직 포기를 선택할 가능성이 더 높다는 점과 관련하여 생각해 볼 필요가 있다. 스스로 평가한 자격과 실제 노동시장에서 얻을 수 있는 직업 간 괴리가 큰 현상(job-skill mismatch)을, 학력이 높은 여성들일수록 더 첨예하게 느끼기 때문이다. 결과적으로 육아와 양육으로 인한 경력단절은 특히 고학력 여성의 재취업을 억제하는 요인으로 작용한다.

셋째, 여성 임금근로자의 경우 남성에 비해 정규직 비율이 현저히 낮고 비정규직 비율이 높다. 다음의 〈표 11-4〉에서 볼 수 있듯이 2023년 여성의 정규직 비율이 남성보다 15.7%포인트 낮다. 그런데 비정규직은 정규직에 비해 직업의 안정성이 낮고 임

4) 퍼센트의 수치를 그대로 뺀 차이를 나타내는 단위가 '퍼센트포인트'이다. 예를 들어, 85%와 60% 간의 차이를 25%포인트라고 표현한다.

금 및 여타 보장에서 제외되기 때문에, 정규직과 비정규직 간 실질적인 임금 격차는 상당하다. 정부가 추진해 온 퍼플 잡(purple job) 즉 경력단절 여성들을 위한 파트타임 일자리는 기혼여성들이 일과 육아를 병행할 수 있도록 지원한다는 취지이지만, 실질적으로는 남녀 간 성별 직업분리 및 여성의 비정규직화를 심화시켜서 임금을 포함한 여러 면에서 여성차별을 고착화시키는 결과를 가져올 것이라는 우려와 비판이 많다. 이러저러한 이유로 비정규직 비율이 높은 여성 인력의 평균임금 수준은 남성의 임금에 비해 낮을 수밖에 없다.

〈표 11-4〉 임금근로자의 고용 형태별 분포 (단위: 천 명, %)

구분 / 연도	여성			남성		
	계	정규직	비정규직	계	정규직	비정규직
2021	9,476 (100)	4,985 (52.6)	4,491 (47.4)	11,517 (100)	7,941 (69.0)	3,575 (31.0)
2022	9,788 (100)	5,285 (54.0)	4,503 (46.0)	11,936 (100)	8,283 (69.4)	3,653 (30.6)
2023	10,027 (100)	5,462 (54.5)	4,565 (45.5)	11,927 (100)	8,370 (70.2)	3,557 (29.8)

출처: 통계청. 〈경제활동인구조사〉 각 연도.

또 한 가지 심각한 문제는, 경제활동인구이면서 취업을 하지 못한 여성 실업자의 비율이 여전히 높다는 점이다. 2023년에도 여성 고용률은 남성에 비해 약 18.1%포인트나 낮다(〈표 11-5〉).

〈표 11-5〉 경제활동인구의 성별 고용상태 (매 연도 11월 기준; 단위: 명, %)

구분 연도	여성			남성		
	취업자수	실업자수	고용률	취업자수	실업자수	고용률
2003	9,131	311	47.4	13,090	511	72.1
2008	9,940	266	48.9	13,835	509	71.2
2013	10,554	308	50.3	14,745	500	73.5
2018	11,450	443	50.9	15,372	630	70.8
2022	12,161	385	52.9	15,928	447	71.5
2023	12,678	295	53.8	16,038	370	71.9

출처: 통계청. 〈경제활동인구조사〉 각 연도.

2. 노동시장의 성불평등에 관한 이론

여성들의 경제활동이 증가하고 있음에도 불구하고, 2023년 한국의 여성 관리직 비율은 관련 통계가 있는 OECD 36개국 중 35위를 기록했다. 그리고 한국의 성별 임금격차는 1996년 OECD 가입 이래 2021년까지 26년 연속 최대치의 불평등 수준을 기록하고 있다.[5] 또한 고소득 직종에는 여성이 드물고 저임금의 판매직이나 생산직에 여성이 집중 배치된 수직적 고용차별과 더불어, 같은 직종 내에서도 수입이 많은 업종에는 여성이 드물고 저소득 업종에는 여성들이 집중되어 있는 수평적 고용차별 - 예를 들어, 같은 제조업인 경우에도 자동차공장과 가발

5) https://www.bbc.com/korean/news-64884586

공장의 여성 비율 차이 - 역시 무시할 수 없는 수준이다. 그런데 이와 같은 성별 차이가 어디에 기인하는지에 관해서 다양한 설명이 존재한다.

1) 인적 자본론[6)]

노동시장은 동질적이고 완전 경쟁적이어서 직업적 지위는 그에 맞는 자격을 갖춘 개인이 획득하는 것이라는 기본 가정에서 출발하는 것이, 인적 자본론(Human capital theory)이다. 그러므로 학력이나 업무경험 및 경력, 기술의 숙련도 등과 같은 인적 자본이 많을수록 노동 생산성이 높기 때문에 높은 직업적 지위를 획득하여 그에 상응하는 보상을 받는 것이고, 그렇지 못한 자는 탈락하는 것이 당연하다고 본다.

이를 노동시장에서의 성차(性差)에 적용하면, 여성이 노동시장에서 남성에 비해 낮은 지위에 머물고 낮은 임금을 받는 것은 개인적 차원에서 여성이 남성보다 인적 자본에 투자를 덜 하고 노동생산성 역시 상대적으로 낮기 때문이라고 설명할 수 있다. 여성은 남성보다 성장기부터 교육 및 직업훈련에 대한 투자를 적게 하고 결혼 후 임신과 출산 및 육아역할로 인해 노동시장 참여가 비연속적이라는 데서, 노동시장 성차별의 원인을 찾는 것이다. 이러한 시각에서 볼 때, 노동시장의 성차별을 해결하려면 여성 개개인의 인적 자본이 지닌 공급적 특성을 변화

6) 인적 자본론은 지위획득 이론(Status attainment theory)이라고도 불린다.

시켜야 한다. 즉 성역할과 관련된 가치나 태도, 교육 및 직업적 열망과 성취 수준, 자녀출산과 양육에 대한 태도, 고용의 지속성 등 모든 면에서 남성과 동등하게 변화시켜야 한다고 보는 것이다. 그 예로서, 여학생들의 성장기 동안 직업적 정체성을 확립하도록 하고 노동시장으로의 진출 및 사회경제적 성취 면에서 유리한 전공을 택하도록 하며 노동시장에서의 시간과 에너지 투입 면에서도 남성에 비해 뒤처지지 않도록 하고 나아가 경력의 연속성을 유지하도록 하는 것 등을 들 수 있다.

그런데 인적 자본론은 여러 면에서 허점을 드러낸다. 우선 첫째, 여성의 인적 자본에 대한 투자가 낮은 것은 개인이 자발적으로 선택한 것이 아니라 성장기 가족 내에서 아들과 딸 간의 사회화 및 교육 투자 면의 차별 그리고 학교에서 여학생과 남학생 간의 차별적 사회화에 의한 것일 가능성이 높다. 더구나 가사와 출산 및 양육은 사회 공공재이지만, 여성 개개인의 선택이 아니라 여성에게 차별적으로 주어져 온 부담이다. 부연하자면, 인적 자본론은 여성의 불리함이 여성 개인의 자발적 선택의 결과가 아니라는 사실을 간과하고 있다. 실제로 여성에게 차등적으로 주어지는 가사 및 육아부담으로 인해 사회적 경력 및 경제적 독립성에 차질이 빚어지는 것을 목도한 젊은 여성들이 출산 포기를 선택하는 경향은, 초저출산의 무시할 수 없는 원인이 되고 있다. 둘째, 남성과 동등한 인적 자본을 취득한 고학력 여성들 역시 동일한 취업 기회 및 승진 기회를 보장받지 못하는 현실을, 인적 자본론으로는 설명할 수 없다. 셋째, 남녀 간 임금 차이에는 노동생산성 차이 이상의 격차가 존재한다. 인적 자본 투자량으로 설명될 수 있는 부분은 남녀 간 임금 차이의 14~17%에 불과하고, 여성들은 자신이 투자한 인적 자본에 부합하는 직업적 지위와 임금을 누리지 못한다는 연구(정일선, 2005)가 이를 뒷받침한다.

2) 통계적 차별이론

기업이 노동시장에 대해서 불완전한 정보만 가지고 있기 때문에 차별이 발생한다는 주장이, 통계적 차별이론(Statistical discrimination theory)이다. 고용주가 지닌 불완전한 정보로 인해, 개인의 능력과 노동의 질은 그 개인이 속한 집단의 평균적 속성으로 평가된다는 것이다. 즉, 아직은 노동시장에서 여성의 수효가 상대적으로 적으므로 일부 여성들의 잦은 이직이나 퇴사는 전체 여성의 평균으로 인식되기 쉽다. 이러한 부정적 인식은 토큰 효과(token effect)[7)]이다.

그런데 "여성이 평균적으로 이직확률이 높다."는 정보를 가진 고용주는, 대체비용이 많이 드는 직무나 훈련비용이 많이 드는

7) 토큰 효과란, 수적으로 소수집단에 속하는 경우 한 개인의 부정적 행위는 해당 집단 전반의 특성으로 인식되고 긍정적 성과는 그 개인만의 예외적 특성으로 인식되는 경향을 의미한다. 즉 남성이 다수이고 여성이 소수인 조직에서 여성 한 명이 실수를 하면 "여자들은 저래서 안 돼."라는 식으로 여성 전반에 대한 부정적 평가를 하는 반면, 여성이 큰 성과를 낸 경우 "보통 여자들이랑 다르게 대단하네." 등과 같이 그 여성을 예외적으로 여김으로써 여성 전반에 대한 긍정적 평가로 확산시키지는 않는 경향을 의미한다.

직무에는 여성들을 배제함으로써 이윤의 증대를 꾀한다(정일선, 2005; Bielby & Baron, 1986). 그 와중에서 여성들은 인적 자본의 과소와 상관없이 취업 가능성이 박탈될 수 있다.

다만 이러한 통계적 차별은 시간이 지나면 여성이라는 범주에 대한 사회적 인식의 변화와 함께 사라질 것이라는 낙관적인 전망이 제시되고 있다.

3) 이중노동시장구조론[8)]

노동시장은 동질적이지도 완전 경쟁적이지도 않으며 질적으로 분절되어 있다고 보는 이론이 이중노동시장구조론(Dual Labor-market theory)이다. 노동시장의 분절이 노동시장 내 성불평등의 원인이라는 주장이다. 1차 시장이란 거대자본, 높은 이윤, 고임금, 좋은 작업 환경, 높은 직업 안정성, 분명한 경력단계를 통한 승진 기회, 명료하게 제시된 작업규칙, 안정적 직원노조를 갖추고 있다. 반면에 2차 시장은 영세한 자본, 낮은 이윤, 저임금, 제한된 승진체계, 열악한 작업환경, 빈약한 노조 등으로 대표되는 불안정한 직업군이다.

이와 같이 분절된 노동시장은 여성에게 불리하도록 구조화되어 있어서, 1차 노동시장은 남성들에 의해 거의 채워진다. 반면에 여성들이 집중되는 2차 노동시장은 승진 및 훈련의 기회가

8) 이중노동시장구조론은 노동시장분절론(Labor market segmentation theory)이라고도 한다.

거의 없는 직종이 대부분이어서, 근무기간이 길수록 양성 간 임금 격차가 커진다(정일선, 2005). 이처럼 여성차별은 노동시장 구조상의 문제이기 때문에, 여성이 지닌 인적 자본의 특징이 변경되더라도 노동시장 자체의 구조가 재조직되거나 여성들이 남성과 같은 조건으로 1차 노동시장에 진출할 수 없다면 여성의 지위는 변화될 수 없다고 설명한다.

실제로 한국 사회의 성별 직업 분리현상은 심각하다. 이효수(1984)는 한국의 노동시장을 네 개의 단층으로 구분하였는데, 가장 고용조건이 좋은 제4단층이 주로 대졸 남자로 충원되고, 바로 아래인 제3단층에는 고졸 남자를 중심으로 전문대 졸업자 및 대졸 여자, 그 다음인 제2단층에는 중졸 이하의 남자와 중 · 고졸 여자로 충원되며, 가장 고용조건이 열악한 제1단층은 학력과 관계없이 충원되고 있음을 관찰하였다.

4) 페미니즘 관점

(1) 마르크스주의 페미니즘

마르크스주의 페미니즘은 노동시장 내 성불평등을 자본과 노동의 관계 즉 자본주의에서 찾는다. 다시 말해 기계화를 통해 비싼 숙련 노동력에 대한 수요를 감소시키는 탈숙련화와 언제든 대체 가능한 단순작업에 값싼 노동력을 고용함으로써 비용을 줄이려는 자본가의 이해관계에서 여성억압의 원인을 찾는 것이다.

노동시장의 필요에 따라 언제든 고용하고 해고할 수 있는 싼값의 단순 노동력으로 대두된 범주가 여성이다. 그래서 여성들은 인력 수요가 많은 호황기에 유입되었다가 불황기가 되면 가사와 양육의 일차적 담당자라는 성별 분업 이데올로기에 의거하여 가정으로 돌려보내지는 예비 노동력 즉 산업예비군이라고도 불린다.

(2) 사회주의 페미니즘

사회주의 페미니즘에서는 자본과 노동의 관계 그리고 여성과 남성의 관계를 통합하여 노동시장 내 남성에 의한 여성 지배를 설명하고자 시도한다. 그래서 노동시장에서의 성불평등 즉 남성우위적인 고용관습은 가부장제와 자본주의의 상호작용에 기인한다고 설명한다.

우선 여성이 가사노동을 자발적으로 선택하여 전담하고 이로 인해 자신에 대한 교육투자를 적게 함으로써 임금노동에 있어서 남성에 비해 불리한 노동조건을 갖는다는 인적 자본론을 반박하고, 가사노동을 여성이 전담할 수밖에 없도록 구성된 사회구조에서 원인을 찾는다. 즉, 가사 및 육아를 여성의 몫으로 미뤄놓는 가부장적 사회 분위기 하에서 여성은 취업 여부와 상관없이 우선적으로 집안일을 담당하는 존재로 여겨진다는 데 주목한다. 그리고 여성 스스로 이러한 구조를 내면화하고 있기 때문에 자신에 대한 교육이나 기술훈련에 소극적이 될 수밖에 없다는 것이다.

여성은 집안일에 소모하는 시간과 에너지가 남성에 비해 많기 때문에 임금노동에 임할 수 있는 여력이 상대적으로 적을 수밖에 없다. 이로 인해 여성은 자본주의적 임금노동시장에서의 취업과 승진 경쟁에서 남성에 비해 불리하다. 그런데 노동시장 역시 가부장적이어서 취업 및 승진 시 유사한 조건일 경우 남성을 선호한다. 그래서 여성은 동일한 자격과 조건을 지닌 경우에도 남성에 비해 취업 및 승진에서 불리하다. 그리고 노동시장에서의 여성과 남성 간 사회적 지위 및 임금 면의 격차는, 양 배우자 간 상대적 권력 차이로 이어져서 가사 및 육아부담이 여성에게 편중적으로 지워지는 결과를 초래한다. 이것이 노동시장과 가정 양 영역에서 자본주의와 가부장제가 여성을 억압하는 기제로 작용하는 모습이다.[9)]

3. 지식정보사회에서의 여성노동

정보화 사회로 특징지어지는 21세기는 여성의 사회참여와 관련하여 변화를 부를 것이다. 그런데 정보화가 노동시장에서의 성불평등 상황에 어떤 변화를 초래할 것인지에 관해 상반된 전망이 엇갈리고 있다.

그 하나는, 정보사회의 기술 발달 및 활용에 있어서 성별 격차가 지속되는 한 정보화의 진행은 성에 따른 노동의 양극화

9) 노동시장과 가정 내 여성차별의 순환적 구조에 관한 사회주의 페미니즘의 논지에 관해 본서의 5장 '페미니즘에 관하여'에서 논하였음.

현상을 심화시킬 것이라는 전망이다(조혜정, 1994). 실제로 정보화 수준에 있어서 여성은 남성에 비해 훨씬 뒤처져 있고, 직업 내 정보화 관련 연수에 참가하는 비율 역시 남성이 여성에 비해 현저히 높다. 이는 양성 간 정보 격차가 이미 존재하고, 정보서비스와 관련된 인력 양성에 있어서도 여성이 소외되고 있음을 의미한다. 성에 따른 정보 격차가 심화될 경우, 정보의 통제나 관리 등이 남성에 의해 독점되고 여성은 단순한 업무만 담당하는 식으로 성에 따른 기존의 위계가 강화될 것이다.

반면에 가사노동의 자동화에 따라 여성의 경제활동 참여가 증가할 것이고, 순차적으로 여성의 사회적 지위가 향상될 것이라는 전망도 있다(Toffler, 1981). 또한 정보화 사회에서는 물리적 힘보다 지적 능력이 중시되므로, 노동력의 성별 구분이 무의미해져서 여성의 사회 진출에 대한 장벽이 낮아질 것이라는 주장이다. 물리적 힘보다는 참신한 아이디어와 섬세함을 요구하는 정보중심사회는, 여성성의 장점을 드러내어 노동시장 내에서 여성들이 부각될 수 있는 절호의 기회이다.

여성성이 지닌 탈위계적 의사소통 능력과 친화적 성향이, 다양성을 특징으로 하는 21세기의 성격에 잘 어울린다. 그러나 부와 권력의 새로운 원천인 정보에 대한 접근성에 있어서 양성 간의 격차를 좁히지 못할 경우, 남성과 여성 간의 지위는 지금보다 더 차등화될 수도 있다. 그래서 정보라는 자본을 축적하는데 있어서 양성 간의 격차를 줄이려는 노력이 개인적 차원 뿐 아니라 사회적 차원에서도 이루어져야 한다. 즉 정보화에 관한 여성 전반의 인식을 새로이 하는 교육운동과 더불어, 여성들의 정보교육을 위한 지원이 요청된다. 또한 여성들로 구성된 정보 산업을 육성하고, 여성들에 의해 운영되는 정보 산업체를 지원하며, 여성에 의해 개발된 소프트웨어의 구매운동 등을 전개할 필요가 있다(허혜경 · 박인숙, 2005).

4. 한국 노동시장에서의 성차별 해소를 위한 방안

전술한 이론들 그리고 정보화 사회의 특성에 의거하여 노동시장 성차별의 원인을 제거하기 위한 노력이 다방면에서 경주될 때, 노동시장에서 남성과 여성이 동등하게 협력하며 일할 수 있을 것이라는 낙관이 가능하다. 우선 첫째, 여성들 스스로 직업관을 전환할 필요가 있다. 직업을 "꼭 갖지 않아도 된다."고 응답하는 여성의 비율은 더 이상 높지 않지만, 노동현장에서 여성들이 취집이라는 핑계로 그리고 육아의 필요로 인해 남성들보다 쉽게 포기하는 경향은 여전하다. 이는 가사 및 육아의 일차적 책임자를 여성으로 규정하는 성역할 고정관념을 여성들 스스로 내면화한 결과이기도 하고, 여성들로 하여금 가정에 안주하는 삶을 택할 수 있도록 용인하는 사회 분위기와도 무관하지 않다. 그런데 경제적 독립성이 없는 삶이란 "뒤웅박 팔자"라며 폄훼되었던 과거 여성들의 삶과 다르지 않아서, 가사와 양육

등으로 채워지는 무임 노동에도 불구하고 남편의 경제적 부양 능력과 너그러움 정도에 의해 좌우될 수밖에 없기 때문이다. 여성의 공식적 사회활동이 차단되어 있어서 어쩔 수 없이 집안에서 살았던 과거와 달리 오늘날 경제력을 유지하려고 고군분투하는 여성들이 많은 것은, 무임의 가사와 양육 역할이 경제 활동보다 덜 중요해서가 아니라 자본주의 사회에서 경제적 독립성이 개인의 정체성과 대인간 권력관계 그리고 삶의 주체성에 미치는 영향이 무시할 수 없이 크기 때문이다.

두 번째, 노동시장에서 여성의 지위를 향상시키려는 노력 역시 여성들 간의 연대를 통해서 원활하게 이루어질 수 있다. 그런데 노동현장에서 경험하는 현실은 계층별로 다양하기 때문에 계층이 다른 여성들 간 연대는 쉽지 않다. 특히 전문직 여성들은 가사 및 육아와 관련하여 노부모의 지원이나 금전적 여유를 활용하여 개인적으로 해결할 수 있고 노동현장에서의 업무상 자율성이나 대우 면에서도 상대적으로 유리한 입지에 서 있기 때문에, 여타 계층의 여성들이 경험하는 문제를 첨예하게 느끼거나 공유하기 쉽지 않다. 그럼에도 불구하고, 전문직 및 고위직 여성들은 사회적 영향력이 큰 위치에 있기 때문에 여성 전반의 변화를 위해서 노력할 사회적 의무를 지닌다. 즉 이들 여성들은 자신을 예외적으로 우월한 존재로 여겨 다른 계층의 여성들과 구별되려 할 것이 아니라, 자신들이 주축이 되어서 여성 후배를 키우고 사무직이나 생산직 여성들이 경험하는 문제를 함께 고민해야 한다. 그러한 연대를 통해서 여성들의 목소리를 모으고 대변함으로써 노동시장을 여성들에게 우호적으로 바꿔 갈 수 있을 것이다.

세 번째, 가사 및 육아가 여전히 여성의 일차적 책임으로 인식되어 있는 현재의 사회구조에서 직업을 가진 기혼여성들은 이중부담에 시달리고 있다. 그 결과 맞벌이 여성들 개개인은 시간적 압박과 에너지 고갈로 인한 건강문제에 시달리고 직장에서 '마미 트랙(mommy track)[10)]'에 빠지기 쉽다. 또한 직장과 육아 사이의 역할 갈등을 우려한 가임기의 여성들이 출산을 주저함으로써, 우리 사회는 저출산의 늪에서 허우적거리는 중이다. 잊지 말아야 할 것은, 기혼여성들의 가족 책임이 개인적 선택 사안이거나 개인적 해결 능력 여부에 따른 문제가 아니라 공적인 차원에서 해결되어야 할 문제라는 사실이다. 따라서 공보육 서비스 및 육아휴직제, 유연근무제 등 양육지원정책이 좀 더 다양하게 활성화되고, 가사 및 육아를 부부가 적절히 분담할 수 있도록 직장 문화가 친가족적으로 바뀌고 정부 역시 이러한 기업들에게 실질적 지원을 제공해야 한다.

네 번째, 장기적으로는 가부장적 노동시장의 관행이 사라져야 하겠지만 단기간에 급격한 변화가 있을 것으로 기대하는 것은 무리이다. 그러므로 성차별적 의식과 관행의 결과로 인해 누적되어 온 노동시장 내 성불평등을 해소하기 위한 적극적 조치

---

10) 여성이 육아와 직장을 병행하기 위한 방편으로 고위직을 향한 경쟁에서 스스로 물러나거나 혹은 근무시간이 예측가능하거나 상대적으로 짧고 책임이 덜한 직책에 스스로 타협하고 주저앉는 경향을, '마미 트랙'이라고 한다.

(affirmative action)가 필요하다(박기남, 2007). 이는 노동시장에서 여성에 대한 '구조적 차별'과 여성의 '과소대표성(under-representation)' 문제를 감소시킴으로써 '결과의 평등'을 지향하기 위한 방안이다(김경희, 2001; 박기남, 2007에서 재인용). 이를 두고 개별적 차원에서 역차별[11] 논란을 제기할 수 있겠으나, 적극적 조치는 '한시적'이라는 전제를 둔다면 현재의 시점에서 필요한 정책임에는 틀림이 없다. 현재 한국의 경우 남녀고용평등법과 여성발전기본법에 '적극적 조치'가 명시되어 있다. 또한 노동부는 2004년부터 여성 인력 활용이 낮은 공기업과 정부산하기관을 대상으로 '고용평등 프로그램'을 실시하고 2006년부터 종업원이 1천 명 이상인 일반기업과 300명 이상인 정부조달기업이 여성 인력을 많이 활용할 경우 재정적 인센티브를 주는 방안을 실시해 오고 있다. 이와 같은 구체적 지원책을 통해 직종 간의 성별 격차 및 공공 부문의 성비 불균형이 완화되기를 기대한다.

11) 역차별이란 다수에 속함으로 인해 오히려 차별을 당할 경우에 쓰이는 용어이다. 하나의 예로서, 30%의 신입 직원을 여성으로 채용한다는 고용할당제에 의거하여 남성 구직자 중에서 채용 인원의 70%를 뽑고 여자 구직자 중에서 채용 인원의 30%를 뽑았더니, 입사시험 성적이 75점인 남자 구직자는 떨어지고 73점인 여자 구직자는 합격할 수 있었다. 이때 75점의 성적으로 떨어진 남자 구직자의 입장에서는 '역차별'이라는 주장이 가능하다.

Chapter 12

여성의 정치세력화에 관하여

Chapter 12
여성의 정치세력화에 관하여

정치란 제한되어 있는 사회적 가치를 배분하는 가장 최종적이고 권위적이며 구속력이 있는 행위이다. 그래서 정치 영역에서 여성의 참여는 여성의 경험과 욕구를 실질적이고 가시적으로 표현하고 현실에 반영할 수 있는 가장 직접적인 방안이다. 왜냐하면 개별 여성들이 겪는 문제들이 결코 개별적인 것이 아니라 사회제도적 요인들에 의해 초래되는 것이므로 정책을 통한 해결이 필요하기 때문이다(오유석, 1999).

오늘날 온건한 페미니즘으로 평가받는 자유주의 페미니즘이 여러 권리들 중에서 참정권에 대한 요구에 가장 집착했고 기득권 남성들의 저항에도 많이 부딪혔던 역사는, 정치가 가지는 영향력을 여실히 증명한다. 대의민주주의 사회에서 참정권이란 선거권과 피선거권 즉 자신이 속한 집단의 이익을 대변할 대표자를 뽑을 권리와 더불어 스스로 대표자로서 선출될 수 있는 권리를 의미한다. 그런데 공적 영역에서든 사적 영역에서든 자유롭고 평등한 삶에 대한 요구란 늘 정치적으로 표현되고 관철되어 왔으므로, 정치권에서 여성의 대표성을 확보하는 것은 중요하다. 남성이 만드는 정책이 "여성을 대상으로 남성의 시각에서 남성의 손으로 만든" 것이어서 반쪽짜리일 수밖에 없는 반면, 여성이 경험하고 느낀 여성문제와 여성의 욕구를 반영하기 위해서는 "여성의, 여성에 의한, 여성을 위한" 정책이 필요하기 때문이다.

선진 자본주의 국가의 여성들이 참정권을 획득한 것은 100여 년에 걸친 지난한 투쟁의 결과였지만, 참정권을 갖기 시작한 지 100여 년이 지난 오늘날에 이르기까지도 여성은 남성과 동일한 차원의 참정권을 행사하지 못하고 있다. 특히 여성의 정치권력은 남성만큼 조직화되지 못한 상태이다. 물론 세계적으로 유명하고 유능한 것으로 알려진 정치인들 중에 여성을 찾을 수 없다는 의미는 아니다. 그러나 스웨덴을 제외한 서구 선진국들의 여성의원 비율은 35%에도 못 미치는 실정이다. 한국은 그 비율이 특히 낮으므로, 정책 결정이 이루어지는 과정에 여성이 참여하는 비율을 높이기 위한 적극적인 노력이 필요하다.

1. 한국 여성의 정치참여 역사

한국 여성의 참정권은 1948년 남한만의 단독 정부 수립을 위한 초대 국회의원 총선을 치르기 위해 미군정에 의해서 부여되었다. 서구 선진국의 경우와 달리, 한국에서는 아래로부터의 참정권 운동 과정이 없이 정치적 이유로 인해 위로부터 일괄적으로 참정권이 주어졌다. 여성의 문맹률이 90%에 달했던 당시의 상황에서 선거권이란 여성들의 주체적 권리를 위해서가 아니라 특정 정권을 만들기 위한 정치적 목적에서 "시키는 대로" 찍는 존재를 확보하는 도구에 불과했던 것이다. 따라서 이 시기 여성에게 주어졌던 선거권을 여성의 지위가 상승한 근거라고 여길 수는 없다.

이후 여성들은 선거권뿐 아니라 피선거권자로서도 정치권에 발을 내딛기 시작했다. 하지만 오늘에 이르기까지도 여성의 정치 참여율은 남성의 비율에 한참 못 미친다. 가장 대표적인 경우가 여성의 의회참여 특히 국회 진출이다. 1대부터 4대까지는 해방 직후 우익여성단체 활동을 한 임영신과 박순천 등이 '대한여자국민당' 및 '대한부인회' 소속으로 당선되었고, 그 외에는 자유당 정권의 공천을 받은 여성들이 소수 당선되었다. 이후 8대부터 공화당 소속의 전국구 여성의원이 증가하기 시작했고, 9대와 10대에는 통일주체국민회의 대의원이라는 이름으로 여성의원들이 수적으로 급증하였다. 또한 11대에는 신군부에 협력한 여성들이, 12대와 13대에는 집권 여당의 전국구 비례대표로서 여성의원들이 선출되었다(한국여성연구회, 1996). 1대부터 16대에 이르기까지 유권자의 직선으로 선출된 지역구 의원들 중 여성의원의 수는 한 자릿수에 머물렀던 반면, 17대 이후부터 눈에 띄는 증가세를 보이고 있다. 비례대표 당선자의 반을 여성에게 할당하도록 개정된 선거법이 적용되기 시작한 17대부터는,

비례대표제에 의해 당선된 여성의원의 수가 급증하였다. 그러나 2023년 현재 한국의 여성 국회의원 비율은 19%에 불과해서, OECD 37개국의 평균 여성의원 비율인 33.8%의[1] 3분의 2 수준에도 미치지 못한다.

〈표 12-1〉 역대 국회의원 중 여성의원 수

<table>
<tr><th>구분</th><th colspan="4">여성의원 수</th><th>전체 의원 정족수</th><th>선거방식</th></tr>
<tr><td>1대</td><td colspan="4">1</td><td>200</td><td rowspan="5">소선구제
최다득표제</td></tr>
<tr><td>2대</td><td colspan="4">2</td><td>210</td></tr>
<tr><td>3대</td><td colspan="4">1</td><td>203</td></tr>
<tr><td>4대</td><td colspan="4">3</td><td>203</td></tr>
<tr><td>5대</td><td colspan="2">민의원 1</td><td colspan="2">참의원</td><td>233(민의원)/58(참의원)</td></tr>
<tr><td>6대</td><td rowspan="16">지역구</td><td>1</td><td rowspan="5">전국구</td><td>1</td><td>175</td><td rowspan="3">소선구제
최다득표제
(비례대표제)</td></tr>
<tr><td>7대</td><td>1</td><td>2</td><td>175</td></tr>
<tr><td>8대</td><td>0</td><td>5</td><td>204</td></tr>
<tr><td>9대</td><td>2</td><td>10</td><td>146(민선)/73(통일주체국민회의)</td><td rowspan="2">중선거구 2인
선출(유정회)</td></tr>
<tr><td>10대</td><td>1</td><td>7</td><td>142(민선)/77(통일주체국민회의)</td></tr>
<tr><td>11대</td><td>1</td><td rowspan="11">전국구</td><td>8</td><td>276</td><td rowspan="2">중선거구 2인
선출(비례대표제)</td></tr>
<tr><td>12대</td><td>2</td><td>6</td><td>276</td></tr>
<tr><td>13대</td><td>0</td><td>6</td><td>299</td><td rowspan="9">소선거구제
최다득표제
(비례대표제)</td></tr>
<tr><td>14대</td><td>1</td><td>7</td><td>299</td></tr>
<tr><td>15대</td><td>3</td><td>9</td><td>299</td></tr>
<tr><td>16대</td><td>5</td><td>15</td><td>273</td></tr>
<tr><td>17대</td><td>10</td><td>33</td><td>299</td></tr>
<tr><td>18대</td><td>14</td><td>32</td><td>299</td></tr>
<tr><td>19대</td><td>19</td><td>28</td><td>300</td></tr>
<tr><td>20대</td><td>26</td><td>25</td><td>300</td></tr>
<tr><td>21대</td><td>29</td><td>28</td><td>300</td></tr>
</table>

출처: 인터넷 국회의원 광장.

1) https://www.bbc.com/korean/news-64884586

여성의원의 비율을 높이는 것은 중요하다. 여성의 과소대표성(under-representation)은 대의민주주의 원칙에도 위배되는 문제이기 때문이다(한국여성연구회, 1996). 따라서 전국구 비례대표 의원수의 반을 여성에 배정하는 방식은, 정치권에서 여성의 비율이 일정한 수준으로 높아지기까지 한정된 기간 동안의 적극적 조치(affirmative action)로서 의미가 있다. 그러나 지역구에서의 활동과 유권자의 직선에 의한 의원직이 아니라 위로부터의 정치적 배려에 의해 의회에 진입한 전국구 비례대표 여성의원들의 비율 증가를 곧 여성 유권자를 대변하는 대표성의 확대로 해석하는 것은 무리가 있다. 여성문제를 인식하고 해결하려는 의지를 기반으로 유권자층의 지지를 받아 지역구에서 직접 선출된 여성 대표자의 의회 진출이, 여성문제를 정치적 · 정책적으로 해결하는 지름길이다(한국여성연구회, 1996).

2. 한국 정치에서 여성 배제의 원인

참정권이 남성과 여성 모두에게 주어지고 법률이나 제도상으로는 여성의 피선거권을 막는 제한이 없는 오늘날에도, 정치는 여전히 남성 중심적 영역이다. 그런데 이처럼 여성의 정치적 대표성이 낮은 데는 나름의 이유가 있다.

1) 성역할 고정관념

여성은 남성보다 정치적 자질이 떨어지기 때문에 정치적 의사를 표현하고 정책을 결정하는 고위직 업무에 적합하지 않다는 통념이 존재한다. 물론 이는 여성의 생물학적 특성 때문이 아니라 그러한 자질을 계발할 사회적 기회가 적었던 때문이라는 사실을 간과한 데 따른 편견이자 성역할 고정관념이다.

그런데 상대적으로 열악한 상황에서도 정치적 자질을 연마해온 여성후보자들은, 유권자들이 지닌 이와 같은 고정관념으로 인한 피해를 고스란히 받게 된다. 이는 해당 여성 후보의 입장에서 개인적으로 억울한 일이기도 하지만, 여성 유권자들의 입장에서도 자신들의 목소리를 지닌 대표자를 선출할 수 있는 기회를 흘려버리게 되는 일이다.

2) 성역할 사회화

성장 및 학습 과정에서 여성들은 정치 영역을 지향하게끔 하는 적절한 자극을 받지 못하고 역할모델을 제공받지 못해왔다. 정치 영역은 거친 투쟁의 장으로서 전통적인 여성성과는 배치되는 것으로 여겨졌기 때문이다. 그 영향으로 인해 공식적으로 정치 영역에 도전하는 여성들의 수가 상대적으로 적었고, 이는 다시금 수적 · 비율적 면에서 정치적 역량을 갖춘 여성 후보자가 남성에 비해 적을 수밖에 없는 결과로 이어졌다.

3) 여성적 사회관계망의 특성

여성적 관계 맺기는 소수의 사람들에게 많은 시간 및 에너지를 투자하는 특성을 지닌다. 즉 여성들은 자신과 유사한 사람과의 단짝 친구관계에서 의미를 찾는 경향을 보여왔다. 이러한 특성은 여성적 역할이 집안이라는 제한된 공간에서 제한된 사람들과의 접촉에 치중하게끔 해 왔던 바와 연관된다. 반면에 남성적 관계 맺기는 다수의 사람들과 집단 모임을 같이 하고 서로 자신의 지인들을 소개하면서 넓고 확장적인 관계망(social network)을 형성하는 특징을 보인다. 그런데 넓은 사귐이란 반드시 자신과 유사한 사람들만으로 이루어지는 것은 아니고 상이한 성향과 상이한 자원을 지닌 사람들을 두루 포함하기 때문에, '단짝'이거나 자주 만나거나 비밀을 공유하는 등의 요건을 반드시 충족할 필요는 없다.[2)]

정치란 공적 영역이므로, 시시콜콜한 사적 사연을 공유하는 관계보다는 공적인 필요성과 신뢰를 중심으로 연결된 관계를 필요로 한다. 즉 서로의 사회적 필요를 충족해 줄 잠재력을 지닌 존재들이 포진되어 있고 '나' 또한 상대방에게 필요한 존재로서 인식되어야 관계가 유지된다. 정치란 다수의 이익을 대변하며 목적의 성취를 위해서 다양한 인적 · 물적 자원을 동원해야 하는 영역이기 때문이다. 이러한 점에서, 좁고 깊게 가꾸는 여성적 사귐의 방식은 여성이 정치 영역에서 자리 잡는데 있어

2) 본서의 320쪽 '② 사회관계망 관리하기'를 참조할 것.

서 남성적 관계맺기에 비해 불리하게 작용한다.

4) 성별 역할분리

남성과 여성이 일상에서 수행하는 역할이 다른 것은, 단지 하는 일의 성격이 다르다는 차원을 넘어서는 의미를 지닌다. 집안에서 무급의 가사와 보살핌 노동을 전담하는 여성들은 정치적으로 무관심해지기 쉽고 경제적 무능력으로 인해 자금력 및 인적 조직망의 열세를 극복하기 힘들다.

(1) 여성의 정치적 무관심

가사노동을 전담하는 여성의 일과는 주 관심사를 가족과 육아에 집중하게 하고 정치란 자신과 상관없는 남의 일처럼 여기게 하는 경향이 있다. 더구나 집안에 갇힌 일상이 대부분인 여성들에게, 정치 세력화해서 일상적 권익을 주장해야 할 필요성 내지 국가정책 결정과정에 목소리를 내야 할 필요성에 관해 설득하기란 쉽지 않다.

그러나 이처럼 여성들이 정치적 관심과 흥미가 낮고 정치적 견해가 남성에게 종속되어 있으며 정치참여에 소극적인 경우, 여성의 선거권은 여성의 권리 주장을 대변할 수 있는 통로로서의 기능을 상실한다. 정치적인 것과 관계가 없다고 여겨지는 모든 사적 영역에서의 성불평등조차 실상은 정치적이라는(오유석, 1999) 사실을 깨닫는 데서부터, 정치에 관심이 생기고 적극적으로 선거에 참여하려는 동기를 얻게 된다.

최근 들어 여성들이 후보자의 외모를 보고 선택을 한다거나, 집안 남성의 의견에 따라 투표를 한다거나 하는 통념에 균열이 일고 있다. 특히 30~40대의 도시에 거주하는 고학력 여성을 중심으로 하여, 자신들의 정치적 이익을 투표권과 연결시키려는 조짐이 보이고 있다. 이는 여성의 교육수준 상승과도 관련되어 있고, 특히 여성들의 사회활동이 증가하는 것과 밀접히 연관되어 있다. 여성의 활동무대가 공적 영역으로 확대되어 갈수록 여성들의 정치의식 역시 성장할 것이다.

(2) 자금력과 조직력의 열세

정치는 힘의 논리에 의해 규정되는 파워게임의 현장이므로, 자금력과 조직력이 뒷받침되어야 한다. 그런데 남성이 경제활동을 담당하고 여성은 일차적으로 가정 안에서 무임의 가사노동을 담당하는 방식의 성별 분리를 당연시하는 사회 분위기에서, 여성이 사회적 자리를 확보하는 것은 쉽지 않았다. 남편을 통하지 않고는 경제력을 가질 수 없는 경우에는, 정치에 필요한 자금과 조직을 갖추기 힘들기 때문이다.

오늘날 경제적 독립성과 사회적 활동범위를 넓게 가꿔온 여성들이 늘면서, 스스로 확보한 자금력과 조직력을 가지고 정치권에서 활동하려는 여성들이 증가하고 있음은 고무적이다.

5) 여성단체의 현실적 한계

여성 정치인을 키워내고 당선시키기 위해서는 조직화된 지원이 필요하다. 남성이 자본을 지배하고 있는 사회에서 여성 후보들은 정치권 밖에 있는 여성단체들의 노력에 주로 의존하게 된다. 그런데 여성단체들 역시 인력 부족 및 재정적 한계에 직면하고 있다. 이처럼 여성들은 다양한 지원 세력을 확보하고 있는 남성들에 비해 상대적으로 열악한 상황에 처해 있다.

3. 여성 정치참여 활성화를 위한 제언

여성이 정치에 미치는 영향력을 증가시켜야 하는 것은 여성을 위해서 필요하기도 하지만 남녀가 상호 의존하면서 공존하는 균형 잡힌 사회를 일구기 위해서도 절실한 문제이다. 여성문제는 여성들만의 문제에 국한되지 않고 결국 사회 전반의 문제로 연결되며[3], 사회문제는 다시금 여성문제로 파급된다.[4] 따라

3) 여성에게만 편중적으로 주어지는 육아부담은 여성의 임금노동을 저해하고 결과적으로 여성의 경제적 독립을 낮추게 된다. 이는 여성이라는 이유로 부당하게 주어지는 억압이고 여성문제이다. 그런데 여성들은 개인적인 해결책의 일환으로 출산을 연기하거나 포기하는 결정을 하게 되고, 개별 여성들의 출산연기 및 출산포기 결정은 집합적 차원에서 저출산 경향을 가속화시킨다. 그리고 저출산의 지속은 인구의 노령화 및 부양부담으로 인한 세대 갈등 등 수많은 사회문제로 파급된다. 이는 여성문제가 여성들만의 문제에 한정되지 않고 사회 전반의 문제로 파급되는 하나의 예이다.

4) IMF 경제 위기 상황에서 여성의 일차적 영역은 가정이고 남성은 우선적 생계부양자라는 이유로, 여성이 해고의 우선순위에 당연한 듯이 올랐었다. 이는 경제위기라는 사회문제 즉 여성과 무관할 듯 보이는 실업사태가 남성보

서 여성문제에 관해 사회가 함께 논의해야 하고, 사회문제를 다룰 때 여성의 시각이 절실히 필요한 것이다.

21세기에 새로이 부각되고 있는 여성성의 장점을 통해 남성 주도의 국정 운영이 놓치고 지나온 부분을 메울 수 있을 것이다. 특히 획일화된 질서보다는 다양성을 품을 수 있는 여성적 리더십[5]을 활용할 경우 그늘진 곳의 다양한 소수들을 품어안는 정치를 지향할 수 있을 것으로 생각된다. 소수들까지 함께 품어 안고 가는 사회적 포용성은 위기 상황에서 엄청난 통합의 힘을 발휘할 수 있다. 그래서 여성의 정치참여를 활성화시키기 위한 방안을 찾고 시도하는 것은, 여성들뿐 아니라 남성들을 포함한 우리 모두를 위해서 중요하다.

1) 선거제도의 변화

정치권은 남성 중심적인 사회통념이 강한 영역이다. 게다가 여성들은 자금력이나 조직력에 있어서 열세이다. 이러한 상황에서 여성들은 한 선거구에서 최다득표자 한 사람을 선출하는 현재의 소선거구제(single-district system)보다는 1등뿐 아니라 차점자까지 당선될 수 있는 중대선거구제(multi-member districts)에서 당선될 확률이 높다(오유석, 1999). 여성단체들이 중

다 여성에게 직격되는 불평등 즉 여성문제로 이어질 수 있음을 보여주는 예이다.

5) 여성적 리더십이란 여성적(femine)이라고 여겨져 온 특성들 즉 부드러움, 친밀성, 표현적 성향 및 모성애 등을 활용한 리더십을 뜻한다.

대선거구제로의 변화를 요구하는 이유가 여기에 있다.

2) 정당 풍토의 쇄신

비례대표 공천의 50%를 여성에게 할당하도록 선거법에 규정하면서, 17대 국회부터 여성의원이 큰 폭으로 증가하였다. 그러나 상대적으로 높은 정치권력이 보장되는 지역구의원 선거에서의 여성 공천 비율은 저조하다. 이는 한국 정당들이 여전히 여성에게 배타적임을 실감하게 한다(오유석, 1999).

여성을 공천하지 않는 남성 중심적 정당 분위기에서는, 유권자의 선거 태도와 무관하게, 지역구 출신 여성의원은 배출되지 않는다. 따라서 여성후보의 지역구 공천 비율을 높일 것을 정당에 요구하고 관철시키는 것이 필요하다. 즉 정당 차원에서 지역구 공천에 여성할당제를 당헌으로 명문화하고 할당 비율을 확대하기 위한, 자구노력이 필요하다.

기본적으로 각 지역구에서 당선될 만한 경쟁력 있는 후보자를 공천하는 것이 정당의 전략상 당연한 것이므로, 공천을 목표로 하는 여성 후보자 개인으로서는 짧지 않은 기간에 걸쳐서 가능성과 연고가 있는 지역구에서 진정성 있는 공적 활동을 통해 인지도를 쌓아가야 한다. 각 정당이 여성 정당인에 대한 정치지도자 교육과 훈련을 지속적으로 행함으로써 정치인으로서의 자질을 함양하는 동시에, 선거자금을 지원함으로써 여성이 처해 있는 자금력 및 조직력의 열세를 보완할 필요가 있다(오유석, 1999). 이는 성별구분을 떠나서 정치적 잠재력이 있는 후보군을 공정하게 발굴하고 키워내어 정당이 필요로 하는 자원으로서 활용하기 위해 당연한 일이다.

3) 여성단체들의 조직적 활성화 및 정치적 연대

정치권 밖에서 여성문제를 여론화하고 여성의 정치력을 향상시키는 데 있어서, 여성단체들의 역할이 중요하다.

우선적으로 정당 차원에서 여성 정당원에 대한 지도자 훈련 및 지역구 공천 할당제 그리고 여성 후보에 대한 선거자금 지원 등을 요구하는 데 있어서, 여러 여성단체들과 연대함으로써 정치적 압력을 행사할 수 있다. 왜냐하면 개별 단체들이 내는 목소리보다는 이들이 연대해서 한 목소리를 낼 때 정치권에 미치는 파장이나 일반에 호소하는 영향력이 클 것이기 때문이다.

다른 한편으로는 일반 여성들을 정치적으로 의식화하는데 있어서, 여성단체들의 역할이 주목된다. 즉 여성들을 대상으로 한 교육활동을 통해 여성들의 정치의식을 함양하고, 차세대 여성 후보들에 대한 정치교육을 강화해서 여성 지도자를 양성하는 데 전력을 다해야 한다.

Chapter 13

여성과 교육, 그리고 ...

Chapter 13
여성과 교육, 그리고...

교육이란 개인이 지닌 잠재력을 꽃피울 수 있도록 돕는 과정이다. 그 과정을 통해서, 교육은 사회구성원들로 하여금 사회에 적응해서 살아가도록 가르치고 훈련하는 역할을 한다. 또한 교육과정에서의 개인적 성취를 근거로 삼아서, 교육은 사회구조 속 성원들의 위치와 역할을 부여한다. 특히 오늘과 같은 계급사회에서, 어떤 교육을 어떻게 받느냐에 따라서 개인과 그가 속한 집단의 계층적 위치와 삶의 질이 결정된다.

반면에 교육혜택 및 여건에서의 차별로 인해, 성취도에 있어서의 차별이 야기되고 순차적으로 계층적 불평등의 세습으로 이어지기도 한다. 물론 사회 속에 전반적으로 내재된 성불평등이 명시적 · 묵시적으로 교육 영역에서의 성차별을 초래하지만, 역으로 교육에서의 성차별이 성불평등 사회를 초래하는 구조적 원인이기 때문이다. 이처럼 교육에서의 성차별과 사회 전반의 성차별은 상호 순환적이어서 그 악순환의 고리를 끊어내는 것이 중요하다. 그래서 더욱 교육 기회와 여건은 성별에 관계없이 모두에게 평등하게 주어져야 한다.

본 장에서는 여성교육의 문제가 무엇인지 짚어보고, 양성에게 평등한 교육을 지향하기 위해 필요한 방안에 관해 논하고자 한다.

1. 여성과 남성 간 교육 불평등은 존재하는가

이상적인 여성상과 남성상에 대한 밑그림이 달랐던 사회에서 여성에 대한 교육과 남성에 대한 교육 방향 및 내용이 달랐던 것은 당연하다. 현모양처를 키우는데 여성교육의 목표를 두었던 시기에 여학생들에게는 가사와 내조 및 보살핌과 관련된 내용을 주로 가르쳤다. 그런데 이러한 내용들은 공적 영역에서 사회적 지위나 경제적 보상을 획득할 수 있는 개인적 능력 신장과는 연관되지 않는다. 이처럼 성별에 따라 교육목표와 내용이 불평등했던 과거의 교육은, 필연적으로 양성 간 불평등한 위계구도를 생산할 수밖에 없었다. 다음에서, 양성 간 불평등 구도를 시정하기 위해 교육이 주안점을 두어야 할 지점과 방안을 논의하고자 한다.

1) 유 · 아동기의 교육과 성

(1) 유 · 아동기 교육의 축

유 · 아동기의 성에 관한 교육이 중점을 두어야 할 두 축은,

양성 간의 평등(gender equality)에 대한 사회화 그리고 양성이 서로 상대방의 몸과 성을 존중하고 또한 자신의 몸과 성을 보호할 수 있도록 하는 교육이다. 다만 전술한 두 축 모두 해당 시기의 인지 수준 즉 눈높이에 맞추어서 이루어져야 한다.

이 시기의 사회적 성평등에 관한 교육은, 이론적이거나 논리적 설명이 아니라 양성이 서로 대등하게 협조하고 같은 역할을 평등하게 수행하는 구체적인 모습을 다양하게 그리고 반복적으로 보여줌으로써 아이들이 익숙해지도록 하여 성평등적 가치를 당연한 것으로 여기게 하는 방식이어야 한다.

또한 성폭력을 의미하는 구체적인 행위들에 관해 알려주는 것이 필요하다. 즉 남아에게 어떤 행동이 “그냥 장난”이 아니라 엄청난 죄악인지 그러한 행동을 하면 왜 안 되는지 등을 가르치고, 여아에게 어떤 행동과 접촉을 허용하면 왜 안 되는지 그리고 누군가가 그런 시도를 자신에게 하려고 할 때 어떻게 행동해야 하는지 등을 반복적으로 가르쳐야 한다. 이러한 구체적인 가르침은 해당 시기에만 국한되지 않고 성장하면서 내내 이들의 뇌리에 남아서 스스로의 몸과 성을 보호하고 상대편의 몸과 성을 존중하는 기본틀로 작동하게 된다.

(2) 유 · 아동기 교육의 매체

유 · 아동기의 교육은 주로 교사와 교과서 그리고 부모 등에 의해 이루어진다. 즉 교사가 어떤 태도로 남학생과 여학생을 다루느냐, 교과서가 어떤 내용 및 어떤 표현으로 이루어졌느냐,

그리고 부모가 성역할에 관해 어떤 태도로 양육하느냐 등은 유아 및 아동이 익혀갈 성역할 정체성 및 미래의 자아상 형성과정에서 강력한 영향력을 행사한다.

① **교과서**

첫째, 교과서의 내용과 삽화에 등장하는 인물의 모습에 내재된 편견이 아동들에게 성역할과 양성 간 위계구도에 관한 고정관념을 심어 왔다. 여성은 전통적인 가사와 육아역할을 담당하고 남성은 직업적 역할을 담당하는 것을 당연시하는 삽화 그리고 높은 지위의 직업에는 남성이 있고 낮은 직위 및 보조적인 직업에는 여성이 종사하는 모습의 삽화가 대거 포함되어 있는 교재를 통해, 아동들은 자연스럽게 성역할 고정관념을 당연한 것으로 학습하고 수용하게 된다.

둘째, 지난 세월 동안 교과서에 수록되는 용어가 성차별적이거나 남성 중심적인 경향이 강했다. 예를 들자면 직업인에 관한 내용에서 남성인 경우는 교사, 작가, 의사 등과 같이 직업명을 그대로 쓰고 여성인 경우에는 여교사, 여류작가, 여의사 등과 같이 앞에 접두어 '여'를 붙여서 표현해 왔다. 또한 남성 애국지사인 경우 '윤봉길 의사(義士)' 혹은 '안창호 선생' 등과 같이 공인(公人)을 칭하는 호칭을 사용하는 반면에 여성일 경우 '유관순 누나' 등과 같이 사적인 관계를 지칭하는 말로 묘사해 온 것 등이다.[1)]

1) 이에 관한 비판이 제기되면서, 유관순 열사로 칭하게 되었다.

셋째, 교과서의 내용에 등장하는 빈도에 있어서 성차가 존재한다. 즉 여성은 문장이나 그림 등에서 남자보다 훨씬 낮은 빈도로 등장하는데, 이는 아동들로 하여금 "여성은 중요치 않은 존재"라고 느끼게 한다(허혜경 · 박인숙, 2005).

이처럼 아이들은 교과서에 쓰인 핵심 내용만 이해하고 받아들이는 것이 아니고, 내용이 표현되는 방식을 통해서도 은연중에 성역할을 학습한다. 따라서 교과서를 집필하는 데 있어서 내용 못지않게 중요한 것은, 아이들에게 스며들 수 있는 다양한 요소들을 세심하게 고려하여 균형 있게 담아내는 것이다. 최근 교과서 개편과정에서 여성계의 지적이 받아들여져서 점차 시정이 이루어져 오고 있음은 다행스러운 일이다.

② 교사

유치원 교사는 물론이고 초등학교 평교사 중에도, 여성의 비율이 현저히 높다. 그럼에도 불구하고 교장이나 교감 혹은 부장교사 등 아동들의 눈에 '높은 위치'로 보이는 자리는 남성들이 차지하는 경우가 많다(허혜경 · 박인숙, 2005). 이는 교육 영역만이 아닌 사회 전반의 성차별적 상황일 뿐 아동들을 대상으로 한 교육 의도와는 무관하게 결정된 일이겠으나, 이러한 모습을 보고 익숙해지는 과정을 통해 아동들은 남자가 여자보다 더 능력 있고 높은 자리에 있는 것이 당연하며 여자는 남자를 보조하는 존재라는 인식을 갖게 된다.

또한 교사가 남자 아동을 대하는 태도와 여자 아동을 대하는 방식 사이에 차이가 있다는 점이 지적된다. 교사들은 성장과정에서 이미 우리 사회의 성고정관념에 익숙해진 성인들이므로, 의도치 않더라도 아이들을 대함에 있어서 성고정관념이 개입될 여지가 있다. 자성예견 이론(Self-fulfilling prophecy theory)[2]에 의하면 교사 자신이 지닌 성고정관념으로 인해 무의식적으로 여자 아동에게 불리한 교육태도 및 과정을 실행함으로써 결과적으로 아동들의 성차를 초래하기 쉽다. 즉 남자 아동은 적극적이고 공격적이며 독립적이고 성취 지향적이라고 믿는 반면에 여자 아동은 수동적이고 의존적일 것으로 생각하고, 그에 맞추어 아이들을 교육하는 경향이 있다. 그런데 이러한 성차별적인 교육은 여아들로 하여금 능동적이거나 자율적 동기를 지니게 하지 못하고 타인의 지시와 명령에 순종함으로써 타인에게 인정받고자 하는 의존적 동기를 키우게 한다. 또한 과제 해결 자체를 능동적이고 주도적으로 하게끔 사회화되지 못한 경우, 성장단계가 높아질수록 학업성취도는 떨어지고 수동적 성역할을 내면화함으로 인해 미래의 자아상 역시 낮은 수준에 머물게 된다. 따라서 일선 교사들을 대상으로 성고정관념이 지닌 허구성과

2) 자성예견 이론이란 "믿는 대로 이루어진다."는 말로 요약된다. 즉, 사람은 미리 예견하는 대로 그에 맞추어 행동하게 되기 때문에 결과적으로 예견한 대로의 결과를 얻게 된다는 것이다. 예를 들자면 여자아이들이 수학에 약하다고 믿는 교사는 여자아이들보다는 남자아이들에게 수학에 대한 기대를 하고 격려를 한다. 그리고 여자아이들로 하여금 수학공부를 하도록 독려하지 않는 교사의 행동으로 인하여 여자아이들의 수학성적이 저조한 결과를 낳는다. 결국 "여자아이들은 수학에 약하다."고 믿은 교사의 예견으로 인해 여자아이들의 수학성적이 좋지 않은 결과가 초래된다고 본다.

폐해를 환기시키고 양성평등적인 시각을 재사회화하는 교육이 활발하고 광범위하게 이루어져야 할 필요가 있다.

③ **부모**

부모가 서로를 존중하고 평등하게 대우하는 모습 그리고 양육역할과 경제적 활동을 공유하는 모습을 아동이 관찰하며 성장할 수 있도록 양성평등적 부부역할을 지향할 필요가 있다. 왜냐하면 유·아동기의 자녀는 그 어느 성장단계보다도 부모가 주는 영향에 민감하기 때문이다. 특히 여자 아동은 어머니가 독립적이고 성취 지향적이며 직업 역할에 적극적인 삶을 살 경우 훨씬 성평등적이고 적극적인 태도로 자신의 미래상을 설계하고 추구할 가능성이 높다.

2) 청소년기의 교육과 성

청소년기는 신체적으로는 제2 성징이 나타나서 성적 욕구에 눈을 뜨고 이성에 대한 관심이 집중되는 시기이며, 심리적으로는 부모로부터 분리되어 또래에 섞이는 시간이 많아지며 독립적인 자아를 찾아가느라 혼란스러운 시기이다. 동시에 자아정체감과 미래상을 확립해야 하는 과업을 지닌 시기이기도 하다. 그런데 한국의 교육 시스템상 청소년기는 대학진학을 향한 경쟁에 돌입하는 시기여서, 양 옆을 돌아볼 여유가 없이 학업에 몰두할 것이 기대된다.

(1) 청소년기의 성교육

청소년기는 이성에 대한 관심뿐 아니라 성욕이 활발한 시기이지만 자아 정체성이나 미래의 삶에 대한 계획은 정착되지 않은 단계여서, 성행위에 따르는 책임에 관해 구체적이고 심각한 숙고 없이 섣부른 결정을 할 위험이 있다. 그런데 이 시기의 성적 접촉은 의도치 않은 임신과 출산으로 이어질 수 있다.

따라서 청소년기의 성교육은 실질적인 내용을 중심으로 심도 있게 다루어져야 한다. 그런데 오늘날 학교에서 실시되는 성교육이란 몸의 기관에 대한 소개에 그치는 등, 할애되는 시간뿐 아니라 내용면에서도 피상적이어서 해당 시기 청소년들의 실질적 욕구에 부합하지 않는다. 성적 접촉에 따르는 책임 및 이후의 삶에 미치는 영향에 관하여 그리고 자신과 상대방의 성을 존중해야 하는 이유에 관하여 총체적으로 다루는 교육 프로그램이, 교과과정 내에 적지 않은 비중으로 포함되고 전문가에 의해 실시되어야 한다.

(2) 학업 및 진로에 관련된 교육

한국의 교육 시스템에서, 청소년들은 대학 입학을 목표로 하여 일률적으로 학업과 성적에 목을 매고 달려간다. 왜냐하면 이 시기의 학업성취 결과에 따르는 학벌과 전공이 이후의 사회경제적 지위에 결정적 역할을 하기 때문이다.

직업을 갖는 것이 더 이상 선택의 문제가 아닌 오늘날, 진로에 관한 선택은 여학생에게도 앞으로의 삶과 관련하여 중요하다. 중학교 시기는 진로탐색기여서 실업계 고등학교(상업고등학교나 공업고등학교)에 진학하여 취업을 준비할 것인지 혹은 인문계 고등학교에 가서 대학 입학을 준비할 것인지에 관한 대략적 윤곽을 결정하는 때이다. 고등학교 시기를 진로 준비단계로 여기는 것은, 상업계나 공업계 고등학교에 진학한 경우에는 취업을 위한 준비교육을 받고 인문계 고등학교에서는 인문계열 및 자연계열로 나누어 대학 진학 준비를 하기 때문이다.

그런데 이 과정에서 남학생의 선택과 여학생의 선택 간 차이가 적지 않다. 실업계 고등학교에 진학하는 여학생들은 남학생과 달리 공업고등학교보다는 상업고등학교에 진학하는 비율이 압도적으로 높다. 또한 인문계 고등학교에 진학한 여학생들이 자연계열을 선택하는 비율은 남학생에 비해 현저히 낮고, 따라서 대학에서의 전공 역시 의약학 및 공학 등에 비해 인문학 계통을 선택하는 경향이 높다.

① 진로에 있어서의 성차, 무엇이 문제인가

공업계 고등학교 졸업자들이 상대적으로 높은 보수를 받는 직장에 취업하는 비율이 높은 반면에, 상업계 고등학교 졸업자들의 취업은 매우 어려운 것이 현실이다(허혜경 · 박인숙, 2005). 대졸자의 경우에도 인문계 전공자의 실업률이 현저히 높은 현실에서, 대졸 여성의 실업률이 남성의 경우보다 훨씬 높을 수밖에 없다. 이처럼 중 · 고등학교에서 진로를 선택하는 성향에 있어서의 성차는 향후 임금노동시장에서 받는 대우에 있어서의 성차로 이어진다. 즉 직업을 획득하는 데 필요한 인적자본을 축적해 가는 교육과정에서 여성이 남성보다 불리한 선택을 함으로써 궁극적으로 노동시장에서 불리한 위치를 점유할 수밖에 없는 것이다.

인적 자본론에 입각할 때, 노동시장에서의 성차를 줄이기 위한 전략으로서 중·고등학교에서 여학생의 진로 선택 성향을 수정하는 것이 필요하다. 상대적으로 취업 기회나 보수 및 사회적 지위 면에서 유리한 진로 즉 남성지배적 영역을 선택할 수 있도록, 여학생들을 유도하고 자신감을 가질 수 있도록 격려해야 한다. 또한 여학생에게도 수학과 과학 과목의 중요성과 성취를 강조하고 북돋워야 하며, 남성지배적 직업들에 관한 자신감을 지닐 수 있도록 고무하는 것이 중요하다. 좀 더 구체적으로는 남성지배적 직업에 적합한 성향을 가진 여학생들을 찾아내어 이들의 잠재력을 키우고 격려하는 세심한 배려가 필요하다.

② 교과목의 특성과 성별 차이

여학생이 수학과 과학을 싫어하고 학업성취도가 남학생과 비교할 때 낮은 것으로 알려져 왔다. 이에 관해서 생물학적 관점에서는 여학생이 선천적으로 분석능력과 시·공간 능력이 낮기 때문이라고 설명한다. 그러나 사회문화적 관점에서는 사회화 과정에서 겪는 경험 차이로 인해 수학과 과학 영역에서의 성취도 차이가 생긴다고 본다. 즉 성별에 따라 다른 자극이 주어지는 상황에서 남아와 여아는 다른 경험을 하면서 사회화되는데,

이로 인해 수학과 과학 과목들을 다루는 능력과 필요성에 관해 남학생과 여학생은 상이한 태도를 형성하게 되고 결국 이들 과목의 성취도 역시 차이가 나게 된다는 것이다(허혜경 · 박인숙, 2005). 성취도에 있어서 성차를 유발하는 사회문화적 이유는 다음과 같다.

첫째, 수학과 과학은 남성의 영역으로 간주되고 이러한 과목에서의 성취는 남성적 성역할에 해당하는 것으로 인식된다. 그래서 여성성을 내면화한 여학생들은 수학과 과학에 관한 자신감이 낮고, 자신의 미래와 관련하여 수학과 과학의 유용성을 과소평가한다.

둘째, 수학 및 과학에서의 사고체계가 여성이 사회화 경험을 통해 터득하는 지적 · 인성적 자질과는 부합하지 않는다. 즉 수학이나 과학적 사고란 사람과 관계하기보다 숫자 및 사물과 관련된 영역이고 감성보다는 이성적 사고를 강조하는 점에서 남성성과 통한다(허혜경 · 박인숙, 2005). 또한 수학과 과학이 지향하는 가치 및 지식체계가 여성적 능력으로 간주되어 온 영역에 부합되지 않기 때문에, 여학생의 참여와 성취가 저조하고 이러한 분야의 직업 선호도가 낮다.

셋째, 학교에서 수학과 과학이 제시되는 방식이 남학생에게 유리하다(Kelly, 1985). 사람들은 생소한 것에 접하면 움츠러들고 익숙한 것을 만날 때 자신감을 갖는다.[3] 그래서 익숙하고

3) 서툰 외국어로 대화를 할 때 익숙하고 잘 아는 주제에 관해서는 비교적 말이 잘 나오고 상대방의 말도 잘 들리지만 주제가 생소하면 말을 더듬게 되

친근하게 느껴지는 방식을 활용하는 교수법이 효율적이다. 예를 들면 레고블록을 쌓고 허물며 노는 놀이는 주로 남자아이들에게 익숙하고, 인형에게 옷을 입히고 음식을 만드는 척하는 놀이는 여자아이들에게 익숙하다. 그런데 수학이나 과학은 레고블록 쌓기에 더 유사한 방식으로 제시된다. 만약 사과를 자르고 음식을 맛있게 하는 요령을 과학이나 수학으로 풀어내는 방식으로 제시한다면 성취도에 있어서의 성차가 달라질 수 있을 것이라는 주장이다.

2. 여성교육에 관한 페미니즘의 관심

1) 자유주의 페미니즘의 교육관

밀(Mill, 1869)이 여성은 타고나는 것이 아니라 만들어지는 것이라고 지적했듯이, 자유주의 페미니즘은 성역할 사회화의 매체로서 교육과정이 성역할 고정관념을 내면화시킨다는 점에 주목한다. 즉 교과서 및 교사를 통해 전통적 성역할을 내면화시킴으로써, 사회에서 성별에 따라 정형화된 직업을 택하게 하는 등 제도권 교육에서 성불평등이 유발되었다고 보는 것이다. 그래서 이를 어떻게 양성평등적으로 전환할 것인가에 관심을 두었

고 상대방의 말도 잘 들리지 않는 것처럼 느껴지는 것과 유사하다.

다. 그러한 맥락에서, 자유주의적 관점은 교과서를 분석하여 교과서 안의 성차별적 편견과 왜곡에 관해 문서화하고, 학교 안에서 여학생과 남학생에게 주어지는 교과목이나 직업상담 등의 교육과정에 깔려 있는 성차별을 지적하였다. 또한 교사와 학생 관계에서 교사가 지닌 성고정관념이 미치는 영향에 관해 일깨우는 계기를 마련하였다(김정희, 2003).

교육과 관련하여 자유주의 페미니즘의 첫 번째 모토는 성평등한 교육 기회의 제공에 있다. 이는 자유주의 페미니스트 단체인 전국여성동맹(National Organization for Women)의 권리선언에 명백히 나타난 것으로서, 성별에 관계없이 모든 유형의 교육기관에 접근하고 선택할 수 있으며 동일한 자격을 갖춘 교원에 의해 가르침을 받고 장학금이나 연구보조비를 받는 데 있어서 차별받지 않을 권리를 의미한다. 또한 자유주의 페미니즘은 학교교육에서 여학생의 학문적 성취가 상대적으로 낮은 이유에 관해서 여성이 교육에 있어서 남성과 동등한 기회를 제공받지 못했기 때문이라고 설명한다. 그래서 모든 남녀에게 균등한 교육 기회를 보장하는 성중립적(gender-neutral) 체제로서 남녀공학의 필요성을 주장한다.

그러나 남녀공학에서의 모든 교육과정 및 학교 내의 일상적 생활에서 실질적으로 성중립적인 교육이 이루어지기는 쉽지 않다. 일부러 의도하지는 않았더라도, 지금까지 남녀공학에서 남학생에게 유리한 교육을 시켜온 것이 사실이다. 그런데 남학생이 주도하고 여학생이 보조적인 위치에 머물 수밖에 없는 교육의 장에서는 남학생과 여학생에게 균등한 교육 기회를 제공한다고 볼 수 없다. 예를 들어 학생자치활동에서 남학생이 리더의 역할을 맡고 여학생이 자잘한 보조업무를 맡는 것이 보편적이라면, 교재가 성중립적으로 구성되고 교수방법이 성중립적이라고 해도 총체적으로 성중립적 교육이 이루어지는 것은 아니다. 왜냐하면 학교 내에서 이루어지는 교육의 일부로 볼 수 있는 활동에서 여학생은 리더 역할을 학습하지 못하고 보조자 역할을 학습할 기회만 제공받는 것이기 때문이다. 이처럼 교육현장에서 학생들에게 영향을 미치는 요인은 다양하기 때문에, 모든 부분을 성중립적으로 통제하지 않는 한 남녀공학에서 여학생과 남학생이 완벽히 동등한 교육 기회를 누릴 수 있다는 보장은 없다.

2) 급진주의 페미니즘의 교육관

급진주의 페미니즘은 지금까지 교육을 통해 전수되어 온 지식이 남성의 시각에서 남성의 경험에 바탕을 두고 기술되었다고 주장한다. 그래서 온전하지 않은 “반쪽짜리” 지식이 “인간 보편”의 지식인 것처럼 포장된 채 전달되면서 여성의 사고는 주변적인 것으로 평가 절하되어 왔다는 것이다. 또한 가부장적 사회에서 불균형적 남녀관계가 교육조직 내에도 재현되고 있음에 주목한다. 특히 남녀 간의 권력 불균형으로 인해 교내에서 남성에 의한 여성종속과 더불어 여학생과 여교사가 남학생과 남자 교사에 의해 성폭력을 당하는 일이 발생한다는 것이다(허혜경 · 박인숙, 2005).

그러므로 학교 내에서 행해지는 가부장적 지배와 종속관계를 제거하기 위해서, 성인지적(gender-sensitive) 교육이 실시되어야 함을 주장한다. 성인지적 교육이란 양성 간의 차이 및 특성을 고려하여 이루어지는 교육을 의미한다. 여학생을 위한 성인지적 교육을 효율적으로 실행하기 위해서는, 여성 중심의 교육환경 즉 남녀별학(single-sex schooling)이 필요하다고 주장한다. 남녀를 분리한 교육의 장에서 여성 중심적 교육과정과 여성 중심적 교수방법을 통해서 그리고 가부장적인 학교 요소를 배제함으로써, 여성의 자아의식을 높여 주고 남성의 억압에 맞설 수 있는 여성을 길러낼 수 있다는 것이다. 여성 중심적 교육과정이란, 여성의 실제적 경험과 삶에 근거하여 여성의 역사 및 문화에 대한 지식을 반영하고 여성이 사적 영역에서 담당한 역할과 가치를 재평가하는 것 등을 포함한다. 그리고 여성 중심적 교수법이란 비위계적이고 성평등주의적 교수방법으로서, 상호평등과 신뢰관계를 강조하며 직관과 통찰 그리고 감정과 사고의 결합을 중시하는 것 등을 포함한다(Harrist et al., 1989).

그런데 여성들만의 울타리에서 수년을 교육받은 경우, 졸업 후에 갑작스레 직면한 사회 속의 양성구조에 새로이 적응해야 하는 과업에 직면하게 될 가능성이 높다. 왜냐하면 학교 밖의 세상은 여전히 남성 중심적으로 돌아가고 있기 때문이다. 그래서 여학교를 졸업하고 사회에 나간 여성이 이성(異姓)을 이해하는데 어려움을 겪고 남성이 주류인 사회의 불평등 구조에 대해 좌절감을 느끼게 되어, 남성에 대해 과도히 적대적이고 강경한 태도를 취하는 경우도 있다.

3) 사회주의 페미니즘의 교육관

사회주의 페미니즘은 제도권 교육이 어떻게 계급 불평등 및 성별 불평등을 재생산하는지에 관심을 갖는다. 또한 현존하는 성별분업을 유지하고 재생산하는 과정의 핵심으로서 학교를 지목한다(Deem, 1978). 왜냐하면 여학생이 전문직업과 기술직업 영역에서 소외될 수밖에 없도록 학교의 교육과정이 구성되어 있고 남녀 학생들에게 각기 다른 문화를 전달한다고 보기 때문이다. 그리고 노동자 계층 여성과 중산층 이상 여성의 학교 경험에 있어서의 차이[4]를 강조함으로써, 성별 불평등에 얽힌 계급 불평등에 주목한다(Arnot, 1982). 즉 교육을 계층이동 및 성 평등을 일굴 수 있는 통로로 보기보다는 오히려 교육이 계층을 재생산하고 성별 불평등을 재생산하는 역할을 한다고 보는 것이, 사회주의 페미니즘의 관점이다.

그래서 남녀 학생 간, 남녀 교사들 간, 그리고 교사와 행정가들 간의 위계질서와 그 안에서 이루어지는 성별분업에 주목한다. 또한 이러한 계급 불평등 및 성별 불평등이 학교와 가정 그리고 노동시장이라는 세 영역에서 서로 어떻게 연관되며 재생

4) 예를 들면, 중간 계급 여학생에게 교육의 불평등이란 학교교육 과정에서 성별에 따른 여성 소외의 문제가 중심일 수 있지만, 노동자 계급 여학생에게 교육의 불평등이란 해당 교급의 교육을 받을 수 있느냐 혹은 그 이전에 진학을 포기하고 직업 전선에 나서야 하느냐의 문제일 수 있다.

산되는지에 주목한다. 그리고 노동시장에서의 낮은 여성지위가 학교교육에서 여성이 받는 열등한 교육과 가정에서 여성이 행하는 역할에 의해 재생산된다고 주장한다. 부연하자면, 임신과 출산 및 육아 등의 여성역할이 노동시장에서의 성별분업으로 이어지고, 가부장적 가정에서 여성의 낮은 지위가 학교에서 여성이 받는 상대적으로 열등한 교육으로 그리고 다시금 노동시장에서 여성의 낮은 지위로 이어진다는 것이다. 게다가 이러한 순환구조가 자본을 적게 가진 노동자 계층에서 더욱 뚜렷이 나타난다는 점에 주목한다. 이러한 제반 사회관계의 변화가 선행되어야 한다고 보는 관점이, 사회주의 페미니즘이다.

3. 여성교육, 어디로 향할 것인가

교육이란 학교 안에서만 이루어지는 것은 아니고 제도권 교육을 받는 기간 동안에만 이루어지는 것도 아니다. 가정과 학교, 직장 혹은 또래와 대중문화 등을 통해 평생에 걸쳐서 이루어지는 것이 교육이므로, 일관적 방향성을 지닌 교육의 틀을 제시하기는 쉽지 않다. 왜냐하면 사회와 문화 속에 내재하는 고정관념이, 의도하지 않더라도, 다양한 통로를 통해서 개개인의 의식 속에 전수되기 때문이다. 그럼에도 불구하고 학교에서의 교육은 의도적인 개입과 궤도 수정이 가능한 영역이다.

전술한 바 제도권 교육에 성차별이 존재한다는 데 이견은 없다. 다만 무엇을 성차별의 원인으로 지목하고 어디에서 그 해결책을 제시하느냐에 있어서, 페미니즘별로 의견이 분분할 뿐이다. 교육에서의 대안에 있어서도 – 남녀공학 대 남녀별학, 혹은 성중립적 교육 대 성인지적 교육 – 성차를 줄이고자 하는 목적은 공통적이나 구체적인 방안은 다르게 제시된다.

기본적으로 제도권 교육에서의 과정과 내용 그리고 교육방식을 면밀히 조절하고 개선해 나가는 노력이 중요하다. 특히 성고정관념으로부터 자유롭게 각자가 가진 자질과 적성을 펼쳐서 "자신다운" 존재로 살아가고 타인을 있는 그대로 인정하여 존중하는 관용을 갖추도록 가르치고 훈련하는 교육, 즉 성인지 감수성 교육이 매 단계의 교육과정에서 이루어져야 한다.

성차별의 순환 고리를 끊어내는 역할을 학교가 담당한다면, 후속 세대의 사고와 행위 및 능력에 있어서의 성차를 줄일 수 있고 순차적으로는 그들이 주축이 되어 일구는 사회에서의 성차별 역시 완화될 것이다.

Chapter 14

여성과 리더십, 그리고 미래

Chapter 14
여성과 리더십, 그리고 미래

상호작용하는 사람들의 모임을 집단이라고 한다. 특정한 목표를 성취하기 위한 목적을 갖고 모인 집단도 있고 그저 자연스럽게 "모였다 흩어졌다."를 반복하는 집단도 있지만, 어떤 경우든 두 명 이상의 사람들이 공통된 행동을 취하기 위해서는 그들을 이끌고 모임을 주도하는 존재가 있기 마련이다. 집단의 움직임을 주도하는 역할을 하는 사람을 가리켜서 리더(leader)라고 부른다. 즉 항해하는 배의 키를 잡고 방향을 설정해서 선원들을 이끌어 가는 선장이 리더이고 구성원들을 이끄는 행위 자체가 리더십(leadership)이다. 그런데 배가 순조로이 항해하기 위해서는, 선원들에게 올바른 방향을 제시하고 선원들 각자가 해야 할 일을 명확히 정해주며 통솔할 수 있는 선장의 리더십과 더불어 각자의 자리에서 선장이 맡기는 일을 잘 수행해 내려는 선원들의 의지와 능력 즉 팔로워십(followership)이 조화를 이루어야 한다.

일반적으로 리더십은 조직을 이끌어가는 능력을 논할 때 등장하는 주제이다. 조직이란 일정한 기간 동안 공적인 목표를 갖고 과업을 달성하기 위해 모여서 상호작용하는 사람들로 이루어진 집단이다. 그리고 리더십은 목표 설정과 목표 달성을 위해서 조직[1]의 행동에 영향을 미치는 과정이다(Stogdill, 1974). 조직에서의 리더는 구성원들을 설득하고 격려하며 다양한 자원을 동원하여 목표를 향해 나아가야 한다. 그러므로 리더는 늘 구성원들의 특성과 조직이 처한 상황을 염두에 두고 구성원들에게 영향을 미칠 수 있는 방안을 강구하게 마련이다. 이러한 과정에서 리더는 자신이 지닌 개인적 자질과 자원 그리고 공식적 지위 및 권위적 수단을 사용한다.

전통적 리더십은 수직적인 위계구도 하에 목표 달성을 위해서 움직이는 획일적이고 상명하복적인 관계와 성과에 초점을 두었다. 그러나 세대 간의 변화폭과 세대 내 다양성이 커지고 평등주의가 확산되면서, 주어지는 과업의 특성에도 그리고 구성원들의 팔로워십에도 변화가 일어나고 있다. 또한 지식정보사회인 오늘날, 의사소통 채널 및 정보 획득 통로의 획기적 변화는 조직유형의 변화 내지 다양화를 가져왔다. 이러한 상황에서, 빠른 변화에 유연하게 대처하고 변화를 건설적으로 선도할 수 있는 역량과 조직 안팎의 다양성을 아우를 수 있는 넉넉함이 리더십의 주요한 덕목으로 등장하였다. 21세기의 리더십은 집단 공동의 목표를 달성하기 위해서 구성원들의 마음을 움직여서 자발적 추종을 유도해 낼 수 있어야 한다. 또한 합리성뿐

1) 상호작용하는 사람들의 모임을 집단이라고 정의하는데, 그중 일련의 목적 달성을 위해 모여서 공식적인 구조를 갖추어 상호작용하는 집단을 조직이라고 한다.

아니라 직관과 공감을 중시하고, 조직의 목표 달성과 더불어 구성원들의 복지도 동일한 비중으로 인정하면서 구성원 각자를 개별적으로 배려할 수 있는 복합적인 능력을 필요로 한다(이영애, 2007).

1. 리더십의 종류와 오늘날의 리더십

슈워츠(Schwartz, 1989)는 분석적이고 합리적인 사고를 바탕으로 하여 지위와 명령으로 통솔하는 전통적 리더십을 알파 리더십이라고 명명하고, 통합적이고 직관적인 사고에 바탕을 두고 설득과 상호 지원을 중시하는 오늘날의 리더십을 베타 리더십이라고 칭하였다. 산업사회에서는 알파 리더십이 유용했던 반면 지식정보사회에서는 베타 리더십이 유용한데, 남성보다 여성이 베타 리더십을 지니는 경우가 많은 것으로 알려져 있다(이영애, 2007).

한편 리더십을 일곱 가지 색깔에 비유한 신완선(2002)은, 따뜻한 마음으로 신뢰를 구축하는 서번트 리더십, 독창적 아이디어로 새로운 길을 개척해 가는 브랜드 리더십, 불확실한 미래를 전략적으로 준비하고 대응하도록 독려하고 준비하는 사이드 리더십, 성장과 발전을 중시하여 역동적으로 솔선수범하는 파워 리더십, 풍부한 지식을 가지고 구성원들에 대한 역량을 파악하여 적절히 권한을 위임함으로써 구성원들 각자가 스스로 계획하고 세운 목표에 맞추어 효과적으로 움직이는 셀프 리더가 되도록 역량을 키워주는 슈퍼 리더십, 비전을 제시하는 카리스마를 지닌 비전 리더십, 그리고 주어진 상황에 안주하기보다 새로운 패러다임을 이끌어 내는 변혁적 리더십으로 구분하였다. 한 사람의 리더가 일곱 가지 특성을 모두 갖추기란 만만치 않은 일이지만 일곱 가지 특성들 중 어느 하나 중요치 않은 것은 없다. 다만 주어진 상황에 따라 더 필요하고 더 효과적으로 발휘될 수 있다고 판단되는 리더십의 특성은 다를 수 있다.

다양성으로 대표되는 금세기의 리더는, 다양한 구성원들을 감성적으로 끌어안는 유연하고 포용적인 태도로 접근할 때 구성원들의 마음을 얻을 수 있다. 그러려면 인격과 능력 양면에서 구성원들로부터 인정을 받아서 "닮고 싶은 존재"가 되어야 한다. 이를 준거적 권력이라고 칭한다. 또한 리더 개인의 이익이 아니라 공공의 이익에 부합하는 목표를 제시하고 설득할 경우, 리더를 따르면 구성원들 각자의 개인적 이익에도 부합하는 결과를 얻을 것이라는 믿음을 줌으로써 장기적으로 구성원들을 장악하여 단합을 유지할 수 있다. 그리고 전 방향으로 귀를 열어 놓고 구성원들의 아이디어를 통합하여 결정에 반영해야, 구성원들의 적극적 협력을 기대할 수 있다. 직급에 상관없이 구성원들 중 누구의 의견이든 경청하고 중요하게 반영할 것이라는 믿음을 줄 때, 구성원들의 적극적인 동참을 기대할 수 있기 때문이다.

2. 여성 리더, 여성적 리더, 그리고 여성주의 리더

지난 세월 동안 여성들의 침묵 속에 여성의 욕구와 경험은 배제된 채 의사결정들이 이루어져 왔다. 그러나 여성들의 욕구와 경험을 조직의 의사결정 과정에 효과적으로 반영하기 위해서는, 여성들이 주도적인 자리 즉 리더의 위치에 올라야 할 필요가 있음은 두말 할 나위가 없다. 정책을 결정하는 고위직 그리고 국민의 의견을 대변하는 자리에 여성들이 많이 진출해야 하는 이유가 여기에 있다.

여성의 교육수준과 사회 참여율이 증가하고 성역할 고정관념이 완화되면서, 여성 리더의 수가 증가하고 있다. 21세기를 여성시대라고 한다. 이는 과거의 어느 시기보다도 여성들이 중요한 역할을 하는 존재로 사회의 전면에 부각되고 있다는 의미이다. 금세기가 처한 상황이 여성을 필요로 하고 있다는 의미이기도 하다. 지나온 세월 동안 인류는 정복과 개발이라는 미명 하에 인간과 자연 그리고 인간과 인간 간의 관계를 수없이 파괴해 왔다. 이제 개개인의 생존은 약자를 포용하는 인간연대 내지 공존을 통해서만 가능해졌음을, 인류는 받아들일 수밖에 없다. 그런데 상호 의존과 호혜 및 배려의 가치는, 여성에게 기대해 온 '여성성'과 통한다. 더구나 21세기는 개성이 뚜렷하고 자기 목표가 분명해서 획일적이거나 일방 통행식의 명령과 처벌로는 하나로 묶어낼 수 없으리만치 다양한 욕구와 색깔을 지닌 사람들이 살아가는 사회이다. 그 다양한 존재들이 함께 어우러질 수 있기 위해서는, 있는 그대로의 다양성을 인정하고 자발적인 추종을 유도해 낼 수 있는 부드러운 힘 즉 여성적 힘이 필요하다.

1) 여성적 리더십과 여성주의 리더십

여성적 리더십(Feminine leadership)이란 태도와 행위 면에서 배려와 부드러움, 보살핌, 모성, 관계지향성, 투명성, 꼼꼼함 등의 여성성을 활용한 리더십을 뜻한다. 즉 리더가 여성이든 남성이든 상관없이 구성원을 배려하고 부드러운 관계 속에서 이끌어간다면, 여성적 리더십을 지닌 것으로 평가된다. 여성적 리더는 중요한 결정과정에 구성원을 동참시키고 민주적인 의사결정을 선호하기 때문에, 지식정보사회의 유연한 조직을 이끌어가기에 적합하다. 여성적 리더는 지위에 의한 획일적 권력보다는 과제에 대한 전문성이나 대인관계의 유능성 등 개인적 자원에 의한 권력을 활용하는 특징을 지닌다(이영애, 2007).

리더의 생물학적 성별과는 무관하다는 점에서 여성적 리더십과 여성주의 리더십은 공통적이다. 그러나 여성적 리더십이 리더 자신의 여성적 특징 및 행동으로 묘사되는 반면, 여성주의 리더십(Feminist leadership)은 여성주의 가치를 지향하는데 중점을 둔다. 여성주의 가치란 성평등과 평화적 상생 및 다양성의 포용 그리고 협동 등으로 대표되는데, 여성주의 리더십은 이러한 가치들을 전제로 하여 가부장적 조직이나 규범 혹은 사고와 행동을 변화시키고 성평등의 실현을 지향한다.

2) 여성 리더십 그리고 여성 리더가 조직에서 경험하는 어려움

여성 리더십(Female leadership)이란 생물학적으로 여성인 리더가 보여주는 리더십을 의미하므로, 여성적 리더십이나 여성주의 리더십과는 구분된다. 여성적 리더십이 여성 리더뿐 아니라 남성 리더에 의해서도 활용되듯이, 여성 리더가 여성적 리더십만을 활용하는 것은 아니고 남성적 리더십을 활용하는 경우도 많다. 특히 여성의 사회활동이 많지 않았던 지난 세월 동안, 소수에 속했던 여성 리더들이 남성적 리더십을 주로 활용한 경우가 많았다. 이는 남성 중심의 조직문화에 적응하는 과정에서, 남성적 리더십을 전략적으로 선택하였던 바에 기인한다.

여성과 남성은 같은 직급이나 보직을 맡고 있더라도 각각 다른 조건에서 리더십을 수행한다(김양희, 2006). 즉 여성과 남성은 해당 리더의 지위에 도달하는 경로가 다르고, 권한에 대한 인식과 권력 행사 방식 또한 다르기 때문이다(이영애, 2007). 남성이 압도적으로 많은 조직에서는 여성 리더가 효과적으로 리더십을 발휘하기 쉽지 않은 반면에, 여성이 압도적으로 많은 조직에서도 리더는 남성인 경우가 많다. 이는 여성 리더가 지닌 개인적 능력의 한계 때문이 아니라 성별 위계에 관한 고정관념에 원인이 있다.

(1) 리더 역할과 여성역할 사이의 딜레마

우리 사회는 여성 리더의 존재가 조직을 유연하고 수평적이며 감성적으로 변화시킬 것이라는 기대를 한다. 그래서 여성을 리더로 발탁할 때는 여성적 리더십을 기대한다. 그런데 여성적인 부드러움과 따뜻함이 주 이미지인 리더는 원만한 대인관계를 유지할 수는 있지만, 직업적인 유능함이나 결단력 내지 카리스마가 부족하다는 평가를 받기 쉽다(주희진, 2007). 반면에 여성이 전형적인 남성적 리더십을 발휘하여 업무에 있어서 추진력과 결단력이 강한 경우에는, 기존의 성별 위계질서를 위반하는 것으로 평가되면서 주변에 위협적 존재로 여겨지기 쉽다. 즉 우리 사회는 여성 리더가 업무수행 능력에 초점을 두면 "여자답지 못하다"는 부정적 평가를, 여성적 따뜻함과 부드러움이 특징이면 과제수행 능력이 약할 것이라는 부정적 선입견을 갖는다. 또한 외모나 옷차림 혹은 행동양식 등에 여성적 특성이 많으면 업무능력 이외의 성적 매력을 활용한다는 부정적 의심을 하곤 했다. 이러한 성역할 고정관념으로 인하여, 여성 리더에게는 이중적 기대가 주어진다. 다시 말하면 업무 지향적인 남성적 리더십은 기본이지만 여성성은 없어서도 과해서도 안 되는 상황인 것이다.

여성 리더가 경험하는 이와 같은 딜레마는 "리더란 당연히 남자"라고 생각해 온 성역할 고정관념으로 인해 "여성이자 리더"인 존재에 대한 정서적 불편함이 우리 사회에 존재하기 때문이다. 우선 첫째, "여성이자 리더"라는 고정관념 불일치 조합은 사회구성원들의 인지구조에 자리 잡은 성도식(gender schema)에 맞지 않으므로 걸러지는데, 그 과정에서 '리더'의 의미는 폐기되고 '여성'으로만 인식되는 것이다. 둘째, 성역할 고정관념에 입각할 때 여성 리더는 남녀 간의 전통적인 수직적 위계 질서를 파괴할 수 있는 위협적 존재로 여겨진다. 그래서 여성성을 업무능력과 병행할 수 없는 상극의 자질로 평가 절하하는 경향이 의식적 · 무의식적으로 존재한다. 셋째, 성적 긴장감(sexual strain)을 초래할 수 있다는 우려로 인해, 여성 스스로 남성들과 거리 두기를 설정함으로써 사회관계망(social network)을 넓힐 가능성을 제한하기도 한다. 같은 이유에서, 여성 리더들에게는 "행복한 결혼생활 유지하기"라는 사적 조건이 공적 조직에서 리더로서의 평가와 연관되는 경향이 있다.

(2) 개별화와 범주화의 모순

전통적인 남성들의 영역에 진출하는 여성들 그리고 유리천장(glass ceiling)[2]을 뚫고 리더로 성장한 여성들이 점차 늘어나고 있다. 그러나 비율 면에서 이들은 여전히 소수이므로, 이들의 성공과 실패는 묻히지 않고 그대로 드러나 보인다.

"거 봐, 여자는 저래서 안 된다니까…"라는 말은 흔히 하는 표현이다. 남성이 다수인 대부분의 직장에서 여성 한 사람의 실수나 부적응 같은 부정적 상황은, 남성들의 경우와 달리 눈에 잘 띄면서 여성들 모두를 동일 범주화시킴으로써 여성들 전반의 능력에 대한 평가 절하로 이어지는 경향이 있다. 여성 상사들이 남성 상사들보다 더 엄격한 틀로써 여성 부하직원들을 대

2) 유리천장이란 여성들의 고위직 진출을 가로 막는 보이지 않는 장벽을 뜻한다.

하는 경향이 있는데, 이는 여성 부하직원 한두 명의 실수나 부적응으로 인해 사내 여성들 모두에게 가해질 범주화된 처벌을 피하기 위한 자정 노력의 일환일 가능성이 크다. 그러나 이는 “여자가 여자에게 더 심하게 군다.”거나 “여자의 적은 여자”라는 등 여성 부하직원들의 반발을 부르기 쉽고, 결국 여성들 간의 갈등과 분열을 초래하곤 한다. 그런데 동일한 실수나 부적응이 남성에 의해 저질러졌을 때 “거 봐, 남자는 저래서 안 된다니까…”라고 하지는 않는다.

반면에 여성 개인의 유능함이나 성공은 그 여성만의 예외적인 자질로 취급될 뿐 여성 전반에 대한 평가로 이어지지 않고 개별화된다. 성공적인 여성을 보편적이 아닌 예외적 존재로 여기는 방식을 통해, “리더십은 남성의 영역”이라는 성역할 고정관념을 위협하지 않고 피해갈 수 있는 것이다. 또한 출산과 육아 등 여성 전반이 공통적으로 경험하고 사회적 비용이 필요한 문제들의 경우, 해당 여성이 개인적으로 해결해야 할 문제로 축소하여 개별화하는 경향이 있다. 그런데 이는 여성인재를 사장시켜서 사회적 낭비를 초래하고 동시에 능력 있는 여성들로 하여금 출산을 기피하게 함으로써 작금의 초저출산 사태를 초래하였다.

숙자 씨의 고민과 김혜숙 부장의 리더십, 그리고 여성연대

K기업의 김혜숙 부장은 능력 있고 일을 열심히 해오던 부하직원인 숙자 씨로부터 사표를 제출해야겠다는 말을 들었다. 김 부장이 알아본 결과 숙자 씨가 사표를 제출하려는 것은, 고등학생인 아들의 방황 때문이었다. 부부가 모두 직장일 때문에 바빠서 아들의 마음을 잡아주지 못했는데, 아들의 방황으로 인해 부부 사이에도 갈등이 깊어지면서 가족관계가 순식간에 엉망진창이 되고 있었다. 그러니 숙자 씨 자신이 직장을 포기하고 집안에 들어앉아 아들의 마음과 가족관계를 다독여야겠다는 것이었다.

김 부장 역시 자녀를 키우면서 직장생활을 해 온 여성으로서, 일을 향한 열정과 모성적 역할 사이에서 갈팡질팡하는 후배 여성의 고민을 헤아리고도 남음이 있었다. 김 부장은 일단 6개월 정도 휴직을 하도록 권고했지만, 숙자 씨의 경우는 규정상 휴직 사유에 해당하지 않았다. 주변의 남자 동료들은, 그동안 숙자 씨와의 관계가 좋았음에도 불구하고, 이번 일에 관해서 사직 외에 별다른 방안이 없을 것 같다는 반응이었다.

김 부장은 자녀양육과 관련된 휴직 사유는 정당하게 인정되어야 한다고 생각했다. 왜냐하면 양육을 위해 모성적 희생을 요구하는 것은 지속적으로 노동시장에서의 성차별을 재생산하기 때문이다. 김 부장은 이러한 이유를 들어 회사 측에 숙자 씨의 휴직을 수용해 줄 것을 강력히 요구하는 한편, 숙자 씨에게는 일단 휴직을 하면서 가족 상황을 개선하도록 노력하라고 설득했다. 결국 숙자 씨는 김 부장의 지원에 힘입어 회사로부터 1년 휴직을 허락받았고, 숙자 씨의 아들은 그 기간 동안 안정을 찾았다. 1년 후 숙자 씨는 훨씬 좋은 상태로 회사에 돌아올 수 있었다. 그리고 처음에 각오했던 경력단절 대신 직장에서의 성과와 승진을 향해 매진할 수 있게 되었다.

김 부장은 여성 선배로서 후배인 숙자 씨의 문제에 관해 다양한 해결책이 가능할 수 있음을 제시했고, 동시에 휴직 관련 규정의 변경을 위한 적극적 노력을 통해 구체적으로 지원함으로써, 여성 후배를 이끌고 길을 틔워 준 멘토이자 리더였다. 이는 일과 가정을 양립하느라 비슷한 길을 헤쳐 온 여성으로서의 공감대와 유연한 사고를 특징으로 하는 여성적 리더십에 기초한다. 미래의 어느 날 숙자 씨 역시 김 부장으로부터 받았던 보살핌과 멘토링을 후배 여성들을 위해 베풀 수 있을 것이다. 이렇듯 앞에서 끌고 뒤에서 미는 여성연대의 고리를 통해, 사회 내에서 여성들이 자리를 넓혀가고 사회는 여성의 잠재력을 활용할 수 있을 것이다.

(3) 여성연대

여성들만의 집단에서 활동한다면, 전술한 바와 같은 어려움을 겪을 필요는 없을 것이다. 그러나 남성들과 여성들이 어울려서 일하는 조직에서 여성이 리더로 성장하고 리더 역할을 해 나가기 위해서, 상기 어려움들은 해결되어야 할 여성문제이다.

매 조직마다 여성이 더 이상 수적 소수가 아니게 되면 전술한 바와 같은 어려움에 직면할 가능성은 줄어들 것이므로, 궁극적으로 여성 구성원의 비율을 높이기 위한 노력이 필요하다. 그러기 위해, 선배 여성과 후배 여성이 멘토(mentor)와 멘티(mentee)로 엮인 연대를 이루어 서로를 끌어주고 밀어줄 수 있어야 한다. 그리고 조직 내 여성 구성원들끼리의 수평적 · 수직적 모임을 통해 여성문제를 극복하기 위한 해결책을 모색하고 집단적 목소리로 여성 자신들의 권리를 주장할 필요가 있다.

3. 여성과 미래의 리더십 전략

1) 공적 조직에서의 여성 리더십 계발

공적 조직에서 소수인 여성이 리더로 부상하기 위해서는, 여성적 리더십을 활용함과 동시에 남성적 리더십의 특성을 접목할 필요가 있다. 업무 중심적인 남성적 리더십 스타일과 인간관계 중심적인 여성적 리더십 스타일의 균형을 유지할 때, 젠더 차이를 극복할 수 있다(Bell & Chase, 1995; Shakeshaft, 1989). 그런데 남성적 리더십과 여성적 리더십을 두루 활용할 수 있으려면, 짧지 않은 기간에 걸쳐서 내면적 · 관계적 자질들을 연마해야 한다.

(1) 내면적 자질

루더만(Ruderman, 2002)은 진정성, 관계망 구축, 통제, 삶의 통합, 그리고 자기 이해 등의 다섯 가지를 리더십의 자질로서 제시하였다. 우선 첫째, 진정성이란 일상적 행동이 자신의 신념 및 가치관과 일치하는 정도를 의미한다. 이는 여성성의 특질인 투명성과 연결되는 것으로서, 평소의 신념과 말에 일치되는 행동을 할 때 리더로서의 자신감을 유지할 수 있고 구성원들로부터 신뢰를 얻을 수 있다.

둘째, 관계망 구축이란 정서적 교감 내지 공감을 통해서 유대감을 쌓아가는 것을 뜻한다. 공식적인 관계를 뒷받침하는 것은 비공식적이고 정서적인 친밀함이기 때문이다. 조직 내외에서 감성적인 친밀함과 우호성에 기초한 관계망이 넓게 형성되어 있는 경우, 과제의 종류나 목표를 불문하고 필요한 자원을 조달하거나 혹은 구성원들의 합의를 원만하게 이끌어내는데 유리하다.

셋째, 통제란 구성원들에 대한 장악력을 의미한다. 통제를 이끌어 내는 방법은 리더의 스타일에 따라 다양할 수 있다. 지위적 권력에 근거한 강제나 보상 혹은 처벌도 통제를 가능하게 하는 권력자원이고 즉시적 효과가 있기는 하지만, 장기적으로 구성원들의 마음을 움직여서 자발적으로 따르게 하기는 힘들다. '부드러운 힘'으로 요약되는 권력자원들이, 전문성과 준거적 권력 및 설득력 등이다(이여봉, 2017). 즉 리더가 해당 분야에 관해 전문성을 지니고 있거나 구성원들에 의해 동일시하고 싶은 역할 모델로 여겨질 때 혹은 논리적인 근거와 설득을 통해 구성원들의 마음을 움직일 수 있을 때, 보다 효과적으로 구성원들을 장악할 수 있다.

넷째, 리더 자신뿐 아니라 구성원들 모두의 삶이 일터에서만 이루어지는 것이 아니라는 점을 인식하고, 가족적 삶과의 균형을 인정하고 지원하는 것이 필요하다. 가족과 일터는 상호 연관되어 있어서 어느 한편을 희생시키면 나머지 한편 역시 효율성을 상실한다. 가족이 여성의 영역으로 경험되어 온 현실에서, 구성원들의 가족에 대한 자상하고 꼼꼼한 배려는 여성 리더의 강점이 될 수 있다.

다섯째, 자신의 강점과 능력 및 약점을 이해하고 자신이 처한 상황을 객관화시켜 분석하는 '자기 이해'가 중요하다. 여기에서 강점과 약점이란 개인적인 강 · 약일 수도 있고 상황적인 유 · 불리일 수도 있다. 강점과 약점 그리고 상황의 유리함과 불리함에 대한 냉철한 분석에 기반을 두어야, 가능한 목표의 방향과 지점을 설정하고 완급을 조절하며 적절한 대비책을 마련할 수 있다. 특히 강점을 특화하여 더욱 개발하고 부각하는 것이 중요하다. 반면 약점을 강점으로 만들겠다는 고집보다는, 약점을 인정하되 보완하려는 노력과 더불어 자신이 약한 부분을 강점으로 갖고 있는 사람을 옆에 두고 통제할 수 있는 범위 안에서 적극적으로 활용하는 것이 현실적인 방안이다.

한편 윤혜린 등(2007)과 이영애(2007)는, 현실 인식, 윤리성, 전망 그리고 행동하는 용기 등의 네 가지를 여성적 리더십의 성공 요건으로 제시하였다. 이는 루더만(2002)이 제시한 5가지 요건 중 자기이해를 현실 인식에 그리고 진정성을 윤리성에 등치시킨 반면에, 루더만과는 다른 차원에서 전망과 용기를 여성 리더십이 갖춰야 할 요소로 제시한 것이다. 부드러움이나 배려 그리고 감성 등과 같은 여성성의 강점이 리더십으로 승화되기 위해서는, 합리적이고 이성적이며 냉철한 판단력 그리고 시기를 놓치지 않고 행동하는 용기와 만나야 함을 부각한 점에서 주목할 만하다. 여성 리더십이 성공하기 위해서, 여성성의 한계를 넘어서 전통적으로 남성성으로 분류되는 특성의 장점을 접목할 것을 요구하는 것이다.

(2) 관계적 자질

리더십은 구성원의 상호 이익을 도모하기 위해 수직 · 수평적으로 얽혀서 협동하는 관계 즉 사회적 자본에 기초해야 한다. 여기에서 사회적 자본이란 지속적인 사회관계망의 구성원이 됨으로써 얻을 수 있는 실재적 · 잠재적 자원이다(Bourdieu, 1986; 이영애, 2007). 신분적 질서가 강했던 과거의 사회적 자본이란, 가문 및 혈연과 지연 그리고 학벌 및 학연과 성별 등과 같은 배타적이고 폐쇄적인 인맥이었다. 물론 한국 사회에서는 여전히 혈연과 학연 및 지연으로 이루어진 인맥의 영향을 무시할 수 없다. 그러나 집단주의가 쇠퇴하고 급격히 개인주의화되고 있는 지금, 상호 의존적 이익을 교환하지 못하는 관계라면 전통적 인맥만으로 호혜적인 유대가 지속되지는 않는다(윤혜린 외, 2007). 상호 의존적 이익 교환이 지속적으로 이루어지기 위해 필요한 것은, 활발하고 역동적으로 유지되는 정보망(information network)이다(이영애, 2007).

여성 리더십이 갖춰야 할 조건으로, 콘텐츠와 자원의 유통경로에서의 의사소통 능력이 중요시된다. 즉 내용이 충실한 정보를 신속하고 정확하게 전달하는 것이 리더십의 중요한 요건이라는 의미이다. 새롭고 중요한 정보를 신속하게 많이 확보하여 정보은행으로서의 역할을 할 때, 의사소통의 중심이 될 수 있다. 그런데 새로운 정보란 늘 직접 만나고 연락하는 친한 관계(strong tie)에서만 오는 것은 아니고, 여러 다리를 건너서 혹은 그저 아는 사이(weak tie)에서 새롭고 유용한 정보를 얻어낼 가능성이 넓게 열려 있다. 그래서 사회관계망을 가능한 한 넓게 유지하고 그들 사이에서 정보가 활발히 오고가는 의사소통의 중심에 위치하는 것이 중요하다.

또한 협상능력과 협상태도에 관하여, 공격적이고 경쟁적인 협상 태도가 많은 이익을 낸다는 분석보다는 협동적이고 우호적인 태도가 장기적으로 더 많은 이익을 낸다는 분석들이 새로이 나오고 있다(이영애, 2007). 한편의 이익이 상대편의 손해로 이어지는 제로섬(Zero-sum) 게임이 아닌 경우, 협조적인 태도가 상대방으로부터 협조를 얻어내서 더 좋은 해결로 이끌 것임은 자명하다(Bebcock & Laschever, 2007). 그리고 이는 다시금 부드러운 리더십 즉 여성적 리더십의 강점으로 연결된다.

2) 사적 영역에서의 여성 리더십에 관하여

리더십은 조직에서만 필요로 하는 것이 아니라는 점에 주목할 필요가 있다. 가정에서도 리더십은 필요하고, 부부나 친구 간의 이자관계(dyadic relationship)에서도 리더십은 필요하며, 자기 자신을 주체적으로 관리하는 것 역시 리더십이다. 그리고 이들은 상황과 범위만 다를 뿐 서로 연관되어 있다.

(1) '나 자신'을 이끄는 리더로서의 삶

셀프 리더란 더 나은 자신이 되기 위해 끊임없이 스스로를 변화시키는 존재이다. 그러기 위해서는, 오늘보다 나은 내일의 자신이 되기 위한 비전과 목표를 가지고 움직여야 한다.

개인이 스스로 정신 및 감정 세계의 평형을 유지하여 긍정적인 자아상을 가지고 주변의 변화에 유연하게 대처하며 바람직한 변화를 향해 움직여 가는 능력을 셀프 리더십(self leader-ship)이라고 한다. 셀프 리더십을 발달시키기 위해서는, 다음의 요건이 필요하다. 첫째, 공적 · 사적 일상에서 중요한 일과 덜 중요한 일 그리고 급한 일과 미뤄도 될 일 및 자신이 해야만 할 일과 남에게 위임해도 될 일 등에 관한 구분과 결정에 있어서, 원칙을 가지고 일관적으로 지켜 나가는 것이다. 그리고 둘째,

사회적 존재로서 주변과 적절히 어울리면서 효과적으로 도움을 주고받을 수 있는 능력을 키우고 인적 환경을 조성하는 것이다.

① 우선순위를 정하고 실천하기

사람은 일상에서 요구되는 다양한 일들을 스스로 처리하거나 남에게 맡기기도 하고 혹은 처리하지 못한 채 그대로 남겨두기도 하면서 살아간다. 그리고 그러한 행위의 결과들이 쌓여서 현재와 미래의 '나'를 이룬다. 그런데 시간과 에너지가 한정된 삶을 살면서 모든 일을 동일한 비중으로 수행해낼 수 없기 때문에, 사람들은 일의 중요도 및 시급성에 관한 스스로의 판단에 따라서 일을 행하는 우선순위를 정할 수밖에 없다.

일의 중요도와 시급성 모두 연속적 개념이지만, 이들을 단순화하면 4가지 - 중요하고 급한 일, 중요하지만 급하지 않은 일, 중요하지 않지만 급한 일, 중요하지도 급하지도 않은 일 - 로 구분할 수 있다. 물론 중요하고 급한 일을 최우선 순위에 놓고 처리하는 것이 기본이다. 그러나 급하지 않더라도 자신이 꼭 해야 할 중요한 일이라면, 매일 적은 시간이라도 내어서 조금씩 처리하도록 해야 한다. 급하지 않다고 계속 미뤄두면 '중요하지만 급하지는 않았던 일'이 '중요하고도 급한 일'이 되어서 코앞에 닥치게 되고, 시간과 에너지 부족으로 인해 결국 처리하지 못해서 중요한 기회를 놓치는 경우가 생길 수 있기 때문이다. 반면 모든 일을 스스로 해야만 하는 것은 아니어서, 남에게 위임해도 된다고 판단되는 일은 믿고 위임할 줄 알아야 한다. 이는 남에게 미룰 수 없는 일을 스스로 처리하기 위해 필요하고, 때로는 자신보다 더 잘 할 자질이 있는 사람에게 위임함으로써 좋은 결과를 끌어낼 수 있는 방법이기도 하다.

물론 스스로 정한 우선순위에 맞춰서 일을 해내느냐 그렇지 못하느냐는, 해당 개인의 능력과 의지에 관한 문제이고 스스로를 이끄는 리더십 즉 셀프 리더십의 수준으로 평가된다. 그렇지만 자신의 정체성을 어떻게 규정하느냐에 따라서, 스스로 정하는 우선순위는 달라질 수밖에 없다. 성정체성 및 성역할 정체성 역시 마찬가지여서, 성역할 고정관념이 강력히 존재해 온 사회에서 성별에 따라 일의 우선순위를 다르게 설정하는 것은 보편적 양상이었다. 그렇지만 자신이 어떤 남자와 결혼하게 되는지에 맞추어서 후차적으로 어떤 일을 하면서 살아갈 것인지를 결정할 것이라고 생각하는 여성 A와 자신은 어떠어떠한 일을 하며 살아갈 것이므로 그러한 삶을 함께 할 수 있는 남자를 찾겠다고 생각하는 여성 B 사이에는, 상당한 간극이 존재하고 그들이 그려내는 삶의 궤적은 상이할 수밖에 없다. 주체적인 셀프 리더로서의 삶을 계획하는 존재는 여성 B이지만, 여성 A 역시 삶의 결과를 스스로 감당해야 하는 것은 마찬가지이다.

② 사회관계망 관리하기

여성들은 사회화 과정에서 친밀성에 기반을 두어서 소수의 유사한 사람들과 깊은 관계를 맺는 경향을 발달시켜 왔다. 반면 남성들은 집단놀이를 기반으로 하여 여러 명이 동시에 어울리고 또한 서로 친구를 소개하고 소개받아서 같이 어울리면서 관계망을 넓게 확산시키는 경향이 있다.

사회관계망 이론에 따르면, 유사한 소수의 사람들과 깊게 맺는 관계(strong tie)는 폐쇄적(closed net)이어서 자신이 갖지 못한 정보나 자원을 제공받기 힘들다. 왜냐하면 나와 유사한 사람들은 내가 가진 정보나 자원과 중첩되는 것들을 갖고 있을 뿐 내게 없는 정보나 자원을 제공할 수 있는 가능성은 적기 때문이다(Granovetter, 1982). 반면 자주 만나거나 친밀성이 아주 높지 않더라도 다양한 사람들과의 유대(weak tie)로 이루어진 넓은 관계망에서는, 내게 없는 정보와 자원을 가진 사람들을 찾기 쉽고 더구나 관계망 자체가 개방적이어서 여러 다리를 건너서 간접적으로라도 필요한 정보와 자원을 얻는 것이 가능하다(Granovetter, 1982). 후자가 전통적으로 남성들이 어울리는 방식이었다.

이제 여성들이 집안에서만 살아가는 시대가 아니다. 그런데 강도 높은 친밀성에만 의존하는 닫힌 관계망으로는, 여성이 사회적 리더로서 성장하기 어렵다. 따라서 스스로의 행동반경을 축소하지 말고, 다양한 분야의 사람들과 두루 교분을 쌓으면서 살아가야 한다. 그러기 위해서는, 나 스스로 사람들에게 다가가는 것도 필요하지만 동시에 사람들로 하여금 나의 주변에 모이고 머물게 해야 한다. 그런데 사람들은 "그냥 착한 사람"에게 다가가는 것이 아니라, "현재 자신에게 필요하거나 혹은 앞으로 필요할" 사람 주변에 모이고 머문다. 따라서 주변이 필요로 하는 자원을 갖춘 사람이 되도록 스스로를 담금질하는 평상시의 노력이 필요하다. 그래야 오늘 주변 사람이 필요로 하는 자원을 내어줄 수 있고, 추후 내가 필요로 하는 자원을 주변으로부터 받을 수 있으며, 그러한 힘을 토대로 하여 다른 사람들을 이끄는 리더로서 설 수 있다. 오늘의 여성들이 "여성은 의존적 존재"라는 과거의 성고정관념적 틀에 갇혀서 여전히 보조적 존재로서의 위치에 머물면서 가까운 타인의 성취에 의해 대리만족을 구하려는 타성을 지닌 것은 아닌지 뒤돌아 봐야 한다.

(2) '가족'을 이끄는 리더로서의 삶

산업혁명과 시민혁명을 계기로 여성을 가정의 중심에 자리매김해 온 이래로, 가족 안의 정서적 · 도구적 부양의 일차적 담당자는 여성이었다. 오늘날 많은 여성들이 맞벌이를 하느라 동분서주함에도 불구하고, 가족을 정서적으로 다독이는 존재는 여성이다. 그래서 아내이자 어머니가 아프거나 부재할 때 가족의 일상이 무너진다는 이야기가 당연시된다. 이처럼 여성에게는 더욱, 스스로 중심을 잃지 않고 살아가는 셀프 리더로서의 삶 못지않게, 슈퍼리더로서 남편을 북돋우는 아내이자 자녀를 다독이는 어머니의 역할이 중요시되는 것이 현실이다. 이러한 역량이 가정 밖의 사회로 확산될 때 모성적 리더십 및 보살핌의 리더십으로서 활용될 수 있다.

셀프 리더는 상대방으로 하여금 스스로 목표를 설정하도록 격려하고 상대방의 성취에 대한 긍정적 보상과 건설적 비판에

인색하지 않음으로써 상대방이 셀프 리더십을 갖게끔 북돋우는 역할을 할 수 있는데, 이를 슈퍼 리더십이라고 한다. 슈퍼 리더십은 조직의 리더에게도 필요하고 학교에서 교사가 지니고 있어야 할 덕목이기도 하지만, 가정에서도 필요하다. 슈퍼 리더십을 지닌 부모는 자녀에게 애정과 동시에 통제를 적절히 제공함으로써, 자녀를 셀프 리더십을 지닌 자율적 개인으로 키워낼 수 있다. 그리고 슈퍼 리더십을 지닌 배우자는, 상대의 상처와 실패를 보듬고 혹은 상대가 잘못된 유혹에 흔들리더라도 스스로 제 자리를 찾아 균형을 잡을 수 있도록 버팀목이 되어줄 수 있다.

3) 여성 리더십의 미래상에 관하여

21세기가 여성을 리더로서 활용하기를 그리고 21세기의 리더십이 여성적 특성을 활용하기를 바란다. 앞에서 잡아끌기보다는 옆에서 함께 뛰어줄 때, 상대방으로 하여금 명령받고 통제받는다는 느낌을 주지 않으면서 자발적으로 움직이게 할 수 있기 때문이다. 약자를 보듬어 안는 배려와 관심을 갖고 여성성을 긍정적으로 활용할 때 다양한 모두를 묶어내서 함께 나아갈 수 있다.

특히 여성성의 긍정적 에너지를 이성과 합리성 및 적극성 등 남성성이 지닌 긍정적 측면과 접목하고 그 관심을 보다 넓은 사회에서의 역할로 확장할 때, 여성 리더십의 장점을 살릴 수 있을 것이다. 또한 남성성의 장점에 배려와 부드러움 및 수평적 관계맺기 등 여성성이 지닌 힘을 보태면, 남성 리더십만으로는 아쉬웠던 부분을 보완할 수 있을 것이다. 이는 여성과 남성이 서로에게서 배움으로써 보다 확장적인 모습으로 서로에게 다가설 것에 관한 주문이기도 하다.

참고문헌

REFERENCES

국민일보 (2005. 12. 27). 〈생활시간 분석: 전업주부 가사노동 가치 월 111 만원〉.

권순형 (1999a). "고려시대의 혼인과 여성의 지위", 《우리 여성의 역사》. 한국여성연구소 여성사연구실 편: 113-134.

_____ (1999b). "고려시대 여성의 규범과 생활", 《우리 여성의 역사》. 한국여성연구소 여성사연구실 편: 135-162.

김경신 · 박옥임 · 정혜정 (1999). "가부장적 관점에서의 가정폭력 - 아내학대를 중심으로", 〈가정폭력 춘계학술대회 및 워크숍 발표문〉. 한국가족관계학회 & 경북여성정책개발원.

김남윤 (1999a). "고대사회의 여성", 《우리 여성의 역사》. 한국여성연구소 여성사연구실 편: 55-82.

_____ (1999b). "통일신라와 발해의 여성", 《우리 여성의 역사》. 한국여성연구소 여성사연구실 편: 83-112.

김병준 (2002). "가정폭력에 관한 연구", 동국대학교 경찰행정학과 박사학위논문.

김선주 (1999). "고고학 자료를 통해 본 원시 · 고대의 여성", 《우리 여성의 역사》. 한국여성연구소 여성사연구실 편: 29-54.

김승권 · 조애저 (1998). "한국가정폭력의 개념정립과 실태에 관한 연구", 한국보건사회연구원.

김양희 (2007). 《여성, 리더, 그리고 여성 리더십》, 서울: 삼성경제연구소.

김영희 (1999). "평등과 해방의 꿈: 페미니즘의 다양한 모색", 한국여성연구소 편, 《새 여성학 강의》. 경기: 동녘: 35-57.

김익기 · 심영희 · 박선미 · 김혜선 (1992). 〈가정폭력의 실태와 대책에 관한 연구 - 서울시 남편의 아내폭력 현황을 중심으로〉. 한국형사정책연구원.

김정옥 · 송정아 · 김득성 (1999). "의사소통 관점에서의 가족폭력", 〈가정폭력 춘계학술대회 및 워크숍 발표문〉 한국가족관계학회 & 경북여성정책개발원.

김정희 (2003). "여성교육의 이론적 접근", 정일환 외, 《여성교육론》. 경기: 교육과학사: 29-60.

김혜경 (2002). "가족/노동의 갈등구조와 '가족연대' 전략을 중심으로 본 한국가족의 변화와 여성", 《가족과 문화》, 14(1): 31-52.

노동부 (2007). 〈임금구조 기본통계조사 보고서〉.

문화일보 (2002. 4. 4). 〈英 일하는 엄마들 '수면 부족' 고통〉.

박기남 (2007). "여성노동의 현실과 대안", 한국여성연구소 편, 《새 여성학 강의》 개정판. 경기: 동녘: 217-244.

박미석 · 김경아 (2006). "가정 내 변혁적 리더십 수준과 가정생활 건강성", 《대한가정학회지》, 44(8): 33-45.

박선웅 (1999). "혼례의 문화적 모순과 상품화", 《가족과 문화》, 11(1): 79-101.

변화순 · 원영애 · 최은영 (1993). 〈가정폭력의 예방과 대책에 관한 연구〉 한국여성개발원.

손승영 (1999). "여성연구의 경향과 과제", 《새로 쓰는 여성과 한국사회》, 여성한국사회연구소 편: 11-39.

신영숙 (1999). "일제 식민지하의 변화된 여성의 삶", 《우리 여성의 역사》, 한국여성연구소 여성사연구실 편: 29-54.

신완선 (2002). 《컬러 리더십》. 서울: 더난출판.

심영희 (1996). "가부장적 테러리즘의 발생 유지기제와 사회적 대책", 〈가정폭력, 그 실상과 대책〉 한국가정법률상담소 창립 40주년 기념 심포지엄 자료집.

여성가족부 (2023a). 《2022 가정폭력실태조사》.

__________ (2023b). 《2023 통계로 보는 남녀의 삶》.

여성을 위한 모임 (1992). 《일곱가지 여성콤플렉스》. 서울: 현암사.

________________ (1999). 《제3의 성: 중년여성 바로보기》. 서울: 현암사.

연성진 (2000). 〈폭력에 대한 국민의식조사〉. 형사정책연구원.

오세연 · 박원배 (2018). "아내에 의한 남편폭력 원인과 대응방안에 관한 연구", 《한국경찰연구》, 17(4): 133-162.

오유석 (1999). "여성과 정치", 《새로 쓰는 여성과 한국사회》. 여성한국사회연구소 편: 309-333.

우리사회문화학회 (2005). 《현대 사회와 여성》. 대구: 정림사.

우에노 치즈코 (1994). 《가부장제와 자본주의》. 이승희 역, 서울: 녹두출판사.

유해정 (1999). "일제 식민지하의 여성정책", 《우리 여성의 역사》. 한국여성연구소 여성사연구실 편: 275-300.

이송희 (1999). "현대의 노동운동", 《우리 여성의 역사》. 한국여성연구소 여성사연구실 편: 397-421.

이순구 (1999a). "조선시대의 성리학과 여성", 《우리 여성의 역사》. 한국여성연구소 여성사연구실 편: 163-189.

______ (1999b). "조선시대 여성의 일과 생활", 《우리 여성의 역사》. 한국여성연구소 여성사연구실 편: 190-224.

이여봉 (1998). "외부 인적환경과 가정내 역할수행에 관한 연구", 《동서연구》, 10(2): 191-210.

______ (1999). "부부간 평등 및 형평인식에 관한 연구", 《가족과 문화》, 11(1): 47-78.

______ (2001). "남녀가 따로 있나: 부부 역할 변화 가족", 《변화하는 사회, 다양한 가족》. 경기: 양서원: 38-63.

______ (2003). 〈이혼가정의 자녀양육 지원방안〉. 강남대학교 · 보건복지부.

______ (2007). 《탈근대의 가족들: 다양성, 아픔, 그리고 희망》. 경기: 양서원.

______ (2017). 《가족 안의 사회, 가족 밖의 사회》 3판. 경기: 양서원.
______ (2019). "세대관계망이 부부간 가사분담과 여가활동 공유에 미치는 영향: 출생집단별 차이 및 발달단계별 변화", 《가족과 문화》, 31(4): 149-181.
______ (2023). "양육기 부부의 가사/돌봄 시간과 세대간 거주 근접성: 인과관계의 방향성을 중심으로", 《가족과 문화》, 35(2): 115-141.
이영애 (2007). 《현대 여성학의 이해》. 서울: 법문사.
이영찬 (2005). "성차와 성역할 사회화", 《현대 사회와 여성》. 우리사회문화학회: 41-80.
이재경 · 조영미 · 민가영 · 박홍주 · 이혜경 · 이은아 (2007). 《여성학》. 서울: 미래M&B.
이효수 (1984). 《노동시장구조론》. 서울: 법문사.
인터넷 국회의원 광장
http://www.assembly.go.kt/renew09/mem/mem/mem_anme_index.jsp?M_idx=2_01.
임정빈 · 정혜정 (1997). 《성역할과 여성》. 서울: 학지사.
장필화 (1999). 《여성, 몸, 성》. 서울: 또하나의문화.
정경숙 (1999). "개화기 여성관의 변모와 교육구국운동", 《우리 여성의 역사》. 한국여성연구소 여성사연구실 편: 251-274.
정은희 (1995). "일과 가정생활", 《한국가족문화의 오늘과 내일》. 여성사회연구회 편, 사회문화연구소: 217-250.
______ (1999). "성과 사랑", 《새로 쓰는 여성과 한국사회》. 여성한국사회연구회 편: 255-279.
정일선 (2005). "여성과 경제활동", 《현대 사회와 여성》. 대구: 정림사: 149-198.
정해은 (1999). "봉건체제의 동요와 여성의 성장", 《우리 여성의 역사》. 한국여성연구소 여성사연구실 편: 225-273.
정현백 (1999). "세계의 여성운동, 어제와 오늘", 《새 여성학 강의》 개정판. 한국여성연구소 편. 경기: 동녘: 355-382.

정화열 (2006). 《몸의 정치와 예술, 그리고 생태학》. 아카넷.

정희진 (2003). 《저는 오늘 꽃을 받았어요 - 가정폭력과 여성인권》 3판. 서울: 또하나의문화.

조기숙 (1997). "선거와 정당: 압력단체와 여성", 《새로운 정치학》. 인간사랑.

조현순 (2007). "여성성과 젠더 정체성",《새 여성학 강의》개정판. 한국여성연구소 편. 경기: 동녘: 93-120.

조혜정 (1991). "결혼, 사랑, 그리고 성: 우리 시대의 문화적 각본들", 《새로 쓰는 사랑이야기》. 서울: 또하나의문화: 23-44.

______ (1994). 〈정보자본주의화와 여성〉. 한국통신.

주희진 (2007). 《여성팀장 리더십》. 서울: 위스덤하우스.

중앙일보 (2005. 4. 25). 〈요즘 남편들 셋 중 하나 "아내에게 구박 당한다"〉.

중앙일보 (2005. 5). 〈미혼남성 42.4% "아내 연봉 높으면 가사 전담하겠다"〉.

채경선 (2006). "가족건강성에 영향을 미치는 부모리더십에 대한 연구", 《대한가정학회지》, 44(3): 51-59.

최재천 (2003). 《여성시대에는 남자도 화장을 한다》. 서울: 궁리출판.

통계청. 〈경제활동인구조사〉 각 연도.

______ (2005). 〈통계로 보는 여성의 삶〉.

______ (2009). 〈2009 통계로 보는 여성의 역할〉.

______ (2018). 〈가계 생산 위성계정 개발결과〉.

______. e-나라지표 〈가사분담에 관한 견해 및 실태〉 각 연도.

______ (2022). 〈2020 임금근로 일자리 소득 결과〉.

한국가정법률상담소 (2020). 〈2019년 가정폭력 통계〉.

한국가정폭력상담소 (2004). "가정폭력 바로 알자: 허와 실." www.woman 21.org

한국남성의 전화 (2004). www.manhotline.or.kr/manlinie_main.html

한국노동사회연구소 (2019). 〈'여성 관리자의 개인 및 사회, 조직 요인과 조직 성과의 관계 연구' 보고서〉.

한국여성연구회 (1996). 《여성학 강의》 개정판. 경기: 동녘.

한국여성의전화 (1994). 《쉼터이야기》. 서울: 그린비.

_____________ (1995). 《여성상담사례집》. 서울: 그린비.

_____________ (2004). 《여성상담사례집》. 서울: 그린비.

한국여성정책연구원 (2007). 〈2007 여성통계연보〉.

_________________. 〈성인지 통계〉 각 연도.

함인희 (2001). "배우자 선택양식의 변화: 친밀성의 혁명", 《가족과 문화》, 13(2): 3-28.

행정자치부 (2003). 《여성과 공직》.

허혜경 · 박인숙 (2005). 《현대 사회와 여성의 이해》. 서울: 문음사.

Abbot, P. & Wallace, C. (1990). *An Introduction to Sociology: Feminist Perspectives*. 박민자 역(1996). 《여성 사회학》. 서울: 경문사.

Andersen, M. (1988). *Thinking about Women: Sociological Perspective on Sex and Gender*, NY: Macmillan, 2nd ed.

Arbor, S. & J. Ginn (1995). "The Mirage of Gender Equality, Occupational Success in the Labour Market and within Marriage", *British Journal of Sociology 46*: 21-43.

Arnot, M. (1983). "A cloud over co-education: An analysis of the forms of transmission of class and gender relations", in Walker, S & L. Barton(eds.), *Gender, Class, and Education*, London, Falmer Press: 69-92.

Avolio, B., B. Bass & D. Jung (1999). "Reexamining the components of transformational and transactional leadership using the Multifactor Leadership Questionnaire", *Journal of Occupational and Organizational Psychology 72*: 441-462.

Babcock, L. & S. Laschever (2007). *Women don't Ask*. 신성림 역. 《여성을 위한 협상론》. 경기: 동녘.

Baker, D. & D. Jones (1992). "Opportunity and Performance: A Sociological explanation for gender differences in academic achievement", in Wrigley, J.(eds.) *Education and Gender Equality*. London: The Falmer Press: 193-205.

Bass, B. (1985). *Leadership and performance beyond expectation*. NY: The Free Press.

Bell, D. & S. Chase (1995). "Gender in the theory and practice of educational leadership", *Journal for a Just and Caring Education 1(2)*: 200-223.

Bem, B. (1974). "The Measurement of Psychological Androgyny", *Journal of Consulting and Clinical Psychology 42*: 155-162.

Bem, S. (1975). "Sex role Adaptability: One consequence of psychological androgyny", *Journal of Personality and Social Psychology 31*: 634-643.

Benokraitis, N. (1993). *Marriage and Families: Changes, Choices, and Constraints*, Eaglewood Cliffs, NJ: Prentice Hall.

Bielby, W. & J. Baron (1986). "Men and Women at Work: Sex segmentation and Statistical Discrimination", *American Journal of Sociology. 91(4)*: 759-799.

Bott, E. (1955). "Urban Families, Conjugal Roles and Social Networks", *Human Relations 8*: 345-383.

Bordo, S. (1993). *Unbearable Weight: Feminism, Western Culture, and the Body*. 박오복 역(2007). 《참을 수 없는 몸의 무거움: 페미니즘/서구문화/몸》. 서울: 또하나의문화.

Brod, H. (1987). "The case for men's studies", in Brod, H.(eds.) *The Making of Masculinities: The New Men's Studies*, Boston, Mass.: Allen & Unwin.

Calanzanti, T. & C. Bailey (1991). "Gender Inequality and the Division of Household Labor in the United States and Sweden: A Socialist-Feminist Approach", *Social Problems 38*: 34-53.

Collins, R. (1985). *Sociology of Marriage and the Family*. Nelson Hall,

Chicago.

Chafetz, J. (1988). *Feminist Sociology: An Overview of Contemporary Theories.* Itasca, Il.: F. E. Peacock.

Chodorow, N. (1978). *The Reproduction of Mothering.* Berkeley. The University of California Press.

____________ (1986). "Family Structure and Femine Personality", Richardson, L. & V. Taylor(eds.), *Feminist Frontiers II: Rethinking Sex, Gender, and Society.* NY: Random House.

Coverman, S. (1985). "Explaining Husband's Participation in Domestic Labor", *Sociological Quarterly 26*: 81-97.

Deem, R. (1978). *Women and Schooling.* London: Routledge and Kegan Paul.

Engels, F. (1884). *The Origin of the Family, Private Property, and the State.* 김대웅 역. 《가족, 사유재산, 국가의 기원》. 서울: 아침.

Firestone, S. (1970). *The Dialectic of Sex: The Case for Feminist Revolution.* London: The Women's Press. 김예숙 역(1983). 《성의 변증법》. 서울: 풀빛.

Follingstad, D. (1990). "Methodological issues and new directions for re-search on violence in relationships", in Besharov, D.(ed.), *Family Violence: Research and Public policy issues.* Washington, DV: AEI Press: 13-25.

Franklin, C. (1991). *Men and Society.* 정채기 역(1996). 《남성학이란 무엇인가》. 서울: 삼선.

Friedan, B. (1963). *The Feminine Mystique.* Harmondsworth: Penguin Books. 김행자 역. 《여성의 신비》. 서울: 평민사.

Frieze, I., J. Parsons, P. Johnson, D. Ruble, & G. Zellman(1978). *Women and sex roles: A Social Psycological Perspective.* NY: W. W. Norton and Company.

Galvin, K. & B. Brommel (1996). *Family communication: Cohesion and*

Change. 이재연 · 최영희 공역. 《의사소통과 가족관계》. 서울: 형설출판사.

Gelles, R. (1998). *Intimate Violence in Families.* 이동원 · 김지선 역. 《가정폭력의 허상과 실상》. 길안사.

Giddens, A. (1992). *The Transformation of Intimacy-Sexuality, Love, and Eroticism in Modern Society.* 배은경 · 황정미 역. 《현대 사회의 성 · 사랑 · 에로티시즘: 친밀성의 구조변동》. 서울: 새물결.

Gouzw, O. (1791). 《여성의 권리선언》. 소슬기 역(2019). 서울: 동글디자인.

Granovetter, M. (1982). "Strength of Weak Ties: Network theory re-visited" in P. Marsden & N. Lin (eds). *Social Structure and Network Analysis*, Sage: Beverly Hills, CA, USA, pp. 201-233.

Hartmann, H. (1976). "Capitalism, Patriarchy, and Job Segregation by Sex", *Signs 1(3)*: 137-169.

_____________(1981). "The Unhappy Marriage of Maexism and Feminism", Sargent, L.(ed.), *Women and Revolution,* London: Pluto Press. "마르크스와 여성해방론의 불행한 결혼: 보다 발전적인 결합을 위하여", 김혜경 · 김애령 편역(1990). 《여성해방이론의 쟁점: 사회주의 여성해방론과 마르크스주의 여성해방론》. 서울: 태암.

Harris, J., J. Silverstein, & D. Andrews (1989). *Educating Women in science, in educating the majority; Women challenge, tradition in higher education.* NY: Collier Macmillan Publishers.

Hiller, D. & W. Philliber (1986). "The Division of Lavor in Contemporary Marriage: Expectations, Perceptions, and Performance", *Social Problems 3*: 191-201.

Infante, D., Chandler, T., & J. Rudd (1989). "Test of an argumentative skill deficiency model of inter-spousal violence", *Communication Monographs 86*: 163-177.

Jaggar, A. & P. Struhl (1978). *Feminist Frameworks: Alternative theoret-*

ical Accounts of the relations between women and men. NY: McGraw-Hill.

Jung, D. & B. Avolio (2000). "Opening the black box: An experimental investigation of the mediating effects of trust and value congruence on transformatinal and transactional leadership", *Journal of Organizational Behavior 21*: 949-964.

Kelly, A. (1985). "The Construction of Masculine Science", *British Journal of Sociology of Education 6(2)*: 133-154.

Lerner, R. (1978). *Concepts and Theories of Human Development(2nd ed.).* NY: Random House.

Litwak, E. (1985). *Helping the Elderly: the Complementary Roles of Informal Networks and Formal Systems.* NY: Guilford Press.

Mackinnon, C. (1983). "Feminism, Marxism, Method, and the State: Toward Feminist Jurisprudence", *Signs 8*: 635-658.

Millett, K. (1971). *Sexual Politics,* London: Virago. 정의숙 외 역(1975). 《성의 정치학》. 서울: 현대사상사.

Mill, J. (1869). *The Subjection of Women.* 김애숙 역(1989). 《여성의 예속》. 이화여자대학교 출판부.

Mirowsky, J. (1985). "Depression and Marital Power: An Equity Model", *American Journal of Sociology 91*: 557-592.

New York Times(2003. 6. 7).

OECD (2009). *2009 OECD Statistical Profiles.* http://stats/oecd.org.

Parsons, T. & R. Bales (1955). *Family, Socialization, and Interaction Process.* Glencoe, IL.: The Free Press.

Podsakoff, P., S. MacKenzie, R. Moorman, & R. Fetter (1990). "Transformational leader behaviors and their effects on followers; trust in leader, satisfaction and organizational citizenship behaviors", *Leadership Quarterly 1(2)*: 107-142.

Presser, H. (1994). "Employment Schedules among Dual-Earner Spouses and the Division of Household Labor by Gender", *American Sociological Review 59*: 348-364.

Ross, C. (1987). "The Division of Labor at home", *Social Forces 65*: 816-833.

Rubin, G. (1975). "The traffic in Women", *Toward an Anthropology of Women*. NY, Monthly Review Press, pp. 157-211.

Ruderman, N. (2002). *Standing at the Crossroads: Next Steps for Highachieving Women*. Center for Creative Leadership.

Schwartz, F. (1989). "Management Women and the New Facts of Life", *Harvard Business Review*. Jan.

Salsvy, J. (1983). *Romantic Love and Society*. 박찬길 역(1985). 《낭만적 사랑과 사회》. 서울: 민음사.

Shakeshaft, C. (1989). *Women in Educational Administration*. Newbury Park, CA: Corwin.

Shilling, C. (1996). *The body and social theory*. 임인숙 역(2006). 《몸의 사회학》. 경기: 나남출판.

Shepard, I. (1998). "Communication: Balancing the gender difference", Brown, G. & B. Irby(ed.) *Women and Leadership: Creating Balance in Life*. Nova Science Publisher, Inc., NY: 45-62.

Slater, C. (2003). "Generativity versus stagnation: An elaboration of erik-son's adult stage of human development", *Journal of Adult Development 10(1)*: 53-65.

Spence, J., R. Helmreich, & J. Stapp (1975). "Ratings of Self and Peers on sex role attributes and their relation to self-esteem and conceptions of masculinity and femininity", *Journal of Personality and Social Psychology 32*: 29-39.

Stogdill, R. (1974). *Handbook of Leadership: A Survey of theory Research*. NY: The Free Press.

Tavris, C. (1992). *The Mismeasure of Woman*. 히스테리아 역(2005). 《여성

과 남성이 다르지도 똑같지도 않은 이유》. 서울: 또하나의문화.

Toffler, A. (1981). *The Third Wave.* Bantam Book, New York.

Tompson, L. (2001). *The Wandering Womb.* 백영미 역. 《자궁의 역사》. 서울: 아침이슬.

Walby, S. (1988). "The Historical periodization of patriarchy", paper presented to the annual conference of the British Sociological Association at Edinburgh.

Wollstonecraft, M. (1972). 《여성의 권리옹호》. 손영미 역(2008). 서울: 한길사.

Zaretsky, E. (1976). *Capitalism, the Family and Personal Life.* NY: Harper & Row.

찾아보기 INDEX

ㄴ

ㄷ

ㄹ

ㅁ

ㅂ

ㅅ

ㅇ

ㅈ

ㅊ

ㅌ

ㅍ

ㅎ

저/자/소/개

이여봉

이화여자대학교 영어영문학과 졸업
미국 사우스캐롤라이나 대학교 사회학과 석사 및 박사
현 강남대학교 교양학부 교수

▶ 주요 저서

『21세기 한국가족과 문화: 과거와 현재 그리고 미래의 화해』
『가족 안의 사회, 사회 안의 가족』
『21세기 여성과 남성: 수렴과 확산의 미학』
『탈근대의 가족들: 다양성, 아픔, 그리고 희망』
『가족과 친밀성의 사회학(공저)』
『우리 시대 이혼 이야기 (공저)』
『가족의 사회학적 이해 (공저)』
『변화하는 사회, 다양한 가족 (공저)』 등

▶ 주요 논문

"양육기 부부의 가사/돌봄 시간과 세대 간 거주 근접성: 인과관계의 방향성을 중심으로"
"친족관계망이 부부 간 가사 분담에 미치는 영향: 연령대별 차이를 중심으로"
"세대관계망이 부부간 가사분담과 여가활동 공유에 미치는 영향: 출생 집단별 차이 및 발달단계별 변화"
"베이비붐 세대 여성의 자녀부양의식 및 가족 관계망 그리고 성인자녀와의 경제적 자원교환이 스트레스 및 우울에 미치는 영향"
"부부관계가 결혼행복감과 우울에 미치는 영향: 베이비붐 세대 여성과 에코붐 세대 여성을 중심으로"
"양육태도 및 가족 특성과 청소년의 삶 만족도: 성별, 발달단계, 그리고 출생 코호트"
"1인 가구의 현황과 정책과제"
"여성베이비부머의 부양지원 제공과 우울"
"가족변인의 변화와 청소년의 학교 적응성 변화"
"중년여성의 노후 준비에 관한 연구: 베이비붐 세대와 이전 세대"
"부양지원과 세대 갈등: 딸과 친정부모 그리고 며느리와 시부모"
"가족배경과 초·중기 청소년의 학교적응: 발달단계 및 성별 차이를 중심으로" 등

21세기 여성과 사회(2판)

1판발행 2010년 3월 20일 1판 1쇄
2판발행 2024년 3월 25일 2판 1쇄

지은이 이여봉
펴낸이 최용구 | 펴낸곳 도서출판 **신정**
주소 (04316) 서울시 용산구 원효로 89길 19 (원효로1가)
전화 02)3211-4782, 0266(영업부), 3211-4783(편집부), 3211-4784(팩스)
이메일 shinjeong72@naver.com | 홈페이지 www.sjbook.co.kr
등록 2001년 5월 11일 제13-702호
기획마케팅 최용구 장만동 최충구 송대용

ISBN 978-89-5912-905-8 93590
정가 20,000원